Mein besonderer Dank gilt meiner Frau Bettina, Clara und Simon sowie Thomas, Jürgen und Udo, die mich auf so mancher Recherche-Tour begleitet haben. Schön und besonders waren diese Rad-Exkursionen mit Euch.

Ebenso danke ich Bruno Dorn, Martin Glomm und Peter Schmitt, mit denen ich dieses Radtouren-Projekt grafisch und journalistisch sehr gerne, gut und vor allem kollegial umsetzen durfte. Eine gute Erfahrung im journalistischen Alltag, die ich mit Euch machen durfte.

3. Auflage

Alle Rechte vorbehalten • Societäts-Verlag

© 2021 Societäts-Verlag

Satz: Bruno Dorn, Societäts-Verlag

Umschlaggestaltung: Bruno Dorn, Societäts-Verlag

Umschlagabbildung: © fotolia.com

Karten: © openstreetmap-Mitwirkende

Druck und Verarbeitung: CPI books GmbH, Leck

Printed in Germany 2021

ISBN 978-3-95542-322-3

FSC
www.fsc.org
MIX
Papier aus ver-
antwortungsvollen
Quellen
FSC® C083411

Matthias Pieren

Radeln in Rhein-Main

Per Pedale die Region entdecken

SOCIETÄTS
VERLAG

INHALT

VORWORT

Rund um sowie quer durch Frankfurt und Rhein-Main

Auf der Brücke der Regionalpark-Rundroute zwischen Weilbach und Wicker spürt man den Takt und den Sound der Metropolregion Frankfurt/Rhein-Main hautnah. Ringsum ist man von tosendem Verkehr umgeben: Vier Mal pro Stunde rauscht auf der parallel zur A3 verlaufenden Bahnstrecke ein ICE von Frankfurt nach Amsterdam, Brüssel, Köln oder Düsseldorf bzw. zurück; auf der Autobahn schieben sich die Autos Stoßstange an Stoßstange der Mainmetropole entgegen; pausenlos sieht man die Flugzeuge vom Rhein-Main Airport am Rande Frankfurts aus starten oder landen – tagtäglich sind es 1.300 Jets. Rund um die Bankenmetropole pulsiert der Verkehr. Dennoch lassen sich „Mainhattan" und die Rhein-Main-Region wunderbar mit dem Fahrrad entdecken.

Direkt neben der Brücke fährt man mit dem Rad spiralförmig auf einen kleinen, künstlich angelegten Hügel: die „Aussichtsbastion". Bänke unter schattenspendenden Bäumen laden Radtouristen trotz des pulsierenden Verkehrs zu einer Rast ein. Dreht man sich um 180 Grad, so wandert der Blick über Felder, Wiesen und den Kirchturm von Weilbach hinweg nordwärts zum Taunus-Hauptkamm. Mit dem Großen Feldberg (881m) liegt der „Hausberg" der Frankfurter, zugleich das Herz des Naturparks Taunus, zum Greifen nahe. „Hier zeigt sich der Reiz der Region mit all ihren Gegensätzen, den charmanten und den kantigen Aspekten", sagt Kjell Schmidt, Geschäftsführer der Regionalpark Ballungsraum Rhein-Main GmbH. „Der Ausblick präsentiert sich so vielfältig, wie das gesamte Rhein-Main-Gebiet nun einmal ist."

Bleibt angesichts der extremen Verkehrsdichte im Großraum Frankfurt überhaupt noch Platz zum Radfahren? „Aber sicher", sagt Schmidt. Der 38-Jährige ist quasi Chef der größten Freizeitattraktion der Region. Seit Gründung im Jahr 2011 ist mit den Regionalpark-Routen rund um die 750.000 Einwohner-Stadt ein Netz aus Radwegen entstanden, das altbekannte, verborgene, aber auch neu inszenierte Sehenswürdigkeiten miteinander verknüpft. „Auf der Regionalpark-Rundroute durchquert man mit dem Fahrrad schützenswerte Naturräume, fährt aber auch entlang der großen Verkehrsströme – eine absolut sensible Nachbarschaft."

Zum einen führt die 190 km lange Regionalpark-Rundroute im großen Bogen um die Bankenstadt am Main herum. Weitere 360 Kilometer perfekt ausgeschilderter Stich- und Querwege führen zudem quer durch die Main-Metropole hindurch und ebenfalls drum herum. „Unser Radwegenetz erschließt die verbliebenen und manchmal auch vergessenen vielfältigen Landschaften der Region ebenso wie die urbane Struktur der Großstadt. Wohnen, Verkehr, Industrie, Gewerbe, Landwirtschaft sowie Natur und Naherholungsräume – alles braucht seinen Raum", sagt der Regionalpark-Chef. Irgendwann einmal soll das Radroutennetz des Regionalparks auf einer Länge von 1.250 Kilometern das Rhein-Main-Gebiet für Radfahrer erschlossen haben: Vom Frankfurter Grüngürtel, dem Vordertaunus und der südlichen Wetterau aus erstreckt sich der Regionalpark bis nach Rüdesheim im Rheingau. Außerdem geht es auf den Regionalpark-Routen von Mainz aus weiter ins Hessische Ried im Süden und über Langen weiter gen Osten ins Kinzigtal nach Hanau, dem östlichsten Punkt. Frankfurt wird von hier aus entlang des Main-Radwegs angesteuert. Radfahrer können zu 100 Prozent der Ausschilderung mit dem roten, aufgefächerten Dreieck vertrauen. Aber auch auf dem Grüngürtel-Radweg sowie auf dem Nidda- oder dem Main-Radweg lässt sich Frankfurt wunderbar ohne nervende Autos erkunden. Außerdem laden viele regionale Radwege im Umland zu weiteren Entdeckungstouren ein.

Matthias Pieren, im Mai 2019

EINFÜHRUNG INS BUCH

Die Tourenvorschläge dieses Buches führen immer wieder ein Stück auf einem der Regionalpark-Radwege. Ich habe sie kennen-, lieben- und auch zu schätzen gelernt, nachdem ich einen Auftrag von der Frankfurter Neuen Presse erhalten hatte: Zum Start in die Fahrradsaison hatte die Regionalzeitung ihren Lesern insgesamt drei Radtouren-Serien angeboten. Alle Tourenvorschläge werden nun in diesem Buch gesammelt veröffentlicht.

Als Journalist, Fotograf und freier Autor ist das Radfahren für mich wie für so viele andere Menschen ein idealer Ausgleich. Dabei kann ich mich von allen Verpflichtungen wunderbar ausklinken. Ich bin keiner, der mit dem Mountainbike und in Hightech-Kleidung auf- und davonfährt. Am liebsten bin ich mit dem Fahrrad nach Feierabend oder am Wochenende mit meiner Frau oder Freunden – früher auch mit den Kindern – on tour.

Insgesamt 29 Touren rund um und quer durch Frankfurt sowie das Rhein-Main-Gebiet habe ich mir „gestrickt", recherchiert und zusammengetragen. Flachetappen entlang von Rhein, Main, Lahn und Nidda habe ich bei meiner Recherche ebenso abgestrampelt wie Rundtouren in Frankfurt, der Wetterau oder im Taunus. Unterwegs bin ich vielen Menschen begegnet und habe mich mit ihnen über Besonderheiten und Schönheiten ihrer Heimat unterhalten. Anstrengende Steigungen und vielbefahrene Straßen habe ich möglichst gemieden und war meist auf Radwegen, Forst- und Feldwegen unterwegs. Auf kurzen Etappen mit bis zu 30 km Länge hatte ich viel Zeit für Besichtigungen. Auf längeren Etappen bis maximal 45 km habe ich die vorbeiziehende Landschaft genossen.

Ein Blick auf die Radwege zeigt doch: Es ist völlig egal, wie alt man ist und wie lange man schon nicht mehr das Fahrrad aus der Garage geholt hat. Da sind junge Eltern mit ihren Kindern ebenso auf dem Rad unterwegs wie zufriedene ältere Menschen, die sich endlich ein E-Bike gekauft haben. Sportlich ambitionierte Radrennfahrer und Mountainbiker erklimmen an schönen Tagen zu Hunderten den Großen Feldberg. Alltags-Radler genießen es einfach, nach dem Alltagstrubel abends mit ein bisschen Bewegung und frischer Luft um die Nase den Tag ausklingen zu lassen.

Ich habe versucht, für jeden Radler-Typ und für jedes Alter ein paar interessante Tourenvorschläge zu finden. Dabei hat es mir bei der Vorbereitung und der Recherche viel Spaß gemacht, sowohl Touren-Klassiker zu testen als auch Neuland zu betreten – pardon: per Pedale zu erkunden.

Den Ausgangs- und Endpunkt der einzelnen Tour-Etappen habe ich zumeist an einen Bahnhof gelegt, damit auch diejenigen das Rhein-Main-Gebiet erkunden können, die keinen Fahrradständer fürs Auto haben. Streckentouren sind ebenso dabei wie Rundtouren.

Freude und Erholung beim Radeln stehen bei den Routen stets im Vordergrund. Deshalb verlaufen bis auf wenige Ausnahmen die vorgeschlagenen Routen, so gut es möglich ist, abseits der Straßen auf ausgeschilderten Radwegen sowie auf leicht zu beschreibenden Feld-, Wald- und Wiesenwegen. Aber auch für trainierte Tourenfahrer und E-Bike-Fahrer sind Tourenvorschläge mit wirklich knackigen Steigungen und einer Bergankunft auf über 500 Meter auf dem Tour-Programm. Sollte einmal die Radwege-Beschilderung abmontiert oder meine Beschreibung missverständlich sein, dann bitte ich vorsorglich um Entschuldigung.

Die Streckenkarten im Buch können nur eine erste Orientierung geben. Wer sich auf den Weg macht, sollte stets detaillierte Radtourenkarten der Region mit dabei haben. Wenn selbst die beliebten Online-Navigations-Systeme (gibt es auch für Radfahrer) nicht weiterhelfen, kann man ja unterwegs immer noch Passanten fragen. Denn: Wenn mir auf meinen Recherche-Touren eines aufgefallen ist, dann ist es die Bereitschaft der Menschen, weiterzuhelfen, und die Freude der Einheimischen, über Sehenswürdigkeiten und Wissenswertes in ihrer Heimat zu erzählen. Man muss nur fragen und Interesse zeigen. Viel Freude auf Ihren Entdeckungstouren wünscht Ihnen

Matthias Pieren, im Mai 2019

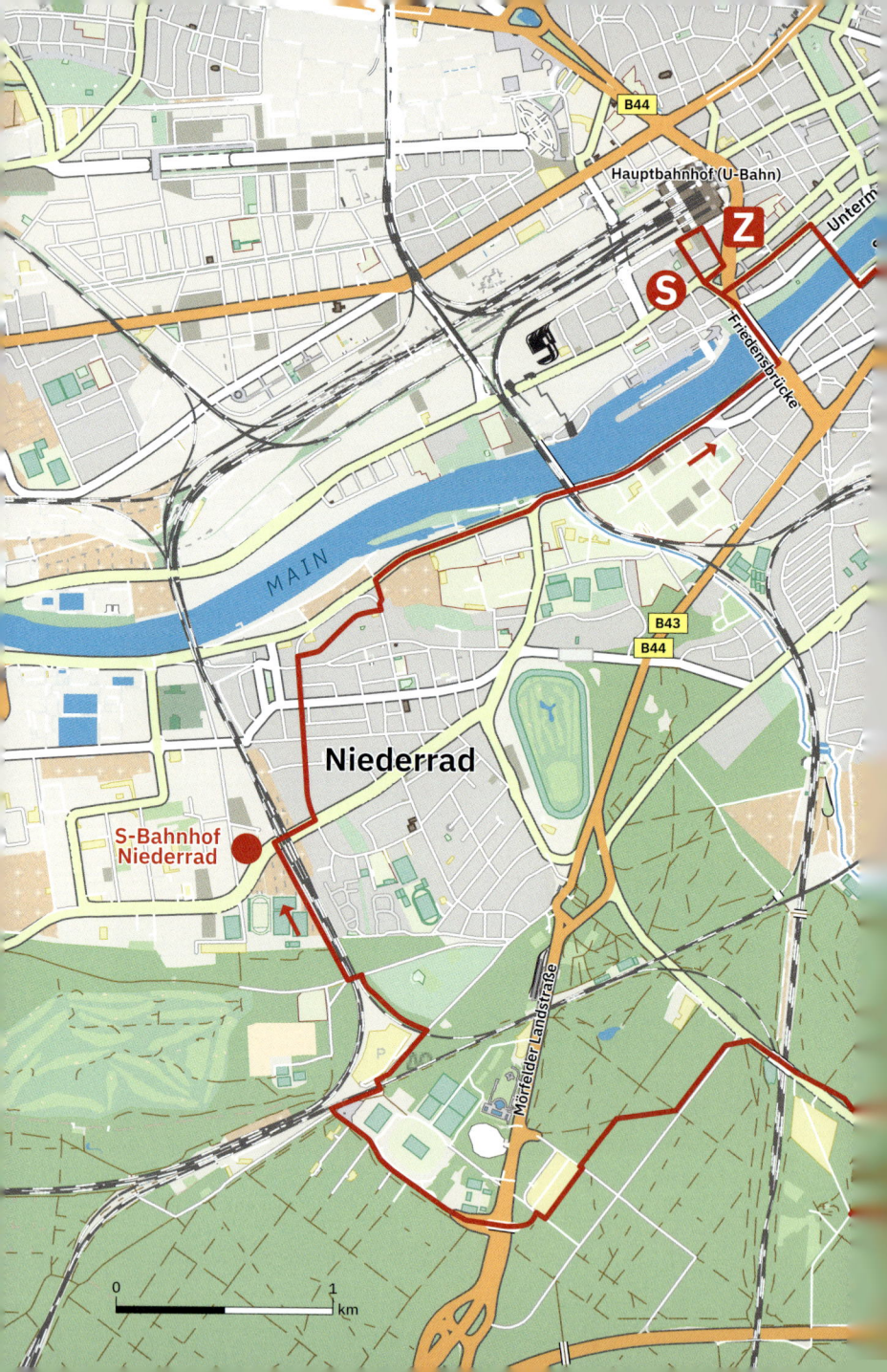

Frankfurt (Main)

Konstablerwache
furt Hauptwache

Eiserner Steg

ainkai

B43

B43

Osthafenbrücke
Gerbermühlstraße

Gerbermühle

Oberrad

Sachsenhausen

B3

**Fr[üherer](Goetheturm)
Goetheturm**

Darmstädter Landstraße

Babenhäuser Landstraße

B3

© OpenStreetMap-Mitwirkende

01 DEM DICHTER ZU EHREN

Vom Frankfurter Hauptbahnhof
durch den Stadtwald

**Jacobi-
Weiher**

rger Schneise

L3317

3

DEM DICHTER ZU EHREN

Schwierigkeitsgrad: leicht, eine kleine Steigung, ansonsten flach
Länge: 23 km Rundkurs
Anfahrt ÖPNV: Frankfurt Hauptbahnhof
Anfahrt Auto: Parkplatz Waldstadion

Schöne Fahrt auf dem Mainuferweg mit Blick auf die Frankfurter Skyline. Im Stadtwald Einkehrmöglichkeiten sowie Rast- oder Spielplätze. Bis S-Bahnhof Frankfurt-Niederrad auf Radwegen, letztes Stück zurück zum Main auf Autostraßen.

Ausgangspunkt unserer Tour ist der Frankfurter Hauptbahnhof. Einzig die etwa einen Kilometer lange Strecke bis zum Main ist etwas heikel. Notfalls kann man das Rad vom Bahnhof entlang der Baseler Straße und über die Friedensbrücke zum südlich gelegenen Mainufer schieben. Die dort folgenden 3,5 Kilometer verlaufen völ-

Vor der Kulisse der Frankfurter Skyline verläuft der Main-Radweg am Südufer.

Das imposante Gebäude der Europäischen Zentralbank überragt den Main.

lig gefahrlos mainaufwärts Richtung Offenbach. An sonnigen Wochenenden ist der Uferweg womöglich von Hunderten Spaziergängern, Radfahrern und Skatern verstopft. Angesichts der überwältigenden Kulisse der Frankfurter Skyline, deren Hochhäuser sich am gegenüberliegenden Ufer dem Himmel entgegenstrecken, werden die wenigsten Radtouristen diesen Abschnitt mit Hochgeschwindigkeit passieren. Zumindest Foto-Pausen sind obligatorisch. Und überhaupt: Heute haben wir doch alle Zeit der Welt …

Nachdem der Eiserne Steg und der am Nordufer gelegene Kaiserdom passiert sind, kommt das imposante Hochhaus der Europäischen Zentralbank in den Blick. Ab hier heißt es Obacht geben, denn auf Höhe des Osthafens sagen wir fürs Erste dem Main Lebewohl. Kurz vor der Gerbermühle zweigt die als Grüngürtel-Radweg ausgeschilderte Piste nämlich nach rechts ab. Wer also auf seiner Tour das beliebte Ausflugslokal erreicht, wo einst Goethe glückliche Tage mit der Bankiersstochter Marianne Willemer verbrachte, ist knapp 300 Meter zu weit gefahren. Doch das Flair des Hotels Gerbermühle und des angeschlossenen Ausflugslokals verleitet ja eventuell zu einer kleinen Einkehr.

Gerbermühle

Gerbermühlestraße 105, 60594 Frankfurt
069 / 689777944, info@gerbermuehle.de
www.gerbermuehle.de

Nach diesem Abzweig vom Main werden wir zuerst in einer Unterführung unter der Bahnlinie hindurchgeführt. Auf den nächsten zehn Kilometern radeln wir dann sicher geleitet auf dem Grüngürtel-Radweg gen Süden. Über den Speckweg gelangen wir immer geradeaus nach Oberrad, wo wir im kurzen Zickzack (rechts und gleich wieder links) die Offenbacher Landstraße überqueren. Auf dem dortigen Hansenweg geht es geradewegs stadtauswärts, vorbei an Gewächshäusern und Feldern Richtung Stadtwald. Dort ist der Boden zumindest im Frühjahr über und über mit Bärlauch überzogen. Leider wird die zusammen mit Schnittlauch, Zwiebeln und Knoblauch geschätzte Pflanzenart immer wieder kistenweise von illegalen Erntetrupps gesammelt. Unser Blick wird indes schon bald vom Boden dem Himmel entgegengeführt – zumindest war das bis 2017 so.

Gerade einmal zweieinhalb Kilometer nach der bebauten Stadtgrenze ist der zuvor schon ausgeschilderte Waldspielplatz am Goetheturm erreicht. Der ursprüngliche Turm wurde 1931 zum 100. Todestag des berühmten Dichters und Sohns der Stadt Frankfurt erbaut. Mit seinen 196 Stufen und 43 Metern gehörte er zu den höchsten hölzernen Aussichtstürmen Deutschlands. Bis 1999 galt er sogar als der höchste öffentlich zugängliche Holzbau in deutschen Landen. Im Oktober 2017 fiel der Goetheturm allerdings einem Brandan-

Beschilderung des 64 km langen Grüngürtel-Radwegs.

schlag zum Opfer. Der Wiederaufbau konnte dank enormer Spendenbereitschaft der Bevölkerung finanziert werden. 2020 wurde der neue Aussichtsturm eröffnet.

Die grandiose Aussicht von weit oberhalb der Baumgrenze auf Frankfurt und den Taunus war nicht nur unbeschreiblich, sondern auch außerhalb der Stadt nur wenig bekannt. Wahrscheinlich ist das so, weil die Frankfurter ihren Geheimtipp nicht so gerne weiter bekanntmachen, ist ein Ausflug in ihren Stadt-

Im Oktober 2017 wurde der Goethe-Turm durch Brandstiftung zerstört.

Ab 2022 soll dieser Blick nach dem Neubau wieder möglich sein.

wald doch gerade an den langen Frühlingswochenenden wegen des hohen Besucherdrucks alles andere als beschaulich.

Wenn der Turm wieder aufgebaut ist, stellt sich den Radausflüglern die alles entscheidende Frage, ob zuerst der Turm erklommen werden oder ob nicht doch erst im Biergarten „Goetheruh" genüsslich eine Einkehr stattfinden soll.

Goetheruh
Am Goetheturm 1, 60599 Frankfurt
069 / 686830, roman@schmidt-peccolo.de
www.goetheruh.de

Auf den nun folgenden dreieinhalb Kilometern führt uns der gut ausgeschilderte Grüngürtel-Radweg zum Jacobi-Weiher und zur nahen Oberschweinstiege, einem der bekanntesten Gasthäuser Frankfurts. Die Umrundung des sechs Hektar großen Weihers, der wegen seiner eigentümlichen Form – mit zahlreichen Armen – im Volksmund Vierwaldstätter See genannt wird, ist empfehlenswert.

Ein Idyll im Frankfurter Stadtwald: der Jacobiweiher an der Schweinstiege.

Weiter geht es Richtung Stadion. Dabei führt die Ausschilderung über die unweit gelegenen Straßenbahnschienen (Haltestelle Oberschweinstiege) zur Isenburger Schneise. Wer mehr über den Stadtwald erfahren möchte, kann beim nahen sogenannten „StadtWaldHaus" vorbeischauen. Ein Besuch lohnt auch wegen der Architektur, denn das Haus wurde um eine Eiche herumgebaut. Im Erdgeschoss plätschert ein Bach, und es gibt eine Ausstellung über das Leben des Baumes und die Lebensgemeinschaft Wald. Dazu gehören außerdem ein Erlebnispfad und ein Tiergehege.

StadtWaldHaus & Fasanerie
Isenburger Schneise, 60528 Frankfurt
069 / 683239, stadtwaldhaus@stadt-frankfurt.de
www.stadtwaldhaus-frankfurt.de

Der Grüngürtel-Radweg wird rechts an der Isenburger Schneise entlanggeführt. Nach einem Kilometer, bald nach der Überquerung der Bahnlinie, geht es links ab. Auf der Otto-Fleck-Schneise nähern wir

Unsere Rundroute führt am Stadion der Frankfurter Eintracht vorbei.

Blick über den Main zum neuen Wohnquartier am alten Westhafen.

uns dem ehemaligen Waldstadion, dem Mekka der hiesigen Fuß-
ballfans. Angesichts der riesigen, mitten im Wald gelegenen Parkplätze versteht auch der größte Fußball-Laie, warum die Eintracht-
Spielstätte einst Waldstadion getauft wurde. Derzeit ist sie nach dem
Sponsor, einer deutschen Großbank, benannt.

Kurz vor dem Stadion wird ein Autobahnzubringer überquert,
bevor wir den Grüngürtel-Radweg verlassen. Dieser verschwindet
nach links in den Wald. Unser Weg aber führt auf der Otto-Fleck-
Schneise weiter zwischen Stadion und den Zentralen des DFB, des
Deutschen Olympischen Sportbundes sowie des Landessportbundes

zum Vorplatz des Stadions. Hier folgen wir erneut dem vor den Gleisen verlaufenden Grüngürtel-Radweg nach rechts.

Nach der Bahnunterführung unweit des Stadions fahren wir auf der Flughafenstraße weiter, bis nochmals eine Bahnlinie über unseren Weg geleitet wird. Danach geht es sofort links ab. 400 Meter verläuft der Radweg rechter Hand des Bahndamms. Dann werden wir erneut nach links unter der Bahn hindurchgeführt und anschließend gleich wieder nach rechts. An dieser Stelle verläuft unser Radweg linker Hand des Bahndamms. In 800 Metern ist der S-Bahnhof Niederrad erreicht. Wer hier mit dem Velo in die S-Bahn zurück zum Hauptbahnhof steigen möchte, für den ist die Rundroute beendet. Das ist gewiss ratsam, weil der nun folgende Weg zum Main nicht gut ausgeschildert ist.

Freilich können wir auch auf der rechter Hand der Bahn gen Norden verlaufenden Melibocusstraße oder auf der unweit der Gleise links führenden Hahnstraße zum einen Kilometer entfernt dahinziehenden Main gelangen. Knapp einen weiteren Kilometer stromaufwärts auf dem Hessischen Fernradweg R3 (Main-Radweg) erreichen wir dann die Main-Neckar-Eisenbahnbrücke über den Fluss. Falls die Querung des Stroms an dieser Stelle nicht möglich ist, radeln wir einen weiteren Kilometer stromaufwärts und bahnen uns über die Geh- bzw. Radwege auf der Friedensbrücke den Weg zurück zum nahen Hauptbahnhof.

Riedberg

Alter Flugplatz
Bonames

Bonames

Frankf

661

5

Eschersheim

L36

Ec

02 IM GRÜNEN GÜRTEL UM DIE STADT HERUM

Von Eschersheim bis zum Lohrberg

66

Frank
am M

0　　　　　　1
km

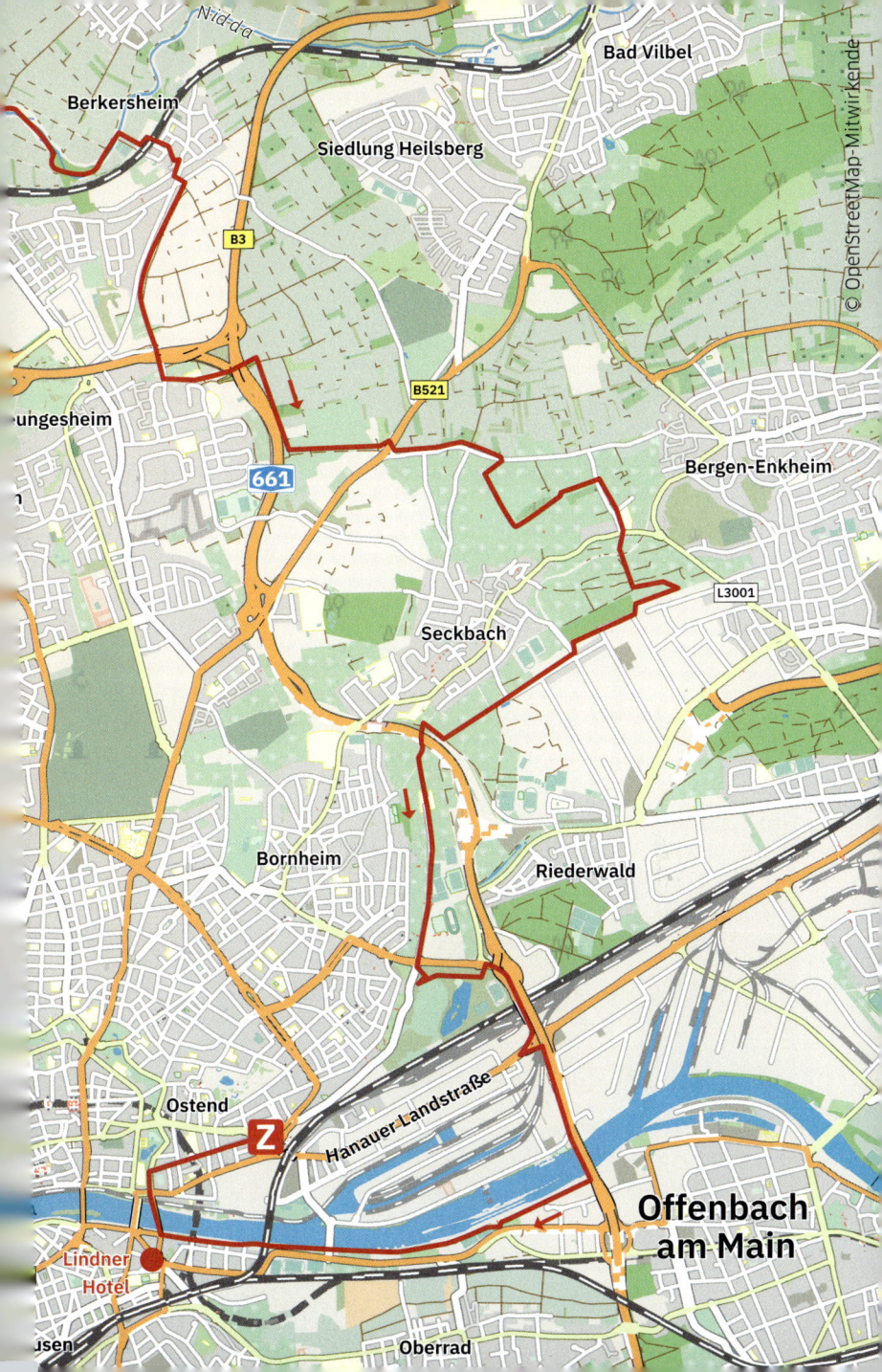

Berkersheim

Bad Vilbel

Siedlung Heilsberg

B3

B521

ungesheim

661

Bergen-Enkheim

L3001

Seckbach

Bornheim

Riederwald

Hanauer Landstraße

Ostend

Z

Offenbach
am Main

Lindner
Hotel

Oberrad

02

Im grünen Gürtel um die Stadt herum
Schwierigkeitsgrad: leicht, aber zwei kräftige Steigungen.
Zwischendurch fehlende Ausschilderung
Länge: 24 km Streckentour
Anfahrt ÖPNV: S6 bis Frankfurt-Eschersheim
Anfahrt Auto: gegenüber Freibad Ffm-Eschersheim:
Parkplatz am Alexander-Riese-Weg
Ziel: S-Bahnhof Ostendstraße

Über den Nidda-Radweg bis Berkersheim und am Stadtrand entlang zum Lohrberg. Wegen mangelnder Ausschilderung unbedingt eine Radkarte mitnehmen.

Immer wieder zieht die Metropole Radfahrer an – auch deshalb, weil man auf dem perfekt ausgeschilderten Grüngürtel-Radweg auf 62 Kilometern das Stadtgebiet umrunden kann. Statt Autoverkehr fügen sich hier Wiesen, Felder, Parks, Sportplätze, Gärten, Auen und Wälder zu einem großen grünen Gürtel zusammen. Dieser schmiegt sich um den bebauten Kern von Frankfurt und wirkt als „grüne Lunge". Mit gut 8.000 Hektar entspricht der Grüngürtel ei-

Restaurant und Spielplatz am alten Flughafen Bonames.

nem Drittel der Stadtfläche. Das Besondere an ihm ist, dass die Stadtverordneten ihn 1991 mit der GrünGürtel-Verfassung unter Schutz stellten und er somit nicht bebaut werden darf.

Start der Etappe ist der S-Bahnhof Frankfurt-Eschersheim. (Achtung: Mit Veröffentlichung dieses Buches haben auch die Bauarbeiten zum viergleisigen Ausbau der S6 begonnen. Es kann also immer wieder zu Umleitun-

Eine Schwanen-Familie auf der Nidda zwischen Eschersheim und Bonames.

gen kommen.) In nicht einmal 100 Metern Luftlinie Entfernung fließt westlich des S-Bahnhofes die Nidda. Dorthin kommen wir entweder auf der Bahnhofs-Fußgängerbrücke über die Gleise oder auf der unweit des Bahnhofs verlaufenden Straßenbrücke. Am Nidda-Radweg angekommen, rollen wir erst einmal sechs Kilometer flussaufwärts. Nach zweieinhalb Kilometern erreichen wir den Alten Flugplatz Bonames. Dort landen heute allerdings keine Hubschrauber der US-Armee mehr, wie noch in Zeiten des Kalten Krieges. Vielmehr wurde das Areal im Zuge der Regionalpark-Route zu einem Ausflugsziel ersten Ranges ausgebaut. Nirgendwo sonst können wir uns im Rhein-Main-Gebiet unterhalb eines Towers oder direkt am Rande einer (ehemaligen) Start- und Landebahn so gut stärken. Auch wenn unsere Tour gerade erst begonnen hat, lohnt sich schon jetzt eine kleine Pause. Ausnahmsweise.

Tower-Café
Am Burghof 55 (Alter Flugplatz), 60437 Frankfurt-Bonames/Kalbach
069 / 95048532, tower@sfg-frankfurt.de
www.tower-cafe.de

Ein Teilstück der Tour verläuft auf dem Grüngürtel-Radweg.

Weitere zweieinhalb Kilometer später zweigt nach dem Berkersheimer Niddabogen der sogenannte Grüngürtel-Radweg nach rechts ab. Auf den nächsten fünf Kilometern können wir uns blind auf die blau-gelb-grüne Beschilderung des Grüngürtels verlassen. Zuerst lotsen uns die Schilder durch Berkersheim hindurch. Irgendwie ist der drittkleinste Stadtteil Frankfurts weder Fisch noch Fleisch, weder städtisch noch ländlich. Dennoch bleibt Berkersheim am Ende der Tour in Erinnerung: Auf 700 Metern Wegstrecke werden wir knackige 50 Höhenmeter hinaufgescheucht.

Am Ortsrand fahren wir an der Kreuzung Am Dachsberg / Am kalten Berg geradeaus die letzten Meter einen Feldweg bergan, bevor der Grüngürtel nach rechts und dort weiter zwischen Ortsrand und freiem Feld geleitet wird. Nach einem Kilometer stoßen wir auf die Huswert-Straße, unterqueren die A661 am Preungesheimer Dreieck und erreichen das Frankfurter Neubaugebiet Am Lausberg. Noch vor der Bebauung zweigen wir an der dortigen Kindertagesstätte nach links ab. Einen halben Kilometer später unterquert der Radweg mit dem Grüngürtel-Logo erneut eine Unterführung und bringt uns sicher auf die andere Seite der Autobahn. Gleich dahinter zweigen wir rechts ab und erreichen auf naturbelassenem Fahrbahnbelag eine ziemlich merkwürdige Freifläche: den Heiligenstock. „Das Plateau hier heißt so wegen des kleinen mittelalterlichen Bildstocks, der neben dem Gasthaus ‚Altes Zollhaus‘ an der Friedberger Landstraße steht", erzählt ein ortskundiger Spaziergänger. Auf den dortigen Streuobstwiesen werden Birnen, Kirschen, Äpfel und Mirabellen geerntet.

Und was sind das für seltsame, überwucherte Ruinen? Das sind die Überreste einer Radio-Sendestation, die bereits in den 1920er errichtet worden war. Nach dem Zweiten Weltkrieg übernahmen die Amerikaner die Anlage und versorgten ihre Truppen mit Nachrichten und Unterhaltung über den Sender AFN. Später wurde die Anlage aufgegeben und in den 80er Jahren gab auch die Presseagentur DENA ihre Sendeanlage auf.

Wir überqueren die heideähnlichen Magerwiesen und an deren Ende auf Höhe des Restaurants „Altes Zollhaus" auf einer Rad- und Fußgängerbrücke die Friedberger Landstraße. Der Grüngürtel-Radweg verläuft dort auf einer kleinen, für Anwohner freigegebenen

Blick vom Lohrberg gen Westen auf die Hochhäuser der Bankenstadt.

Ein idyllisches Fleckchen Natur nahe dem Streuobstzentrum am Lohrberg.

Straße, dem Berger Weg. Knapp einen Kilometer später biegen wir nach rechts auf den Friedrich-Heyer-Weg zum Lohrberg ab. Der denkmalgeschützte Lohrpark mit seinem prachtvollen Baumbestand ist die höchstgelegene Parkanlage in Frankfurt. Vom Aussichtspunkt am Kastanienrondell (180 Meter) haben wir einen unverstellten Blick auf die Skyline der Mainmetropole und die 80 Meter tiefer gelegene Mainebene.

Wir haben hier nicht nur den höchsten Punkt, sondern auch genau die Hälfte unserer Tour erreicht. Zwangsläufig kommen da Durst und Hunger auf. Neben der „Lohrberg-Schänke" lädt vor allem das „MainÄppelHaus" zu einer Einkehr ein. Gleich hinter der „Beiz" erstreckt sich der bereits 1946 angelegte Lehrgarten. Nicht nur erwachsene Gartenfreunde bekommen hier eine fachkundige Beratung zu Obst- und Gemüsesorten, Bodenpflege und Pflanzenschutz. Generationen von Frankfurter Kindern haben hier in der Lernstation einen besonderen Unterricht im Grünen über wissenswerte Zusammenhänge in der Natur erhalten.

Lohrberg-Schänke
Auf dem Lohr 9, 60389 Frankfurt
069 / 90476785
www.lohrberg-schaenke.de

MainÄppelHaus
Klingenweg 90, 60389 Frankfurt
069 / 479994, info@MainAeppelHausLohrberg.de
www.mainaeppelhauslohrberg.de

Gleich hinter dem Naturerlebnisgarten rollen wir auf dem etwas holprigen Klingenweg auf recht steilem Gefälle talwärts. Nach Querung der Wilhelmshöher Straße kreuzt alsbald der Klingenbergweg. Da staunen wir nicht schlecht: Auf der perfekt für Radfahrer und Spaziergänger ausgebauten Trasse rollen wir nach rechts hinab weiter talwärts, bis wir in einem leichten Linksschwenk schließlich die Ebene erreichen. Leider fehlt von nun an bis zum Main, warum auch immer, jegliche Radwegeausschilderung. Eine gute Karte für Radfahrer erweist sich als große Hilfe und gibt Sicherheit. Wir holpern zwischen alten Straßenbahnschienen auf dem Kopfsteinpflaster (Gwinnerstraße) südostwärts.

Die erste größere, nach rechts abzweigende Straße ist die Gelastraße. Sie führt uns durch ein Wohn- und Mischgebiet geradewegs nach Südwesten. Während die Ortsstraße irgendwann nach rechts abzweigt, folgen wir dem dort beginnenden Feldweg weiter schnurgeradeaus durch eine Schrebergartenkolonie, bis wir auf die A661 stoßen. Linker Hand liegen das Depot und der Betriebshof der Frankfurter Straßen- und U-Bahnen. Wir fahren auf dem Schotterweg rechts ab. Schon bald geht es nach links über die Bahnschienen und kurz darauf unter der A661 hindurch. Einen weiteren Schwenk nach links und wir stehen vor der Qual der Wahl: Auch an dieser Stelle ist kein Weg ausgeschildert. Aber mehrere Wege führen durch die dortigen Schrebergärten, vorbei am Stadion des FSV Frankfurt Richtung Eissporthalle und zum Festplatz am Ratsweg. Nur Mut, alle Wege führen irgendwann auf den ansonsten öden Platz, auf dem

Parallel zur A661 führt auch ein Radweg über den Main nach Offenbach.

für gewöhnlich zwei Mal im Jahr die Dippemess tobt. Dort stoßen wir auf die mehrspurige B8 (Ratsweg) und nutzen den Radweg, der rechter Hand am Autobahnzubringer Richtung Main verläuft. Klingt gefährlich, ist es aber nicht, weil wir auf einem eigenständigen Radweg fahren.

Auf Höhe der Autobahn-Anschlussstelle Frankfurt-Ost nutzen wir den Radtunnel unter der Hanauer Landstraße hindurch und fahren alsbald parallel zur A661 auf eigenständigem Radweg auf der großen Bogenspannbrücke der Autobahn über den Main. Gleich hinter dem Main führt eine Wendeltreppe abwärts ans Mainufer. Wir schultern das Rad und überwinden so die Höhenmeter abwärts zum hessischen Fluss. Das war nun die wirklich letzte Anstrengung. Auch das Getöse der Autobahn hat ein Ende, unsere innere Anspannung weicht und wir schlagen erleichtert den Weg am Main flussabwärts Richtung Frankfurt ein. Lässig, so absolut lässig rollen die Räder der Skyline entgegen. Fast schon magisch werden wir von der Hochhaus-Silhouette angezogen. Als erstes bestaunen wir das imposante Gebäu-

Ein Frachtschiff in der Main-Staustufe Offenbach – im Hintergrund die Europäische Zentralbank.

de der Europäischen Zentralbank, das rechter Hand auf dem anderen Mainufer in den stahlblauen Frühlingshimmel hinaufragt.

Eigentlich ist es ja ein aus drei Elementen bestehendes Gebäudeensemble: Zum einen ist das die alte, im Jahr 1928 erbaute Großmarkthalle. Und dann schrauben sich der 185 Meter hohe Nord- und der 165 Meter hohe Südturm empor. Hinzu kommt das Eingangsbauwerk, das die Halle und die Türme verbindet.

Vorbei am beliebten Ausflugslokal Gerbermühle erreichen wir schließlich auf Höhe eines linker Hand am Ufer gelegenen imposanten Turms (Lindner Hotel und Residence Main Plaza) die Flößerbrücke. Auf ihr überqueren wir den Main und fahren am anderen Ufer geradewegs über die Obermainanlage stadteinwärts. Bereits nach 100 Metern können Radfahrer nach rechts auf die Ostendstraße abbiegen. An der unweit entfernt gelegenen, gleichnamigen S-Bahnstation nehmen wir die S6 zurück nach Frankfurt-Eschersheim.

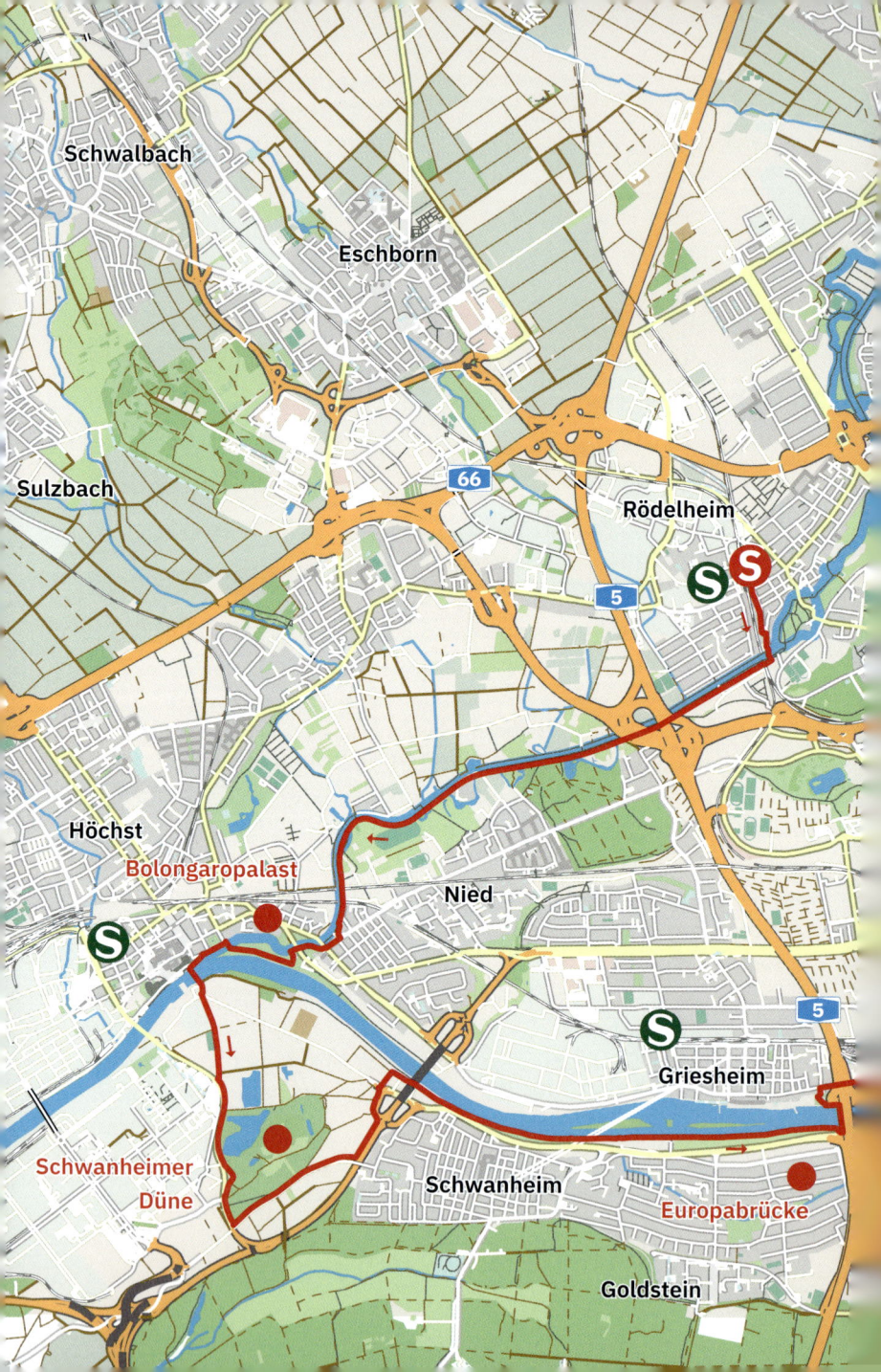

03 VON WANDERNDEN DÜNEN UND SCHNELLEN ZÜGEN

Von Rödelheim über Umwege ins
Frankfurter Gallusviertel

Frankfurt am Main

Hauptbahnhof

Eisenbahnbrücke mit Aussicht

Niederrad

© OpenStreetMap-Mitwirkende

Von wandernden Dünen und schnellen Zügen

Schwierigkeitsgrad: leicht, kleine Steigungen, ansonsten flach
Länge: 19 km Streckentour
Anfahrt ÖPNV: S-Bahnhof Frankfurt-Rödelheim
Anfahrt Auto: A5 Richtung Frankfurter Westkreuz, von dort Richtung Stadtmitte auf der A 648. Ausfahrt Rödelheim.
Ziel: S-Bahnhof Galluswarte

Abwechslungsreiche Tour, die besonders für Familien geeignet ist. Entlang der Nidda und dem Main führt der Weg durch schöne Natur, Höchst zeigt sich als architektonisches Kleinod. Keine Einkehrmöglichkeiten unterwegs, deshalb sollte genügend Proviant eingepackt werden.

Mit dem Fahrrad von Frankfurt-Rödelheim mitten hinein ins Gallusviertel, und das fast ohne störenden Autoverkehr? Entspannt durch außergewöhnliche Naturschutzgebiete, Grün- und Parkanlagen radeln, entlang ruhig dahinziehender Gewässer? Das klingt alles sehr verlockend, doch zugleich auch ziemlich irritierend – auf jeden Fall nicht nach Frankfurt. Die Tour führt natürlich nicht auf direktem Weg von Rödelheim über verstopfte und vielbefahrene Innenstadtstraßen ins Gallusviertel. Stattdessen haben wir einen 19 Kilometer langen Umweg ausgewählt, auf dem sich Frankfurt von einer ganz anderen Seite präsentiert. Los geht es vor dem S-Bahnhof in Rödelheim. Kurzentschlossenen, die sich zu Hause nicht mit Proviant für unterwegs versorgt haben, bietet der Back-Shop auch sonntags Brötchen, Gebäck und Getränke.

Wir schwingen uns auf dem Bahnhofsvorplatz aufs Rad und schlagen den Weg nach rechts in die dort beginnende Marquardstraße ein. Diese führt uns rund 500 Meter südwärts geradewegs zur Nidda und in den zwischen dem Fluss und dessen Seitenarm (Mühlgraben) gelegenen Solmspark. Auf einer Spannbogenbrücke queren wir die Nidda und biegen am anderen Ufer nach rechts. Auf der dort entlangführenden Regional-park-Route (markiert mit einem roten Dreieck) geht es von nun an auto- und völlig stressfrei stromabwärts. Damit keine Irritationen aufkommen: Bis zur Main-Mündung ist der Uferweg auch als Grüngürtel-Radrundweg ausgeschildert. Achten Sie bei den Autobahnbrücken des Frankfurter Westkreuzes auf die extrem niedrige Durchfahrtshöhe von 1,75 m bzw. 1,80 m. Viele Radfahrer steigen hier vorsichtshalber ab.

Der ,Niddastrand' ist ein beliebtes Ausflugsziel am Rande des Nidda-Radweges.

Unterwegs passieren wir Schrebergärten, Anglerteiche und Ententümpel, rechts zieht die Nidda friedlich ihre Bahn. Dann öffnet sich nach einer Weile die Landschaft und gibt links den Blick auf eine Wiesenfläche frei, auf der Pferde vom nahen Georgshof weiden. Auf einem Rasenplatz jagen ab und an die Polospieler des benachbarten Polo-Clubs mit ihren langen Holzschlägern einem Ball nach. Wer diesen ungewöhnlichen Pferdesport einen Moment beobachten möchte, kann das am besten von einem der Liegestühle der nahegelegenen Cocktailbar namens „Niddastrand" tun.

Niddastrand
Oeserstraße 80, 65934 Frankfurt/Nied
Tel.: 0151 / 23560202
www.niddastrand.de

Bevor wir absacken, radeln wir weiter entlang der Nidda, vorbei an der rauschenden Staustufe und unter zwei Bahnlinien hindurch, bis Frankfurt-Nied erreicht ist. Hinter dem westlichen Stadtteil führt der Radweg das letzte Stück entlang der Nidda auf die Wörthspitze

Wie Schnee im Frühling fallen die Blüten der Alleebäume auf den Rad- und Fußweg.

zu. Diese große Parkanlage mit einladendem Spielplatz und Liege-wiese ist eigentlich eine Flussinsel zwischen Main und Nidda. Im Sommer tummeln sich hier auf der Wiese stets sonnenhungrige Er-holungssuchende. Hier mündet auch die Nidda, rund 90 Kilometer nach ihrer Quelle unterhalb des Taufsteins im Vogelsberg, in den Main.

So erholsam das Radeln an Werktagen hier auch sein mag: Der Nidda-Radweg ist keinesfalls ein Geheimtipp. Vor allem an sonni-gen Wochenenden ist der Uferweg stark frequentiert. Neben Rad-fahrern sind Kinder auf Skateboards, Inline-Skater und Spaziergän-ger – manche mit Kinderwagen, andere mit Hund (davon leider nicht alle angeleint) – auf dem gut ausgebauten Asphaltband unter-wegs. Doch wer beim Radfahren nicht darauf erpicht ist, „Kilometer zu fressen", sondern ganz entspannt auch mal den Pulk einer Völ-kerwanderung passieren lassen kann, kommt gewiss erholt am Main an.

Kurz vor der Mündung schieben wir das Fahrrad über eine Bogenbrücke aufs andere Ufer nach Frankfurt-Höchst. Vom Mainufer aus beobachten wir eine Weile die vorüberziehenden Frachtschiffe. Stadteinwärts fällt zuerst die dreischiffige Basilika der Justinuskirche auf. Der Baubeginn für das Gotteshaus wird auf das Jahr 830 datiert. Damit ist es das älteste noch erhaltene Gebäude in Frankfurt und eine der wenigen fast vollständig erhaltenen frühmittelalterlichen Kirchen in Deutschland.

Weiter hinten ragt ein weißer Rundturm in den blauen Frühsommerhimmel empor: die markante Spitze vom Höchster Schloss. Davor erstreckt sich der gemütliche Schlossplatz, auf dem bei gutem Wetter die Außenterrassen von gleich drei Gaststuben zur Stärkung einladen. Wir folgen dem Tipp einer Frau, die am Mainufer mit ihrem Hund unterwegs ist. Die Zufahrt führt über holpriges Kopfsteinpflaster durch das mittelalterliche Tor des wuchtigen Zollturms hinauf auf den wirklich einladenden Platz. Am Rande des Platzes

Auf dem Platz am Alten Schloss in Frankfurt-Höchst laden Restaurants zur Rast ein.

schließen wir an der weit ausladenden „Friedenseiche" unsere Fahrräder ab – und sind von der sich bietenden Kulisse beeindruckt. In Frankfurt-Höchst hätten wir diese nicht erwartet. Linker Hand das Alte Schloss mit dem Torbau aus der Renaissance und dem gotischen Turm, nördlich bildet eine Fachwerkhäuser-Zeile aus dem 16. bis 18. Jahrhundert den Abschluss des Platzes.

Beim Anblick der vielen Biertischgarnituren vor den drei traditionsreichen Gaststätten „Zum Bären", „Alte Zollwache" und „Zum Schwan" steht man als Ausflügler vor der Qual der Wahl. An heißen Sommer-Wochenenden herrscht hier rundum buntes Treiben. Da muss man gehörig Glück haben, wenn man sofort einen Platz finden will.

Alte Zollwache
Höchster Schlossplatz 10, 65929 Frankfurt-Höchst
069 / 3088035, info@alte-zollwache.de
www.alte-zollwache.de

Gasthaus zum Bären
Höchster Schlossplatz 8, 65929 Frankfurt-Höchst
069 / 309343, info@zumbaeren.net
www.zumbaeren.net

Zum Schwan
Höchster Schlossplatz 7, 65929 Frankfurt-Höchst
069 / 30066656, info@zumschwan-hoechst.de
www.zumschwan-hoechst.de

Nach verdienter Erfrischung und Stärkung geht es retour zum Mainufer, denn am Fuße der Justinuskirche wartet die unentwegt zwischen den Ufern pendelnde Main-Fähre auf uns. Auf den Namen „Walter Kolb" getauft, ist die Fußgänger- und Fahrradfähre die einzige Fähre im Frankfurter Stadtgebiet und wird von Fährmann Sven Junghans in Eigenregie betrieben. „Als 1991 die weiter flussabwärts gelegene Leunabrücke eröffnet wurde, wollte die Stadt den Fährbetrieb einstellen", heißt es. „Die Bürger aus Höchst wollten aber ihre

Die Fahrrad- und Fußgängerfähre in Höchst ist die einzige Main-Fähre in Frankfurt.

Fähre behalten und Protest wurde laut." Die Stadt lenkte ein und kaufte die „Walter Kolb". Immer wieder drohte der Fährbetrieb eingestellt zu werden, stets wurden die Kosten als Argument vorgebracht. Die Pläne wurden aber – auch zum Glück vieler Touristen und Ausflügler – nie umgesetzt. Außer mittwochs bringt Sven Junghans also nach wie vor zwischen 9 und 18 Uhr (April bis September) die Radfahrer von hibbdebach nach dribbdebach.

Vom Rastplatz an der Anlegestelle am anderen Ufer weist uns die Beschilderung des Grüngürtel-Radrundwegs den Weg geradeaus Richtung Schwanheimer Düne. Die Spur des Radweges ist gut befahrbar. Dort, wo der „Rad-Pfad" rund 400 Meter weiter auf eine Schnellstraße trifft, weitet sich unser Weg zu einer Art Fahrrad-Autobahn. Beeindruckt wechselt unser Blick zwischen den imposanten Bürobauten zur Rechten und der linker Hand gelegenen Schwanheimer Düne hin und her. Auf der einen Seite der Industriepark Höchst, der Tausenden einen Arbeitsplatz bietet. Und direkt gegenüber liegt – getrennt nur durch die Schnellstraße – mit der Schwanheimer Düne ein ganz besonderes Naturschutzgebiet.

Die Main-Staustufe zwischen den Stadtteilen Griesheim und Schwanheim.

„Die Düne ist eine der wenigen Binnendünen Europas. Sie entstand nach der letzten Eiszeit vor 10.000 Jahren aus Sanden, die aus dem Flussbett des Mains hierher verweht wurden. Im vorletzten Jahrhundert rodeten Bauern den darauf gewachsenen Wald und legten Kirschbaumwiesen an", sagt die Schutzgebietsbeauftragte Heidi Wieduwilt. In der zweiten Hälfte des 19. Jahrhunderts beendeten mehrere Trockenperioden diese vergeblichen Versuche der Bewirtschaftung. Die Düne lag brach und begann – unglaublich, aber wahr – zu wandern. Zwischen 1882 und 1890 strandete sie dann an ihrer jetzigen Stelle. Mit der Silbergrasflur entwickelte sich am Rande Frankfurts die typische Pflanzengesellschaft einer Binnendüne. Heute noch sind Silbergras, Bauernsenf und Sand-Grasnelke anzutreffen. Auf dem mageren Sand sind auch einige bizarr geformte Kiefern angewachsen. Wer sich Zeit nimmt und mit offenen Augen die Tierwelt beobachtet, kann Zauneidechsen, Kreiselwespen, vom Aussterben bedrohte Kreuz- und Wechselkröten und Erdkröten entdecken. Feldhase und Rebhuhn sind hier ebenso zu Hause wie Steinkauz, Eisvogel und Nachtigall, die hier brüten. 2016 investierte die Stadt Frankfurt rund 215.000 Euro in die Sanierung des Holzbohlenwegs, über den an schönen Tagen Hunderte Menschen laufen.

Wer sich die Zeit nehmen will, kann die Räder durch das Naturschutzgebiet schieben. Wer die Dünen nicht durchqueren will, umrundet sie auf dem ausgeschilderten Radweg Richtung Frankfurt-Schwanheim. Der Ausschilderung folgend stößt man automatisch wieder an den Main, dem wir nun dreieinhalb Kilometer stromaufwärts auf dem Mainradweg (Hessischer Fernradweg R3) folgen. Vorbei an der Staustufe Griesheim (Wehranlage, zwei Schleusenkammern und ein Laufwasserkraftwerk) sowie den rechter Hand gelegenen katholischen Pfarrkir-

Im DB-Ausbesserungswerk in Griesheim wird ein ICE der Baureihe 407 gewartet.

chen von Schwanheim und Goldstein, stoßen wir nach dreieinhalb Kilometern an die Autobahnbrücke der A5. Diese erklimmen wir über die rechter Hand gelegenen Treppen. Unterhalb der Autobahnspuren passieren wir auf der Rad- und Fußgängerpassage gefahrlos den Main, nehmen am anderen Ufer die Fußgänger- und Radabfahrt hinunter auf den Griesheimer Stadtweg und unterqueren auf diesem die Autobahnbrücke weiter stromaufwärts Richtung Innenstadt.

Während unsere Route eigentlich an der nächstmöglichen Querstraße rechts ab in die Einbaumstraße Richtung Stadtmitte geleitet wird, lohnt es sich für Eisenbahn-Fans, den Stadtweg geradeaus weiterzufahren. Am Ende des Weges liegt nämlich versteckt hinter Schrebergärten das ICE-Werk Griesheim, in dem die DB auch die 200 Meter langen ICE der Baureihe 407 „Velaro D" wartet. Nach

Das neue Wohnquartier am alten Westhafen. Ganz rechts der runde Westhafen-Tower.

jeweils 8.000 Kilometern im Hochgeschwindigkeitsverkehr nach Paris werden die 492 Tonnen schweren Gefährte hier auf ein Hochgleis gesteuert und auf Herz und Nieren geprüft. „Instandhaltung, Innenreinigung, Ver- und Entsorgung finden bei uns zeitgleich auf drei Ebenen statt", erläutert Fahrzeugtechnik-Ingenieur Ingo Hawranke. Im Zuginnern werden Türen geprüft, Toiletten gereinigt und elektrische Komponenten sowie Steuerungselemente getauscht. Von einer durchgehenden Dach-Arbeitsbühne können Mitarbeiter auf dem Dach die Stromabnehmer prüfen und eventuell defekte Teile austauschen. Unter dem Zug werden pneumatische Komponenten geprüft. Wenn es sein muss, werden ganze Radsätze auf der „Unterflur-Radsatz-Drehbank" glattgeschliffen.

Zurück zur Einbaumstraße werden wir automatisch auf den Radstreifen parallel zur Gutleutstraße Richtung Stadtmitte gelotst.

Dreieinhalb Kilometer rollen wir stadteinwärts durch das Gutleut-
viertel. Spannend wird es dort direkt hinter der zweiten Eisenbahnbrücke, die wir zuvor unterqueren. Nach der Brücke biegen wir
gleich rechts ab auf den ausgeschilderten Radweg. Nach einem kurzen Anstieg gelangen wir direkt neben den Eisenbahngleisen auf
eine Stahlgitterbrücke über den Main. Hier halten wir inne und
genießen das sich uns bietende Panorama auf den Westhafen und
die Skyline.

Zurück zur Gutleutstraße queren wir diese hinter der Bahnbrücke und kommen auf die Camberger Straße. Auf dem daneben verlaufenden Geh- und Fußweg queren wir nun das Bahnhofsvorfeld
und genießen den ungewöhnlichen Blick über abgestellte Züge und
das Gleisgewirr der Bahnhofseinfahrt. Angesichts der unzähligen
Eindrücke kommt für uns völlig überraschend gleich hinter der Brücke an der S-Bahnstation Galluswarte das Ende der Tour.

04 ZWISCHEN FLUGLÄRM UND IDYLLE
Rund um den Frankfurter Flughafen

Hofheim

Hattersheim

66

Okriftel

S S Z
Kelsterbach

B43

L3006

Weilbach

Eddersheim

3

Planespotter

Flörsheim

Raunheim

67

Rüsselsheim

Haßloch

Jagdschloss

B486

Königstädten

Schwanheim

Niederrad

5

Wasserwerk

B43

3

Neu-
Isenburg

3

Luftbrücke

S

Zeppelinheim

Buchschlag

L3006

B44

5

Langen

Mörfelden-Waldorf

0   5
                                                    km

© OpenStreetMap-Mitwirkende

04

Zwischen Fluglärm und Idylle
Schwierigkeitsgrad: anspruchsvoll
Länge: 36 km Rundkurs
Anfahrt ÖPNV: S-Bahnhof Kelsterbach
Anfahrt Auto: über A66 Krifteler Dreieck und B40 sowie A5, A3 auf die B43 nach Kelsterbach

Naherholung und schützenswerte Natur direkt neben einem Airport? Kaum zu glauben. Auf 36 Kilometern zeigt die Rundtour, wie nahe im Rhein-Main-Gebiet schützenswerte Naturräume und Verkehrsströme beieinanderliegen – und wie gefährdet diese sensible Nachbarschaft ist.

Der Airbus steht in Startposition auf der Startbahn 18 West, die Düsentriebwerke jaulen auf und nur kurze Zeit später beschleunigt der Ferienflieger auf eine Startgeschwindigkeit von rund Tempo 300. Dann streckt der Jet seine Nase nach oben und hebt ab. Wer an den rechten Fensterreihen der Maschine sitzt, kann für einen Moment einen Blick auf den Mönchbruch werfen. Nur wenige der Passagiere werden wissen, dass das 1.000 Hektar große Areal am Ende der Startbahn West das zweitgrößte Naturschutzgebiet Hessens ist.

Ausgangspunkt der Tour ist der S-Bahnhof Kelsterbach. Der Radweg vom Bahnhof zum Main ist für Ortsunkundige nicht ganz so leicht zu finden: Kurz hinter dem Bahnhof führt ein 200 Meter langer, leicht abschüssiger Asphaltweg auf den Mainufer-Radweg. Besser fragen – irgendjemand wird den Weg über die Hauptverkehrsstraße zum nahegelegenen Main gewiss weisen können.

Beruhigendes Tuckern von Binnenschiffen empfängt uns. Auf den ersten zwei Kilometern stromabwärts durch die Mainaue fahren wir durch das Grünland im Überschwemmungsgebiet des Flusses am Ufersaum. Lediglich an der Anlegestelle für Binnentankschiffe wird die gemütliche Fahrt unterbrochen. Die Industrieanlage passieren wir auf einem schmalen Asphaltweg oberhalb der Anlegestelle. Schon bald danach öffnet sich die Au, und nach etwa 400 Metern gabelt sich der Radweg mitten auf einer sattgrünen Wiese. Statt dem

Im Mönchwaldsee wird immer noch Kies gefördert.

Main weiter stromabwärts zu folgen, orientieren wir uns an der Beschilderung nach links Richtung Mönchbruch. Unmittelbar nach
dem Abzweig unterquert der Radweg Straße und Eisenbahn und
kreuzt noch ein letztes Mal eine Landstraße, bevor wir auf den
nächsten Kilometern komplett autofrei – aber keinesfalls verkehrs-
frei – durch den Kelsterbacher Wald radeln.

Von nun an bewegen wir uns stets haarscharf an der Grenze zwischen Natur und Technik. Wir fahren an dem rechts liegenden, 16,7
Hektar großen silbrig schillernden Mönchwaldsee vorbei. Vor über
60 Jahren fanden Arbeiter bei Baggerarbeiten hier das Schädelfrag-
ment eines modernen Menschen vom Typ homo sapiens, dessen Alter auf 31.000 Jahre (Altsteinzeit) geschätzt wird. Doch uns bleibt
kaum Zeit, über die Erdgeschichte und die Entwicklung der
Menschheit zu sinnieren: Urplötzlich zerreißt jähes Kreischen und
schrilles Quietschen die Stille der Waldidylle. Nur 100 Meter entfernt hat soeben eine Verkehrsmaschine auf der Landebahn Nordwest aufgesetzt und den Bremsvorgang eingeleitet. Auf dem direkt
am Sicherheitszaun der Landebahn entlangführenden Radweg
meint man, den blaugrau aufsteigenden Qualm verbrennenden

Die Regionalparkroute führt direkt an der Landebahn Nordwest vorbei.

Gummis zu riechen. Stets im Fokus der Überwachungskameras werden wir entlang des Zauns zum Anfang der neuen Landebahn geleitet.

Der Radweg zweigt hier direkt unterhalb der Landebefeuerung nach links zum nahen Kiefernwald ab. Wer den kreischenden Lärm aus den Triebwerken der Flugzeuge nicht scheut, sollte hier für einen Moment verweilen, denn nirgendwo ist der Landeanflug der Flugzeuge so intensiv mit allen Sinnen zu spüren wie hier. Beim Blick nach Westen erkennen wir die Landescheinwerfer der einschwebenden Jets. Wie Perlen auf einer Schnur markieren die Lichter die Position der nahenden Maschinen. Jetzt zeigt sich, wer die stärksten Nerven hat. Die schiere Masse der uns in greifbarer Nähe überquerenden Flugzeuge beeindruckt körperlich spürbar. Ebenso das Dröhnen der Motoren. Im Moment des Überflugs ist das Vibrieren der Luft garantiert keine Einbildung. Nur kurze Zeit später rühren Wirbelschleppen die Luft nochmals kräftig um. Wer den Sog dieser zopfartigen, sich im Schlepptau der Tragflächen bildenden Luftwir-

Vom Main bei Kelsterbach kommend, führt der Radweg vor dem Flughafen über die ICE-Strecke und die A3 hinweg.

Sogenannte ‚Plane-Spotter' richten am Aussichtspunkt West ihre Objektive auf startende Flugzeuge.

bel verspürt, ahnt, warum in den umliegenden Ortschaften immer wieder landende Flugzeuge ganze Hausdächer abgedeckt haben. Nach zwei oder drei Landungen haben wir aber genug von dem Spektakel und sehnen uns mehr denn je nach Erholung im Wald. Statt auf dem Radweg weiter die Landebahn zu umrunden, orientieren wir uns am Umspannwerk am nahen Waldrand. Die Ausschilderung lenkt uns mal links, mal rechts durch den herrlich duftenden Forst – immer weiter zum Aussichtspunkt an der Startbahn West.

Nachdem die ICE-Hochgeschwindigkeitsstrecke und die A3 auf einer Radwege-Brücke überquert sind, wird es kurzzeitig ungemütlich. Schwere Lastwagen transportieren Kies aus dem nahen Baggersee und nutzen dabei auf wenigen 100 Metern die gleiche Fahrstraße. Doch zum Glück zweigt der Radweg zum Aussichtspunkt bald schon wieder nach rechts ab auf einen reinen Forstweg durch den Alten Hegwald. Ambivalenter könnte die Atmosphäre nicht sein: Da trällern Vögel laut im Wald und werden doch plötzlich wieder vom Dröhnen röhrender Triebwerke der startenden Jets übertönt. Der Aussichtspunkt an der Startbahn West hat sich längst unter den sogenannten Plane-Spottern einen Namen gemacht. „Affenfelsen" – klingt wie im Zoo und sieht irgendwie auch so aus: Auf vier im Halbkreis gestapelten Beton-Plattformen steht ein Dutzend Fotografen in Lauerstellung vor einer Wellblechwand. Sobald ein Flugzeug auf der Startbahn West dem Start entgegenjagt, ziehen sie ihre Profi-Kameras mit riesigen Teleobjektiven alle im Gleichklang den Flugzeugen nach. Es ist die Sammelleidenschaft, mit der sie jeden Typ von jeder Fluggesellschaft ablichten wollen. Da sind Männer wie Wolfgang, Frühpensionär und seit Jahrzehnten leidenschaftlicher Plane-Spotter.

Fast sechs Kilometer lang verläuft die Mönchbruch-Allee schnurgerade durch den Wald.

35.000 Bilder zählt seine Flugzeugbildersammlung. Weltweit aufgenommen, versteht sich. Den Großteil hat er als junger Mann auf Dia-Film fotografiert. „Das waren noch Qualitätsbilder. Jeder Schuss ein Unikat. Die heutigen Digitalbilder sind doch austauschbar und beliebig oft kopierbar", sagt er und zoomt mit seiner Canon EOS 5D Mark III einen knatschrot-kunterbunt lackierten Jumbo der australischen Fluggesellschaft Qantas heran.

Wir verabschieden uns von den Plane-Spottern und kehren auf die Hauptroute Richtung Jagdschloss Mönchbruch zurück. Auf der Weiterfahrt geht es nun fünf Kilometer auf der Mönchbruchallee immer südwärts schnurgeradeaus. Nach einer Weile öffnet sich der Mischwald, und die Route Richtung Jagdschloss Mönchbruch kreuzt eine heideähnliche Landschaft.

Das Ausflugslokal im Jagdschloss Mönchbruch lädt Radfahrer zur Rast ein.

1954 wurde hier der Wald gerodet, um auf einer 190 Meter breiten und fast fünf Kilometer langen Schneise vier Hochspannungsleitungen zu bauen. Wer hätte damals gedacht, dass sich auf den
sandigen Böden eine 226 Hektar große offene Heidelandschaft mit
Sanddünen, Tümpeln und seltenen Pflanzenarten (Besenheide)
entwickeln würde. Auf den Spitzen der umliegenden Sträucher tril-
lern muntere Schwarzkehlchen. 2008 wurde die entstandene Heidelandschaft als europäisches Schutzgebiet Natura 2000, als Flora-
Fauna-Habitat und Vogelschutzgebiet anerkannt. Weiter geradeaus
Richtung Jagdschloss beginnt das Naherholungsgebiet „Mönchbruch von Mörfelden und Rüsselsheim". Alte Eichen, Erlenbuch-
wald, Stieleichen, Sumpfwald, Wiesen und Wassergräben prägen
das Landschaftsbild. Wer ahnt heute, dass hier vor Tausenden Jahren der Main Sande, Lehme und Kiese anschwemmte und damit
das Fundament für die heutige ökologische Artenvielfalt gebildet
hat?

Den letzten Kilometer bis zum Ausflugslokal am Jagdschloss radeln wir inmitten einer mit Linden und Kastanien gesäumten Prachtallee.

Landhotel Mönchbruch-Mühle
Mönchbruch 1, 64546 Mörfelden-Walldorf
06105 / 92430, info@jagdschloss-moenchbruch.de
www.jagdschloss-moenchbruch.de

Nach der Rast geht es wieder ein Stück des Weges retour, bis der als Regionalparkroute gekennzeichnete Radweg rechts durch die Gundbach- und Schwarzbachauen Richtung Walldorf abzweigt. Neben äsendem Reh-, Schwarz- und Damwild sind auf den Wiesenflächen auch Schwarzmilane, Eisvögel, Waldohreulen, Reiher, Störche und Kanadagänse zu Hause. Um den Artenreichtum zu erhalten und zu schützen, darf seit 1995 auf den Wiesen kein Dünger mehr ausgebracht werden. Auf den artenreichen Stromtalwiesen wachsen Orchideen und Lungenenzian ebenso wie Brenndolde, Moorveilchen und Kantenlauch – alle stehen sie auf der Roten Liste.

Locker und leicht rollen wir am Rande der Stromtalwiesen immer weiter Richtung Walldorf. Die Freude bei der Fahrt durch eine wunderschöne Naturlandschaft wird leider vom Getöse startender Jets getrübt. In Walldorf angekommen, folgen wir zuerst der Ausschilderung zum Bahnhof. Wer nach den zurückliegenden 20 Kilometern durch Wald und Wiesen keine Lust mehr auf Autolärm und Flugzeuge hat, beendet am besten diese Tour am Bahnhof und fährt mit der S7 zurück nach Frankfurt. Wer aber den Flughafen komplett umrunden möchte, folgt knapp einen Kilometer vor dem Bahnhof der Ausschilderung nach links Richtung Zeppelinheim/Flughafen-Aussichtspunkt. Durch Wohnstraßen steuern wir Richtung Ortsrand immer der „Aussicht Flughafen" entgegen und folgen später dem Luftbrückendenkmal.

Dieses Denkmal erinnert an die Versorgung der Bevölkerung Berlins durch Flugzeuge der Westalliierten während der Blockade (24. Juni 1948 bis 12. Mai 1949) durch die sowjetische Besatzung. Rund

um die Uhr starteten insgesamt 349 Flugzeuge aus Frankfurt und von sieben weiteren Flugplätzen nach Berlin. Auf 277.264 Flügen wurden 2,34 Millionen Tonnen Lebensmittel sowie Kohle und Benzin nach Berlin geflogen.

Inmitten tosenden Verkehrslärms, einfliegender Jets und der vierspurigen A5 führt der Radweg nun zwischen Autobahn und dem Flughafen-Zaun geradewegs zum Terminal 2. Während im Empfangsgebäude die Fluggäste auf den Anzeigetafeln ihre Ziele suchen, ist für uns Radler vorm Terminal die Zielrichtung Frankfurt-Höchst/Fähre sowie Unterschweinstiege richtungsweisend. Zwar ist auf dem Flughafen neben der Verkehrsleitung für die Autos auch an ein eigenes Radwegesystem gedacht worden, dennoch ist Konzentration angebracht. Bei all dem Trubel auf den Flughafenstraßen ist die innere Anspannung beachtlich. Denn einige Straßen müssen an Fußgängerampeln oder auf Zebrastreifen gequert werden – da ist äußerste Vorsicht angesagt. Aber nach Unterquerung von A3 und B43 steht man dann urplötzlich vor dem an den Flughafen grenzenden Wald. Statt weiter Richtung Höchst und Schweinstiege zweigt unser Radweg gleich hinter der B43 nach links Richtung Hinkelstein/Wasserwerk (Kelsterbach) ab. Zuerst führt der Radweg 200 Meter parallel zur Schnellstraße, bevor er uns nach leichtem Rechtsknick zwei Kilometer schnurgeradeaus durch den Frankfurter Stadtwald vorbei an der mächtigen Goethebuche zum Wasserwerk Hinkelstein leitet. Ab dem prachtvollen Jugendstilbau ist Kelsterbach als abschließende Zielrichtung ausgeschildert.

Zurück im 16.500-Einwohner-Städtchen Kelsterbach, ist es besser, den schnellsten Weg zum Bahnhof zu erfragen. Die Verantwortlichen der Stadt haben offenbar vergessen, diesen für Radfahrer wichtigen Weg sinnvoll auszuschildern.

Das Luftbrückendenkmal erinnert an die Blockade Berlins 1948/1949.

05 **GUTE AUSSICHTEN UND BIZARRE KLÄNGE**
Von Hattersheim bis Flörsheim und zurück

Gute Aussichten und bizarre Klänge

Schwierigkeitsgrad: relativ leicht
Länge: 30 km Rundkurs
Anfahrt ÖPNV: S-Bahnhof Hattersheim
Anfahrt Auto: A66 Abfahrt Hattersheim – über Hofheimer
Straße und Mainzer Landstraße zum ausgeschilderten
S-Bahnhof.

**Heute geht's auf einem Rundkurs durch das Herzstück des
Regionalparks Rhein-Main. Ein wenig abseits der Main-Metropole Frankfurts führt die Tour durch schützenswerte Naturräume, Industrieräume und entlang der großen Verkehrsströme auf Straße, Schiene und Wasser – eine absolut
sensible Nachbarschaft.**

Verkehrskollaps? Für Radfahrer ist das ein Fremdwort! Die Regionalparkroute bietet Radlern eine echte Alternative zu chronisch ver-
stopften Straßen: Von Hattersheim geht es über Alleenstraßen durch
Wälder und Felder, Weinberge und eine Mondlandschaft nach
Flörsheim. Hattersheim ist ein idealer Ausgangspunkt für Radtou-
ren in die Region. Dass es sich hier gut leben lässt, sieht man auch
an den vielen Restaurants und Eiscafés am Marktplatz. Genau hier,
vor der stattlichen Kulisse des alten Posthofs, wollen wir die Tour am
Ende auch ausklingen lassen.

Nach Ankunft der S-Bahn starten wir auf dem Bahnhofsvorplatz.
Doch Obacht: Wir orientieren uns nicht an den Rad-Wegweisern in
die Innenstadt! Stattdessen fahren wir zur Brücke, die in Sichtweite
des Bahnhofs die Eisenbahnschienen quert. Der Radweg führt darauf ('Hessendamm') parallel zur L3011 stadtauswärts. Rechter Hand
taucht schon bald eines der vielen Neubaugebiete auf, die in Hattersheim aus dem Boden sprießen. Die schmucken Reihenhäuschen
gruppieren sich um einen Schornstein aus Klinker. Ein Schild des
Bauträgers verrät zudem ungewöhnlich „süße" Namen der jeweili-
gen Haustypen. Die in Reih und Glied stehenden Häuser heißen
hier „Mocca", „Vanilla", „Toffee" und „Mousse" – und das nicht

Im Rosarium bei Hattersheim blühen bis zu 6.500 Rosen.

ohne Grund: Auf dem Areal stand einst die Sarotti-Schokoladenfabrik, von der neben jenem 1884 errichteten Schornstein nur noch zwei weitere unter Denkmalschutz stehende ehemalige Werksgebäude übriggeblieben sind.

„Vor 20 Jahren wurde die Produktion eingestellt. Ich kann mich noch gut daran erinnern, als der süßliche Schokoladen-Duft über der Stadt hing", sagt eine Passantin. Heute lockt uns der Duft Tausender Rosenblüten an, die im unweit gelegenen Rosarium in zarter Blüte stehen. 500 Meter nach der Brücke, dort, wo die Bebauung endet, weist ein Schild den Weg rechts dorthin. Radelnde Rosenliebhaber lassen sich den Blick auf die Schönheit der 6.500 Rosen im angrenzenden Rosarium auf jeden Fall nicht entgehen. 100 verschiedene Rosenarten erinnern an die Zeit, als in Hattersheim Schnittblumen angebaut wurden, die über den Frankfurter Großmarkt in die ganze Welt exportiert wurden.

Hier zweigt auch ein anderes, noch bestens erhaltenes (verkehrstechnisches) Denkmal ab: die Wasserwerk-Chaussee. Voll Ehrfurcht und mit einer Portion Skepsis blickt man als Radfahrer auf die Kopfsteinpflasterallee – heute ein gern genutzter Rad- und Spazierweg.

Auch Politiker radeln gemeinsam auf der Wasserwerkchaussee.

Die Speierling-Allee zwischen Hattersheim und den Weilbacher Kiesgruben.

Katzenköpfe gehören nun wirklich nicht zu den optimalen Belägen für Fahrradwege. Dennoch ist die Fahrt über die mit über 100 Jahre alten, mächtigen Linden gesäumte Zufahrtsstraße zum Wasserwerk ein Erlebnis. Keine Bange: Wer den Rüttel- und Schütteltest für Fahrrad und Fahrer scheut, der nutzt ganz einfach den links und rechts des rundgeschliffenen Basalts festgefahrenen Randstreifen. Wir holpern über die Allee weiter, bis diese nach 700 Metern an der Bahnlinie en-

Am Nussbaumquartier grüßt ein drei Meter hoher Rabe aus Aluminium.

det, passieren die alte Brücke über die Bahn und folgen dem Hauptweg. Nach kurzer Fahrt entlang des Waldrands zweigt die Regionalparkroute nach rechts gen Weilbach und zum Naturschutzhaus
Weilbacher Kiesgruben ab. Auf den nächsten 15 Kilometern werden
uns die roten Dreieckssymbole der Regionalparkroute samt ausgeschilderter Fernziele bis zur Mainquerung bei Flörsheim geleiten.

400 Meter radeln wir geradeaus durch das üppige Gelb der in
voller Blüte stehenden Rapsfelder, bevor wir nach links auf die 1997
neu gepflanzte Speierlingsallee abbiegen. Am Ende dieser Allee grüßt
von weitem ‚der Rabe'. Die silbrig glänzende, drei Meter hohe Alu-
minium-Skulptur des Flörsheimer Künstlers Thomas Reinelt weist
uns den weiteren Weg hinein in die unwirkliche Landschaft der ehemaligen Weilbacher Kiesgruben. Wir steuern unsere Räder nun in
eine rotbraune Kraterlandschaft. Rechter Hand dröhnen in tiefen
Gruben die Motoren von Muldenkippern und schweren Baggern.
Der abgetragene Kies wird von monoton ratternden Förderbändern
abtransportiert. Linker Hand erstrecken sich ebenfalls tiefe Mulden.

Die Weilbacher Kiesgruben werden renaturiert.

Doch in diesen hat sich die Pflanzenwelt die Brache wieder zurück-
erobert. Kaschmir-Ziegen grasen genüsslich die Brombeer-Hecken
und anderes Gestrüpp ab. „Das, was in und um die Weilbacher Kiesgruben passiert, darf ohne Zweifel als Pionierleistung gewürdigt
werden", sagt Kjell Schmidt, Geschäftsführer der Regionalpark-Ge-
sellschaft. „Aus der einst industriell ausgebeuteten Kraterlandschaft
sind heute lebendige Naturschutzgebiete erwachsen." Wir durchqueren das 150 Hektar große Areal auf dem Haupt-Radweg. Unterwegs bieten Aussichtspunkte und vor allem der 42 Meter hohe Turm
auf dem Freizeitgelände des Besucherzentrums einen grandiosen
Blick auf das Areal. Wo bis Anfang der 1970er Jahre noch ein 20
Meter tiefes Loch vom Kiesabbau in der Erde klaffte, begrüßt heute
das Besucherzentrum des Regionalparks die Gäste mit Informationen, Restaurant und Spielplatz. „58 Hektar sind mittlerweile als Naturschutzgebiet ausgewiesen. Heute laufen der geordnete Kiesabbau,
die Verfüllung der Gruben, die Freizeitnutzung auf rund 25 Hektar,
Naturschutz und Landwirtschaft parallel nebeneinander her", erläutert Schmidt. „Auch künftig werden mächtige Bagger jährlich etwa
200.000 Tonnen Kies der Erde entreißen und neue Löcher hinter-
lassen. Doch bevor der erste Bagger rollt, wird festgelegt, wie der

Der 42 m hohe Aussichtsturm am Besucherportal der Regionalparkroute.

Regionalpark-Geschäftsführer Kjell Schmidt (links) auf der Regionalpark-Route.

Bereich nach dem Kiesabbau renaturiert wird."

Von nun an folgen wir der Regionalpark-Beschilderung Richtung „Flörsheimer Eisenbaum" und „Aussichtspunkt A3". Im Zickzack führen uns schmale, aber gut ausgeschilderte Radwege um Weilbach herum. Kurz vor der Brücke über die Autobahn und die ICE-Schnellbahnlinie lädt ein kleiner Aussichtsberg mit Schatten spendenden Pappeln zur nächsten Rast ein. Je nach Wetterlage blicken wir von dort oben über die umliegenden Felder und Ortschaften hinüber zum Taunus. Hinter der Mainschiene ist deutlich die Industriezone rund um den Flughafen zu erkennen. Bei klarer Sicht scheinen die Hochhäuser der Frankfurter Skyline und der Odenwald zum Greifen nah.

An diesem Ort vermischt sich der Takt der Verkehrsströme der Rhein-Main-Region zu einer einzigartigen Klang-Collage: Das permanente Brummen nicht enden wollender Autoschlangen auf der A3 wird im 20-Minutentakt vom Zischen vorbeirauschender ICE-Züge übertönt. Den Schlussakkord bildet ein satter Düsensound aus den Triebwerken der nach Norden startenden Flugzeuge. Welch ein Glück: Der Zeitdruck der im Stau stehenden Autofahrer oder die verfluchten Verspätungen von Zug und Flieger können uns heute einerlei sein.

Wir queren die Autobahn und tauchen nach 300 Metern in eine andere Welt ein. Der Kontrast könnte nicht größer sein. In Bad Weilbach radeln wir durch eine idyllische Parklandschaft, die von der kurzzeitigen Blüte des Kurbetriebs Ende des 19. Jahrhunderts im klassizistischen Kurhaus mit Badeanlagen und Schwefelbrunnen-Pavillon erzählt. Einen Besuch wert ist auch das Damwildgehege, das wir am nördlichen Rand des Parks umrunden. Wer Glück hat, bekommt sogar das beeindruckende Geweih des Männchens vor die Linse der Kamera.

Aus dem schattigen und feuchtkühlen Wäldchen rollend, trifft uns das gleißende Sonnenlicht des Frühsommers wie ein Schlag. Doch die Skulpturen, die sich auf

Die klassizistisch angelegten Badeanlagen sowie der Schwefelbrunnen-Pavillon von Bad Weilbach. Foto: Regionalpark Rhein-Main

Das Damwild-Gehege im Kurpark von Bad Weilbach.

Entlang der Regionpark-Route grüßen bei Wicker zahlreiche Skulpturen.

Die Flörsheimer Warte ist eine Rekonstruktion des historischen Wehrturms.

dem angrenzenden Teilstück bis Wicker aneinanderreihen, sind keinesfalls einer Fata Morgana entsprungen. Auf dem Panoramaweg begleiten die Radfahrer diverse von Künstlerhand geschaffene Steinmetzarbeiten. „Unsere Skulpturen reflektieren die Landschaft, in der und für die sie entstanden sind. Es geht um Wissen und Empfinden, um Kultur und Natur, um Lärm – auch Fluglärm – und Stille, um eiliges Leben und darum, Ruhe zu finden", kommentierten die fünf Künstler 1998 bei der Einweihung des Panoramaweges ihr Werk.

Hinter Wicker öffnet sich der Blick auf die in Reih und Glied stehenden Weinreben. „Historische Funde belegen, dass schon die Römer an den sonnigen Hängen des Wickerbachtals Wein angebaut haben", sagt die Wickerer Weinkönigin Joanna Haag. „Hier bei uns beginnt der Rheingau. Unsere Winzer bauen meist Riesling und Spätburgunder an." Lust auf ein Schlückchen in Ehren? An den Wochenenden ist das gar kein Problem. Am unweit des Radweges gelegenen „Tor zum Rheingau" laden heimische Winzer zum Verweilen ein und bewirten dort die Ausflügler mit unterschiedlichsten Speisen und Weinen aus Flörsheim, Hochheim und Wicker. Wunderbar lässt es sich auch an der direkt am Radweg gelegenen Flörsheimer Warte ausruhen. Vom dortigen Ausflugslokal genießen wir dann den Ausblick über die Weinberge hinunter zur Mainebene.

Flörsheimer Warte
Landwehrweg, 65439 Flörsheim
0171 / 5631013
www.floersheimer-warte.de

Ab der Rekonstruktion des einstigen Wehrturms aus dem 15. Jahrhundert folgen wir der Regionalpark-Ausschilderung Richtung „St. Anna-Kapelle" und „Eisenbaum". Wir rollen in die idyllische, von Erlen bestandene Wickerbachaue hinab. Nach einem kleinen letzten

Blick über den Weinberg der Wiesenmühle in Richtung Deponie Wicker.

An der Außenfassade des Biomasse-Kraftwerks der Deponie in Wicker wurde eine 19 m hohe Kletterwand installiert. Foto: Regionalpark Rhein-Main.

Von der Opelbrücke nach Rüsselsheim hat man einen schönen Blick zurück auf Flörsheim.

Anstieg erreichen wir dann die St. Anna-Kapelle. Über die Reben des Weinguts Wiesenmühle blickt man auf die 85 Hektar große Deponie Wicker, in der bis 2005 rund 10 Millionen Kubikmeter Hausmüll eingelagert wurden.

Am Wegekreuz vor der 1715 erbauten Hauskapelle der Wiesenmühle gabeln sich die Radwege. Für uns wird es Zeit, zum erstmals ausgeschilderten Mainufer-Radweg aufzubrechen. Lässig lassen wir die Räder bergab parallel zum Mühlgraben und Wickerbach Richtung Mainebene rollen. Nach herrlich leichter Abfahrt auf feinstem Splitt-Belag heißt es nach der Unterquerung der L3028 „Aufpassen"! Sofort nach der Straßenbrücke kreuzt der Main-Radweg (R3), auf den wir nach links Richtung Flörsheim abbiegen. Nach einigem Zickzack passieren wir die Randgebiete eines Industriegebietes und erreichen schließlich den Main. Direkt hinter der mächtigen Straßenbrücke über den Main (B519) folgen wir von nun an den Schildern Richtung Rüsselsheim, um neben der Bundesstraße den Fluss zu queren. In einem weiten Rechtsbogen ist nun der südliche Mainuferweg Richtung Raunheim ausgeschildert.

Die Mönchhofkapelle am südlichen Mainufer kurz hinter der Autobahnbrücke.

Entspannt strampeln wir die nächsten sechs Kilometer auf dem Uferradweg stromaufwärts. Unterwegs laden die Flörsheimer Fahr, die Mönchhofkapelle und die erst 2013 eingeweihte Ölhafenbrücke zu Zwischenstopps ein. Die Flörsheimer Fahr war bis 1928 Anlegeplatz der Fähre zwischen Raunheim und Flörsheim. Etwas weiter des Weges quert eine architektonisch spektakuläre Radwegbrücke die Zufahrt zum Raunheimer Ölhafen. Mit elegantem Schwung und kreisförmigem Rondell schlägt die 170 Meter lange Brücke seit Mai 2013 den letzten Lückenschluss auf dem südlichen Mainuferweg zwischen Frankfurt und Mainz. Auf dem Rückweg zurück nach Hattersheim nutzen wir den Fuß- und Radweg über die Staustufe Eddersheim, um zurück aufs nördliche Mainufer zu gelangen. Im dortigen Flusskraftwerk der Mainova erzeugt jeder der drei Generatoren durch die 3,50 Meter Fallhöhe des Mains eine Induktionsspannung von 5.250 Volt und eine maximal mögliche Wirkleistung von 1,8 Megawatt.

Die Ölhafenbrücke in Raunheim wurde mit dem Deutschen Städtebaupreis 2014 gewürdigt.

Am anderen Ufer angelangt, fahren wir noch 400 Meter stromaufwärts auf dem Mainuferweg R3 Richtung Frankfurt, bevor wir dem Wegweiser nach links auf den letzten 4,2 Kilometern zurück zum S-Bahnhof Hattersheim folgen. Und unbedingt dran denken: Auf dem Marktplatz vor dem Posthof wartet das versprochene Eis ...

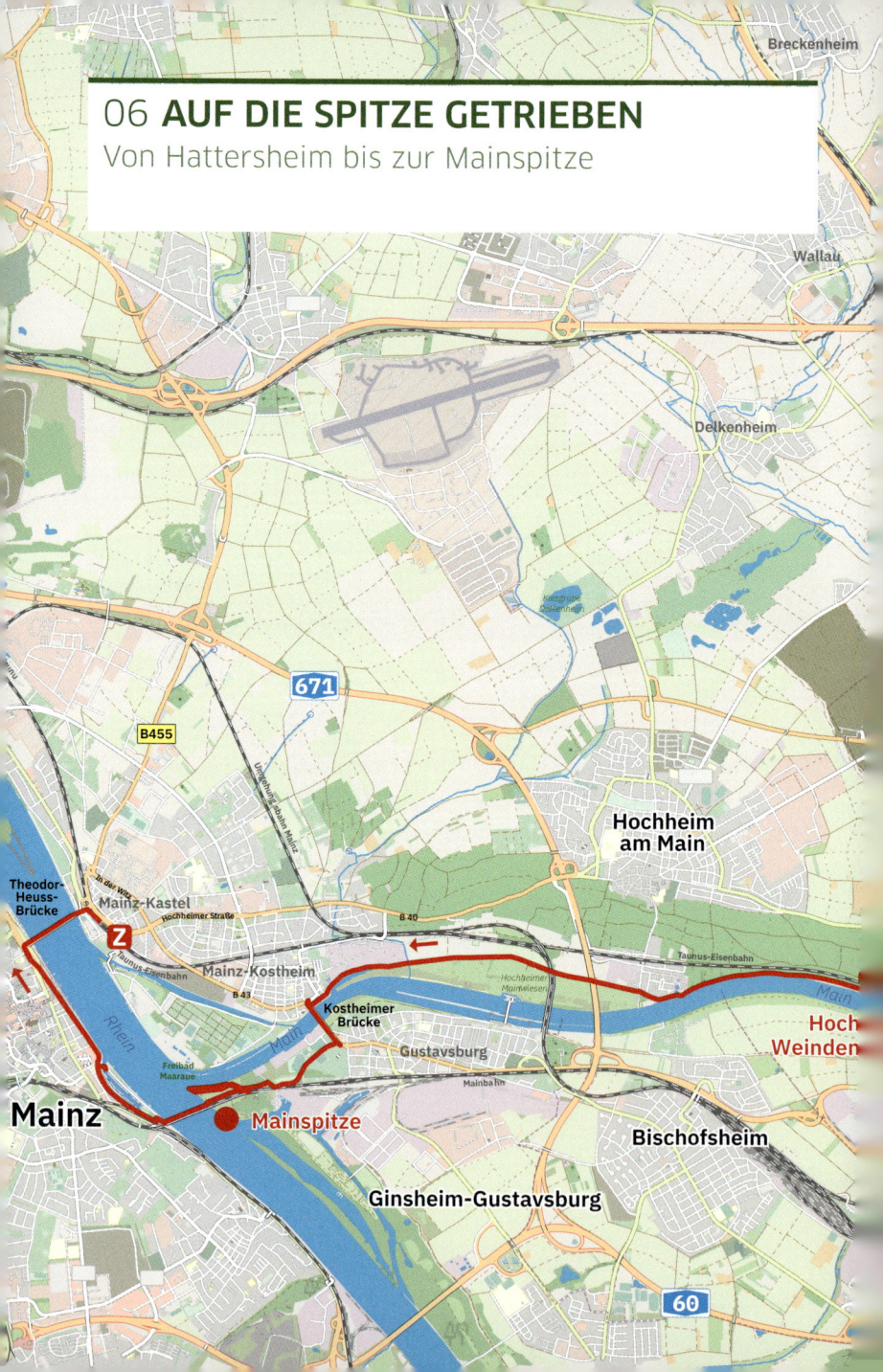

06 **AUF DIE SPITZE GETRIEBEN**
Von Hattersheim bis zur Mainspitze

Auf die Spitze getrieben
Schwierigkeitsgrad: leicht
Länge: 29 km
Anfahrt ÖPNV: S-Bahnhof Hattersheim
Anfahrt Auto: A66 Abfahrt Hattersheim – über Hofheimer Straße und Mainzer Landstraße zum ausgeschilderten S-Bahnhof.

Die gemütliche Fahrt auf dem Mainuferradweg bis nach Mainz ist für Tourenradler wie geschaffen. Auf dem Weg dorthin präsentiert sich die Flusslandschaft entlang der Lebensader des Rhein-Main-Gebietes von ihrer schönsten Seite.

Fast 500 Flusskilometer östlich von Frankfurt entspringen die Quellflüsse des Mains in der Fränkischen Alb und im Fichtelgebirge. Vom Ursprung des Mains bis zur Mündung in den Rhein sind täglich Hunderte auf dem Main-Radweg unterwegs. Wir machen uns vom Ausgangspunkt am S-Bahnhof Hattersheim auf den Weg zur Straßenbrücke, die in Sichtweite die Gleise der S-Bahn quert. Der parallel zur Straße (Hessendamm) nach Okriftel verlaufende Radweg führt vorbei an einem der zahlreichen Neubaugebiete, die in Hattersheim überall aus dem Boden sprießen. Die Reihenhäuschen, die sich hier um einen Schornstein herum gruppieren, tragen „süße" Namen, die an die Sarotti-Fabrik erinnern sollen, welche hier bis in die 1990er Jahre produziert hat.

Mittlerweile liegt eher der Duft von 6.500 Rosenblüten in der Luft. Um dem Ursprung des betörenden Dufts auf die Spur zu kommen, müssen wir nicht weit fahren. Dort, wo die Bebauung endet, zweigt eine imposante Alleenstraße nach rechts zum Rosarium ab. Nach lohnenswerter Stippvisite der mit Rosen bepflanzten, künstlerisch angelegten Parkanlage kehren wir auf die mit über 100 Jahre alten mächtigen Linden gesäumte Wasserwerkchaussee zurück. Wer den ultimativen Rüttel- und Schütteltest meiden möchte, fährt am besten links und rechts der rundgeschliffenen Katzenköpfe auf dem fest gefahrenen Randstreifen der Allee weiter. Nach ungefähr 500

Diese Nilgänse haben am Mainufer in Eddersheim ihr neues Zuhause gefunden.

Metern endet der Belastungstest für Velo und Fahrer. Der Radweg überquert im weiteren Verlauf die Eisenbahnlinie, und zwischen Feld und Wald werden wir in weitem Linksbogen nach Eddersheim geführt. Vorbei am Wasserwerk und über einen beschrankten Bahnübergang kommen wir über freies Feld an den Ortsrand von Eddersheim.

Einen Steinwurf vom Mainufer entfernt biegen wir hier stromabwärts nach rechts auf den hessischen Fernradweg R3 (zugleich MainRadweg). Bis zur Main-Brücke in Mainz-Kostheim bleiben wir auf den kommenden 16 Kilometern auf diesem perfekt ausgeschilderten, fast autofreien Radweg. Nach zahlreichen Richtungswechseln und Schleifen auf den zurückliegenden 500 Kilometern hat der Main auf dem letzten Abschnitt seine – in Mitteleuropa für einen Flussverlauf seltene – ostwestliche Hauptrichtung längst wieder aufgenommen. Hier in Eddersheim wurde 1934 die vorletzte von insgesamt 34 Staustufen des Mains vor der Mündung in den Rhein eröffnet. Vom Ufer-Radweg aus bewundern wir die Architektur des

Auf dem Main-Damm zwischen Eddersheim und Flörsheim lässt sich wunderbar radeln.

Walzen-Wehrs mit den drei Durchlässen und den zugehörigen Wehr-Pfeilern, auf deren schrägen Laufbahnen die Stauverschlüsse bewegt werden. „Der kantige Betonkörper zeigt mit seinen filigranen Lichtöffnungen und der knappen, sachlichen Gestaltung deutlich den Architektureinfluss der Bauhaus-Strömung der 1920er Jahre", teilt dazu das Landesamt für Denkmalpflege mit. „Die Staustufe ist als markantes Beispiel für die Industriearchitektur jener Zeit von herausragender Bedeutung."

Wir empfehlen einen kurzen Abstecher auf die Staustufe. Über Treppenstufen gelangt man leicht auf den hochwasserfreien Fußgängersteg, der auf feinem Metallgitter direkt über den Main geführt wird. Mit Glück kann man direkt von oben aus zuschauen, wie ein Schiff in die Schleusenkammer tuckert. Wie von Geisterhand öffnen sich die Schleusentore. Die Modernisierung und Automatisierung der Staustufe vor wenigen Jahren bedeutete für das zehnköpfige Schleusenwärter-Team das Dienstende. Seither wird die Staustufe zentral von Kostheim aus gesteuert. „In den letzten Jahren kommen

Beim Bootshaus in Flörsheim lassen es sich diese Radfahrer schmecken.

immer mehr Fahrgastschiffe vorbei", sagt ein älterer Herr aus Eddersheim, der täglich über die Staustufe spaziert. „Und die Frachtschiffe werden immer größer. Waren die Schiffe früher 80 Meter lang und 8,20 Meter breit, so passieren heute 135 Meter lange und 14 Meter breite Schiffe die Schleuse."

Parallel zu einem stromabwärts tuckernden, mit Schrott beladenen Kahn nähern wir uns auf dem Mainuferradweg dem Städtchen Flörsheim. Auf den sechs Kilometern bis dorthin rollen wir recht lässig über einen Hochwasserdamm durch die Auenlandschaft am Mainufer. Bei wem sich der unter Radfahrern berühmt-berüchtigte „Hungerast" bemerkbar macht, wird in Flörsheim gleich zweimal die Möglichkeit haben, mit Blick auf den Main eine verdiente Mittagsrast einzulegen. Direkt am Main lädt zuerst die Sonnenterrasse des bewirtschafteten Bootshauses des Rudervereins ein. Falls alle Tische belegt sein sollten, fahren wir weiter zur Stadtmitte. Kurz nachdem das älteste erhaltene Bauwerk der Stadt Flörsheim – der Mitte des 16. Jahrhunderts erbaute Mainturm – passiert ist, öffnet sich das

Konrad-Adenauer-Ufer. Von der Mainterrasse des Restaurants Zum Hirsch lässt sich ebenso wunderbar der Schiffsverkehr beobachten.

Flörsheimer Bootshaus
Dr.-Georg-von-Opel-Anlage 1, 65439 Flörsheim
06145 / 6440, mail@floersheimer-bootshaus.de
www.floersheimer-bootshaus.de

Zum Hirsch
Konrad-Adenauer-Ufer 19, 65439 Flörsheim
06145 / 2873, SDW2@gmx.de
www.restaurant-zum-hirsch.com

Fast vergessen wir, dass an dem idyllischen Uferstreifen zwischen 1928 und 1979 der Verkehr vom gegenüberliegenden Raunheimer Ufer auf der Opel-Brücke in Flörsheim anbrandete. Zuvor legten hier am Ufer der sogenannten Flörsheimer Fahr die Fährschiffe nach Raunheim ab. Heute donnert der Straßenverkehr etwas weiter stromabwärts auf der vierspurigen B519 aufs andere Mainufer Richtung Rüsselsheim.

Wir unterqueren das mächtige Brückenbauwerk auf dem Main-Radweg und folgen der Beschilderung des R3 Richtung Hochheim. Im Zickzack führt der gut ausgeschilderte Fernradweg schon bald vom Mainufer weg. Wir durchqueren den Rand eines Industriegebietes und umfahren dabei die Hafenanlage mit angeschlossenem Großtanklager des Mineralölkonzerns Shell. Kurze Zeit verläuft der Radweg parallel zur L3028 (Flörsheim – Hochheim), bevor die Ausschilderung an den Wickerbach-Auen nach links abknickt. Nach der Bahnunterführung biegen wir nach rechts und fahren bereits nach wenigen Hundert Metern parallel zur Bahnlinie am Fuß der Hochheimer Weinberge. Seit über 1.200 Jahren wird in Hochheim Wein angebaut. Leicht und locker passieren wir das mitten in den Weinbergen gelegene, beeindruckende Königin-Victoria-Denkmal. Auf ihrer Rheinreise besuchte die britische Königin Victoria 1845 auch die Wein- und Sektstadt Hochheim. „Seit dieser Zeit wird der Hoch-

Kurz vor Hochheim verläuft der Main-Uferradweg R3 direkt entlang den Weinbergen.

heimer Wein, in Großbritannien auch ‚Hock' genannt, in regelmäßigen Abständen ans englische Königshaus geliefert", so die Hochheimer Weinkönigin Janine II. „Auch bei der royalen Hochzeit von William und Kate und zum 60. Thronjubiläum von Queen Elisabeth II. hatte das Königshaus Wein aus Hochheim bestellt."

Wir lassen die Stadt Hochheim rechts liegen und nähern uns – eine ruhige Auenlandschaft durchquerend – dem südlichsten Wiesbadener Stadtteil Mainz-Kostheim. Zwischen 1913 und 1945 gehörte dieser Stadtteil von Wiesbaden zwar zu Mainz, doch nach dem Zweiten Weltkrieg wurde Kostheim von der amerikanischen Militärregierung unter die Verwaltung der Stadt Wiesbaden gestellt. Der Namenszusatz „Mainz" blieb trotz der politischen Zugehörigkeit zu Wiesbaden erhalten. Entlang der SCA-Papierfabrik – hier werden Falthandtücher, Rollenhandtücher und Putzrollen aus Recyclingpapier produziert – erreichen wir in Kostheim die Straßenbrücke über den Main. Hier heißt es achtsam sein, denn am Fuß der Brücke kreuzen sich mit dem R6 und dem R3 zwei hessische Fernradwege.

Dieses Denkmal am Rande der Weinberge von Hochheim steht direkt am Bahndamm.

Das Ziel der heutigen Etappe, die Mainspitze, ist bald erreicht.

Wir verlassen den Mainuferweg R3 und folgen der Ausschilderung des R6 über den Main nach Gustavsburg. Vom Radweg der Mainbrücke aus blicken wir ein letztes Mal zurück auf die Pfarrkirche St. Kilian.

Am anderen Mainufer in Gustavsburg angekommen, biegen wir noch vor dem Kreisel nach rechts auf die von der Namensgebung richtungsweisende Straße „Auf der Mainspitze" ab. Dabei halten wir uns immer westwärts. Doch Achtung: Weil die Ausschilderung Richtung Mainspitze nicht immer auf den ersten Blick zu finden ist, sollte sich niemand scheuen, Passanten nach dem Weg zu fragen. An der Mainspitze angekommen, erkennt man: Hier fließt zusammen, was der Rhein-Main-Region den Namen gegeben hat. Über 500 Kilometer nach den Quellgebieten in Fichtelgebirge und Fränkischer Alb schluckt der Rhein an der Mainspitze die Wassermassen des Mains. Eigentlich ganz unspektakulär und ohne viel Getöse. Und dennoch blickt der Radler sinnierend auf den Zusammenfluss der majestätischen Ströme vor der Kulisse der Landeshauptstadt Mainz. An heißen Tagen kann man mit den Füßen sogar im Zusammen-

Treffpunkt Mainspitze: An der Mündung des Mains in den Rhein laden Sonnenliegen ein.

fluss plantschen. Vor der Mündung ist das Flussbett des Rheins über 350 Meter breit. Nach der Mainspitze weitet sich der Strom um weitere rund 100 Meter. Eigentlich ist das kein Wunder, denn der Main ist an seinem Ende ebenfalls fast 150 Meter breit. Pro Sekunde strömen hier durchschnittlich 225 Kubikmeter Mainwasser in den Rhein.

Wir haben zum Glück eine der wellenförmig geschwungenen Liegebänke der „Main Waves" ergattert und blicken verträumt den vorüberziehenden Schiffen nach. Kurz bevor uns ein erholsamer Dämmerschlaf übermannen kann, raffen wir uns ganz schnell auf – schließlich liegen die letzten fünf Kilometer des Weges noch vor uns. Wir packen unsere sieben Sachen, fahren knapp einen Kilometer zurück, dorthin, wo der Radweg direkt auf die nahe Eisenbahnlinie stößt. Auf dem schmalen, aber dennoch gut befahrbaren Radstreifen der imposanten Stahlgitter-Brücke queren wir den Rhein.

Unentwegt spürt der Radfahrer das Rumpeln der schweren Güterzüge auf der einen Kilometer langen Eisenbahnbrücke, die nie einen offiziellen Namen erhalten hat – im Volksmund ist sie nach dem nahen Stadtteil „Weisenauer Brücke" benannt. Blickt man hinunter auf die vorbeiziehenden Wassermassen des Rheins, könnte der Grenzübertritt nach Rheinland-Pfalz mitten auf dem Rhein für nicht schwindelfreie Radler etwas gewöhnungsbedürftig sein. Doch der Panoramablick auf die Mainzer Uferpromenade und den am gegenüberliegenden rechten Rheinufer vertäuten Dreimastschoner entschädigen für die ersten bangen Momente.

Mit den ersten Frühlings-Sonnenstrahlen zieht es die Sonnenhungrigen an das Mainzer Rheinufer.

Die Menschen zieht es seit jeher ans Wasser – vor allem wenn sie Entspannung und Erholung suchen. Am Ende der Tour finden wir genau das. Dabei sei es freilich jedem selbst überlassen, ob er sich im Eiscafé auf der Mainzer Rheinpromenade für die Tour belohnt oder aber erst nach der zweiten Rhein-Überquerung über die Theodor-Heuss-Brücke auf den Rheinterrassen der dortigen Festungsanlage, der Reduit. Am benachbarten S-Bahnhof Mainz-Kastel endet die Tour und wir nehmen die S1 zurück nach Hattersheim.

Frankfurter Flughafen

5

L3262

B44

Langener Waldsee

Mörfelden-Waldorf

B486

07 **BADESTRAND UND FLIEGERTRÄUME**
Von Dreieich über die Burg Hayn zum Langener Waldsee

5

Erzhausen

S Z S

661

Dreieich

L3317

Burg Hayn

Langen (Hessen)

Schloss
Philippseich

B486

661

Egelsbach

© OpenStreetMap-Mitwirkende

0   2
                     km

Badestrand und Fliegerträume

Schwierigkeitsgrad: mittelschwer, keine großen Steigungen.
Länge: 36 km Rundkurs
Anfahrt ÖPNV: S5 bis Buchschlag-Dreieich
Anfahrt Auto: A5 bis Ausfahrt Zeppelinheim in Richtung Buchschlag-Sprendlingen. Nach 100 m links ab auf den Waldweg bis zum Waldparkplatz.

Über die „RuLa" (Radweg „Rund um Langen") geht es vorbei an Jagdschlössern, Badeseen und Luftschiffen.

Warum gerade Buchschlag? Die Frage gilt für den Ausgangspunkt dieser Radtour ebenso wie für die einstige Standortwahl des 1879 eingeweihten Bahnhofs. Warum also gerade „Buchschlag"? 1876 hielten Personenzüge an der Bahnlinie zwischen Frankfurt und Darmstadt mitten in der Waldgemarkung Mitteldick. Für den Bau der Haltestelle wurden damals reihenweise Buchen eingeschlagen. Von dem neuen Bahnhof aus sollte das kilometerweit entfernt gelegene Sprendlingen erschlossen werden. Für die Tour haben wir Buchschlag schlicht und einfach deshalb ausgewählt, weil uns die Region rund um Langen gänzlich unbekannt ist. Typisch Autor: stets geleitet von der Neugier.

Wir schwingen uns aufs Rad und fahren auf der vor dem Bahnhof verlaufenden Buchschlag-Allee ortseinwärts. Linker Hand beeindrucken stattliche Anwesen mit prächtigen Villen. Sie sind Zeugnis der Siedlungspolitik von Großherzog Ernst Ludwig von Hessen. Anfang des 20. Jahrhunderts ließ er die Jugendstil-Villenkolonie Buchschlag für finanzkräftige Käufer aus der Stadt errichten. Wir streifen jedoch lediglich den südlichen Rand des als Ensemble unter Denkmalschutz stehenden Villenviertels. Von der als Regionalpark-Route (RPR, Symbol rotes Dreieck) ausgeschilderten Allee biegen wir bereits nach 400 Metern rechts in den „Hainer Trift" ab. Nach weiteren 100 Metern wird unser Radweg nach links aus dem Ort Richtung Dreieichenhain (4,6 Kilometer) herausgeführt. Richtig belebend ist es, durch den Laubwald zu radeln. Mitten im Wald queren wir eine

Dreieichenhain gefällt durch die vielen Fachwerkhäuser in der Fußgängerzone.

Bahnlinie und ab dem Waldrand rollen wir locker-leicht über offenes Feld und weite Flur, bis an den Rand eines Gewerbegebietes.

Hinter der zu querenden Landstraße geht es zwischen dem Zubehörlager eines Autoherstellers und dem Verwaltungskomplex einer Versicherung sowie dem rechter Hand gelegenen Wald schnurgeradeaus. Nach einem weiteren Kilometer durchqueren wir ein Wohngebiet (An der Trift). Am Ende macht der Radweg einen Linksschwenk und wir werden auf die Waldstraße nach Dreieichenhain gelotst. Nach einem weiteren Bahnübergang erreichen wir auf der „Fahrgasse" das Obertor von Dreieichenhain. Den alten Ortskern der Fachwerkstatt erreicht der Radler durch den Bogen des Stadttors, das im Jahr 1350 erbaut worden ist. In der hübschen Einkaufsstraße laden Cafés, Eisdielen, Bäckereien, Gasthäuser aber auch ein delikater Obst- und Gemüseladen zu einer Rast ein. Am Ende der Fahrgasse passieren wir die stattliche Burganlage der Burg Hayn mit ihrem ältesten noch erhaltenen Teil aus dem 11. Jahrhundert. Hinter dem Stadttor lohnt ein Blick zurück nicht in Wehmut, sondern wegen des hübschen Fotomotivs, mit dem sich Dreieichenhain ver-

Die stattliche Burganlage der Burg Hayn in Dreieichenhain mit Stadttor, Burgruine, Burgkirche und Stadtmauer.

abschiedet. Dort, vor der alten Stadtmauer ist ein kleiner Weiher aufgestaut, in dem sich Stadttor, Burgruine, Burgkirche und Stadtmauer spiegeln. Welche historische Pracht!

Nun geht es weiter auf der Regionalparkroute Richtung Schloss Philippseich. Bevor wir 200 Meter nach dem Bahnübergang die RPR-Abzweigung nach rechts nehmen, statten wir noch dem Ende des 17. Jahrhunderts erbauten Jagdschloss von Graf Johann von Isenburg eine Stippvisite ab. Das Anwesen ist heute ein Privatwohnsitz und erste Adresse zahlreicher Dienstleistungsbetriebe. Die heutigen Schlossherren sehen Fremde und neugierige Tagestouristen leider nicht sonderlich gerne.

Retour zur Kreuzung (Philippseicher/Langener Straße) führt die RPR-Beschilderung nach links Richtung Langen. Über freies Feld immer geradeaus verschluckt uns bald der Wald und spendet Schatten. Nach zwei Kilometern stoßen wir abrupt auf eine Landstraße. Hier heißt es nach links abbiegen und 300 Meter der Landstraße bis zur nächsten Kreuzung folgen. Auf der anderen Straßenseite schla-

Schloss Phillipseich wurde Ende des 17. Jahrhunderts als Jagdschloss erbaut.

gen wir rechts neben dem einzeln stehenden Haus den unscheinbaren Feldweg ein. Nur mutig voran! Auf der nicht asphaltierten Fahrspur erreichen wir nach 500 Metern ein weiteres einsames Gehöft am Rande der in einem Einschnitt verlaufenden A661. Oberhalb der Autobahn geht es nach links, bis man über die rechts abzweigende Brücke auf die andere Seite der Autobahn gelangt. Wer nun der RPR in Richtung Schloss Wolfsgarten/Mönchbruch folgt, fährt ganz automatisch auf der als „RuLa" ausgeschilderten Rundroute namens „Rund um Langen".

Im Zickzack lotst uns die Ausschilderung vorbei an Schrebergärten, einem Friedhof und einer der zahlreichen Neubausiedlungen am südlichen Stadtrand von Langen. Nachdem die Bahnlinie überquert ist, fahren wir zunächst an einem Waldrand und später eine Au entlang, bevor wir auf die Wolfsgartenstraße stoßen. In kurzem Links-Rechts-Schwenk wird diese überquert, und dann finden wir uns wieder auf Feld- und Forstwegen. Dabei wird das im Wald verborgene Schloss Wolfsgarten entlang eines Zauns umrundet. Land-

Der Langener Waldsee ist mit 72.000 Quadratmetern Wasserfläche der größte Badesee des Rhein-Main-Gebietes.

graf Ernst Ludwig von Hessen-Darmstadt ließ dieses Jagdschloss bis 1724 erbauen. Doch leider heißt es auch hier: Radfahrer müssen draußen bleiben. Besichtigungen sind nur während der Rhododendronblüte an den beiden ersten Mai-Wochenenden sowie am dritten Wochenende im September zum „Fürstlichen Gartenfest" möglich.

Über gut ausgebaute Forstwege schickt uns die „RuLa"-Ausschilderung Richtung Waldsee und Zeppelinheim.

Am Aussichtspunkt zwischen der A5 und dem Frankfurter Flughafen sind die startenden Flugzeuge zum Greifen nahe.

An einer Fußgängerampel im Wald wird die B486 überquert. Auf der anderen Straßenseite führt uns der nächste Weg wieder gut einen Kilometer geradeaus, bis die „Piste" an einer 90 Grad-Kurve rechts abknickt. Auch hier ist der Langener Waldsee richtungsgebend. Nach mittlerweile 25 Kilometern ist das mit 72.000 Quadratmetern Wasserfläche größte Freizeit- und Erholungszentrum des Rhein-Main-Gebietes an einem Aussichtspunkt erreicht. Dort zweigt ein Radweg zum Bahnhof Buchschlag ab.

Wer noch Puste für weitere zehn Kilometer hat und wessen Herz für die Faszination des Fliegens schlägt, der sollte unbedingt über Zeppelinheim zum Aussichtspunkt am Frankfurter Flughafen weiterradeln. Die roten Dreiecke der RPR lotsen nach Zeppelinheim/ Flughafen. In Zeppelinheim erinnert das Zeppelin-Museum an die Epoche der Luftschifffahrt. Ab Januar 1934 wurden westlich der neuen Autobahn Frankfurt-Mannheim etwa 600 Hektar Wald gerodet. Im nördlichen Teil entstand das Rollfeld für die Zeppeline, im

In Zeppelinheim erinnert das Zeppelin-Museum an die Epoche der Luft-schifffahrt. Foto: Stadt Neu-Isenburg

Im Zeppelin-Museum können die Besucher auch die Kommandobrücke eines Luftschiffes besichtigen. Foto: Stadt Neu-Isenburg

südlichen Teil wurde der Luftschiffhafen gebaut. Das Personal wohnte in den Häusern der eigenständigen Luftschiffersiedlung, der Keimzelle des heutigen 1.500-Einwohner-Ortes Zeppelinheim.

Nach einem weiteren Kilometer erreichen wir schließlich direkt nach der Überquerung der Autobahn A5 den Rand des Frankfurter Flughafens. Unter dem permanenten Lärm vorbeirauschender Autos und dem Donnern dicht über den Köpfen vorbeiziehender Düsenjets können wir hautnah den Betrieb auf Deutschlands größtem Flughafen miterleben. Über Zeppelinheim ist die sechs Kilometer lange Rückfahrt nach Buchschlag zum Bahnhof ausgeschildert.

Ein Airbus A380 startet vor dem Hintergrund des Frankfurter Flughafens.

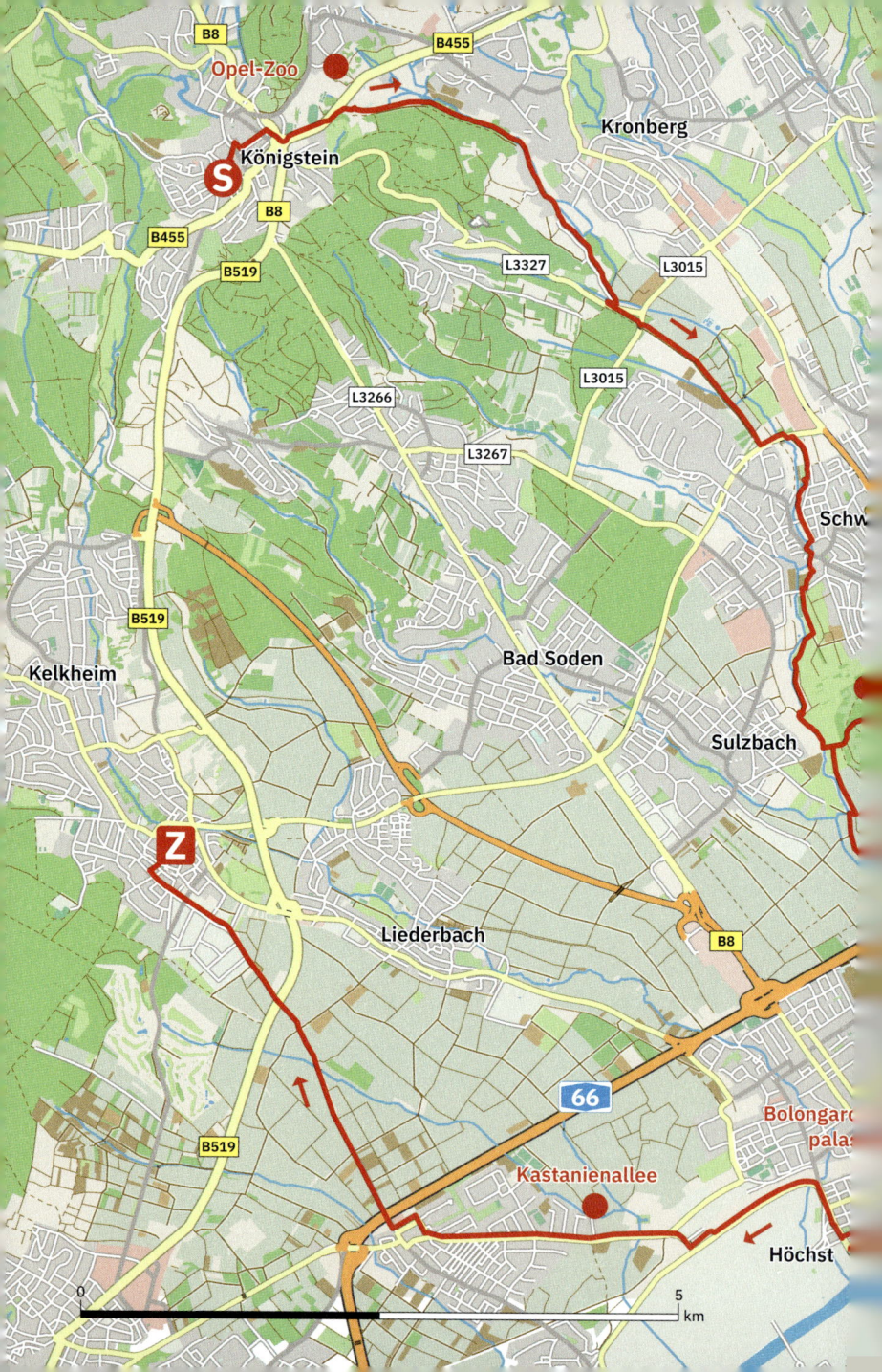

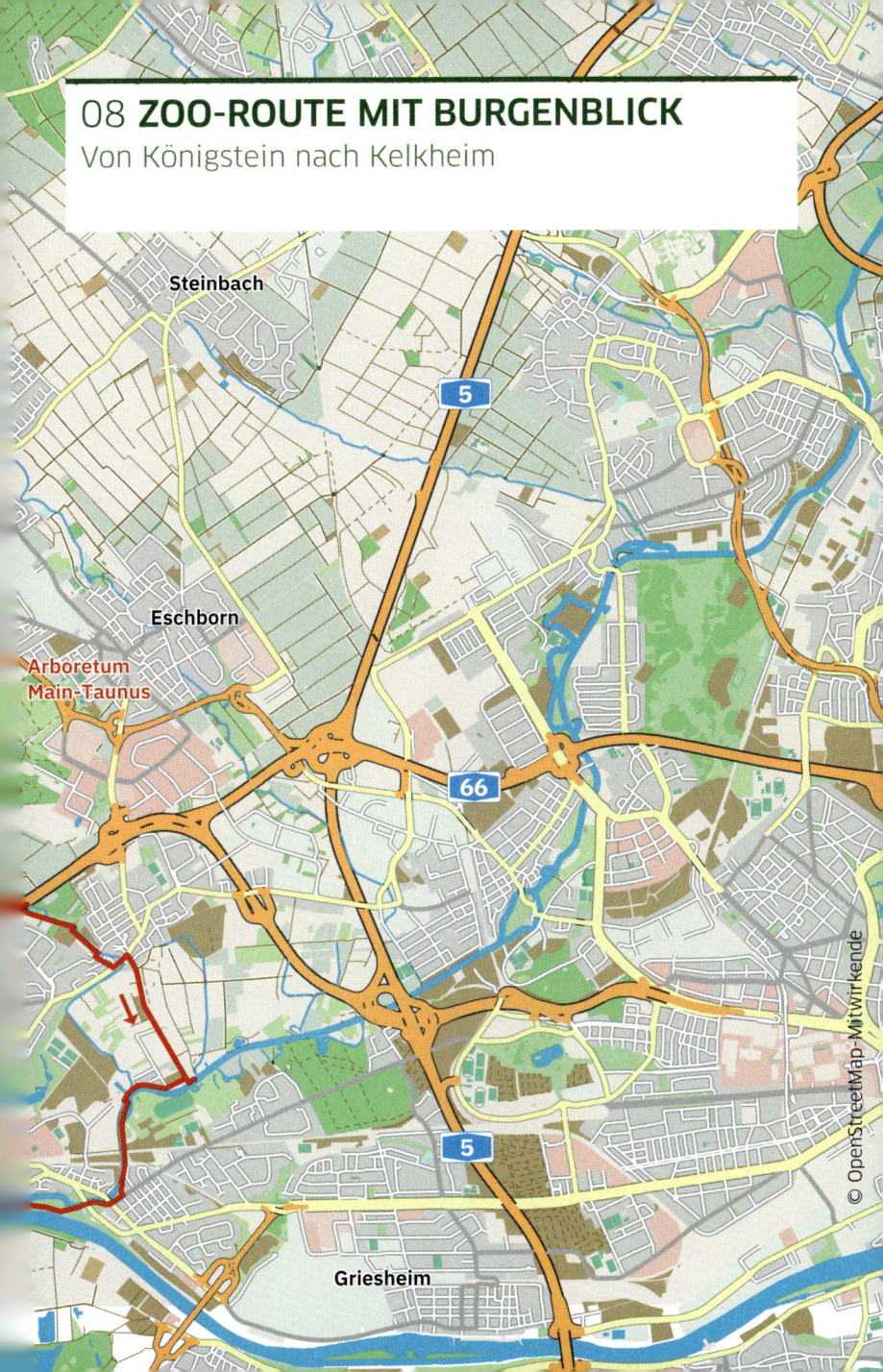

08 ZOO-ROUTE MIT BURGENBLICK
Von Königstein nach Kelkheim

Steinbach

Eschborn

Arboretum
Main-Taunus

Griesheim

© OpenStreetMap-Mitwirkende

Zoo-Route mit Burgenblick

Schwierigkeitsgrad: nicht schwer, eine Steigung zu Beginn
Länge: 29 km
Anfahrt ÖPNV: Bahnhof Königstein
Anfahrt Auto: Über die B8, B455 oder die B519 nach
Königstein. Parkplatzsuche schwer.

Heiße Safari! Das haben sich wohl die Planer der Regional-park-Route gedacht und eine echte Fahrrad-Safari von Zoo zu Zoo ausgeschildert. Entstanden ist eine wunderbare Rad-tour, die vor allem Kinder begeistern soll. Stromabwärts schlängeln wir uns am Ufer der Nidda hin zum Main, umrunden einen Teil der einstigen Farbwerke der Hoechst AG und steuern das Rad über Zeilsheim und freies Feld schließlich Kelkheim entgegen.

Entdeckt auf der Regionalpark-Route zwischen dem Opel Zoo und dem Frankfurter Zoo.

Vom Bahnhofsvorplatz in Königstein führt uns die Bahnstraße den Hügel hinauf. An der dann kreuzenden Wiesbadener Straße geht es rechts leicht bergab bis zur nächsten Kreuzung. Notfalls müssen wir die Stresemann-straße 200 Meter bergauf schieben. Doch dann ist es geschafft. Oben angekommen, liegt rechter Hand – bereits in Sichtweite – der Kreisel. Dieser neuralgische Verkehrsknoten von B8 und B455 sollte von Radfahrern unbedingt an den Fußgängerampeln gequert werden. Auf jeden Fall müssen wir auf die gegenüberliegende Seite gelangen. Dorthin, wo die Straßenschilder den Weg auf der B455 nach Oberursel und Bad Homburg weisen. Ist der unter Autofahrern berüchtigte Königsteiner Kreisel erst einmal überquert, geht es 300 Meter auf der abschüssigen Strecke auf dem parallel verlaufenden Radweg dem Opel-Zoo entgegen. Auch auf den folgenden 15 Kilometern bis zur Nidda geht es fast durchgehend 260 Höhenmeter bergab auf Radwegen.

Noch bevor der Zoo-Parkplatz erreicht ist, weist ein Wegweiser auf den „Safari"-Radweg der Regionalpark-Route. Unverhofft zweigt rechts eine kleine Treppe mit seitlichem Trampelpfad ab. Das kommt zwar überraschend, ist aber immer noch einfacher, als sich vom Parkplatz den Weg zur „Safari"-Route durchzuschlagen. Ein Stück des Weges begleitet uns nun der Duft der Tiere, die im Opel-Zoo jährlich bis zu 750.000 Besucher anziehen. Damit gehört er heute zu den meistbesuchten Freizeit- und Kultureinrichtungen in Hessen.

Opel-Zoo
Am Opel-Zoo 3, 61476 Kronberg im Taunus
www.opel-zoo.de

Die mit einem Zebra-Symbol ausgeschilderte Rad-„Safari" leitet uns Richtung Kronberg. Auf der nun folgenden abschüssigen Passage (Vorsicht: 15 Prozent Gefälle!) sind gute Bremsen gefragt. Vor allem auch deshalb, weil der Asphaltbelag ziemlich ruppig ist. Nach behutsamer Abfahrt erreichen wir im Wald die Liegestühle des „Kastaneums". Dieser Rastplatz weist auf die seit gut 250 Jahren in Kron-

Auch zwischen dem Opel-Zoo und dem Frankfurter Zoo ist die Regionalpark-Safari bestens ausgeschildert.

Der Autor gönnt sich im Kastaneum nahe Kronberg eine Erholungspause.

berg heimische Esskastanie hin. Einst in großen Hainen angebaut, prägten sie früher das Landschaftsbild. Nach Aufgabe der Plantagen durchziehen die Esskastanien heute den Mischwald. Entlang des unten im Tal gurgelnden Rentbachs erreichen wir nach einer Weile eines der vornehmen Wohnviertel von Kronberg. Der Blick auf die links oben auf einem Höhenzug gelegene Altstadt mit Burg deutet an, warum das Kleinstädtchen als Wohnort so begehrt ist. Kron-

Burg und Altstadt von Kronberg eingebettet ins Frühlingsgrün des Taunus-waldes.

Der 881 m hohe Feldberg thront majestätisch über den blühenden Apfelbäumen.

berg hat nach Königstein die zweithöchste Millionärsdichte in Deutschland.

Wir genießen die Fahrt durch den Talweg und den „Unteren Thalerfeldweg" bis ins Kronthal. Am linken Wegesrand hat der Obst- und Gartenbauverein Kronberg eine Erlebniswiese angelegt. „Diese Wiese bietet vielen Insekten, Bienen und anderen Tieren Lebensraum und Nahrung", sagt der Vorsitzende und Apfel-Kenner Heiko Fischer. Das Insekten-Hotel „Zur wilden Biene", zahlreiche Infotafeln zur Welt der Bienen und Imker sowie ein Lehrpfad alter Apfelsorten laden zu einer kleinen, informativen Pause ein. Doch weil gerade einmal vier Kilometer der Tour zurückgelegt sind, machen wir uns bald wieder auf den Weg. Nach wenigen Hundert Metern erreichen wir auf Höhe des Seniorenstiftes Kronthal (links) den Quellenpark. Es lohnt sich, dem auf der rechten Seite gelegenen Park mit

Der Quellenpark Kronthal ist ein Landschaftspark mit Mineralquellen in Kronberg.

Weidende Pferde auf einer Koppel zwischen Sulzbach und Eschborn.

den gefassten Kronthaler Quellen einen kleinen Besuch abzustatten.

Die Beschilderung führt uns auf der „Safari-Route" weiter zur Landstraße zwischen Kronberg und Mammolshain. Bevor wir auf die Straße stoßen und uns Richtung Nidda/Eschborn orientieren, entdecken wir die weitläufigen Koppeln des nicht nur unter Pferdefreunden bekannten Schafhofs von Ann-Kathrin Linsenhoff. „Unser 24 Hektar großer Hof hat eine jahrhundertealte Geschichte und ist eng mit der Lokalgeschichte Kronbergs verbunden", teilt Linsenhoff auf ihrer Homepage mit. „Im Mittelalter ein Fronhof, wurde später die Schafhaltung am wichtigsten." Heute bildet die Olympiasiegerin von 1988 auf dem Hof mit ihrem Mann Dressurpferde aus.

Weiter des Weges kreuzen wir unweit des Hofs die Landstraße. Auf der anderen Straßenseite geht es auf dem Waldweg Richtung Nidda/Eschborn/Viergötterstein. Wir erreichen den Waldrand an den dortigen Installationen – unter mächtigen Kastanien wird hier an die Kronberger Malerkolonie erinnert. Auf der anderen Seite erinnern der römische Viergötterstein und entsprechende Info-Tafeln an die Besiedlung des Taunus zu Zeiten der Römer. Entlang von Streuobstwiesen zur Linken und der Limesstadt zur Rechten lotst uns die Ausschilderung in die Schrebergärten von Schwalbach. Der Safari-Weg führt die Radfahrer auf den nächsten sechseinhalb Kilometern durch Parks, Grünanlagen und außerhalb der Ortschaft durch eine Wiesen- und Auenlandschaft. Stets ist der Schwalbach unser treuer Begleiter, an dem wir uns orientieren. Unterwegs lohnt es sich, das Fernziel Nidda für 100 Meter zu vergessen und einen Abstecher zum Arboretum Main-Taunus einzu-

Das Arboretum Main-Taunus ist ein rund 76 ha großer Landschaftspark zwischen Sulzbach, Schwalbach und Eschborn.

legen. Die besondere Waldparklandschaft zwischen Sulzbach, Schwalbach und Eschborn lädt zum Rasten und Innehalten ein. Entdecker finden versteckt hinter Büschen und Zäunen die Überreste eines alten Flugplatzes. Tatsächlich entstand das Arboretum auf dem Areal eines ehemaligen Flugplatzes der deutschen Luftwaffe. Das Gelände wurde 1981 vom Land Hessen gekauft und als Ausgleichsfläche für die Erweiterung des Frankfurter Flughafens ausgewiesen.

Zurück an der unweit gelegenen Radwege-Kreuzung, folgen wir jetzt durch weite Wiesen der Ausschilderung zur Nidda. Unterwegs kreuzt die vielbefahrene A66 unseren Weg. Ein immerwährender Lärmteppich der Autobahn legt sich übers Land und markiert auch akustisch mitten in der Landschaft eine Zäsur. Hier prallen Gegensätze aufeinander und werden erfahrbar. Offener und enger Raum wechseln ab. Verkehrsachsen, landwirtschaftlich genutzte Ackerflächen, Naturlandschaften und besiedelter Raum folgen hier in dichter Folge. Die Radweg- und Fußgängerunterführung unter der Autobahn ist recht schmal, aber ausgeschildert. Absteigen ist ratsam, weil so der Gegenverkehr besser passieren kann. Zum Glück ist der enge Schlauch bald passiert und der Radweg führt uns recht rasch durch eine schöne Parkanlage.

Fahrrad- und Fußgängerfähre auf dem Main vor dem Schloss Höchst.

In Sossenheim werden die Radausflügler für wenige Hundert Meter über Innerortsstraßen geleitet. Doch schon bald öffnen sich die offenen Flächen des Sossenheimer Unterfelds. Auf neuem Asphalt queren wir Streuobstwiesen, Auenlandschaften und Schrebergärten, bevor der Radweg auf die Nidda stößt. Egal ob auf der linker Hand gelegenen Fußgänger- und Radfahrerbrücke oder auf der etwas weiter stromabwärts gelegenen Brücke zur Rechten: Wir müssen den Flusslauf queren. Am anderen Ufer nutzen wir nun den gut frequentierten Nidda-Radweg, der uns zweieinhalb Kilometer bis an den Main führt. Kurz vor der Mündung kreuzen wir am Ende eines großen Freizeitgeländes die Nidda erneut über eine Bogenbrücke und kommen an das Höchster Mainufer. Hinter hohen Mauern liegt das wohl bekannteste architektonische Kleinod von Höchst versteckt und wartet darauf, entdeckt zu werden. Es lohnt sich, den Bolongarogarten durch die offenen Pforten zu betreten. Der gleichnamige, dreiflügelige Barockpalast der Familie Bolongaro beherbergt heute das Stadtteil-Rathaus. Prunkvolle Räume, eine Kapelle, ein Festsaal und eine Porzellansammlung laden zum Besuch ein. Vom Garten aus hat man einen schönen Blick auf den Main.

Zurück am Mainufer beobachten wir während einer Rast die vorüberziehenden Schiffe. Am Ende des Quais zeugt ein alter Verladekran vom ehemaligen Hafen. Über Kopfsteinpflaster poltern wir mit dem Fahrrad dorthin. Noch vor der großen Leunabrücke umrunden wir auf der Straße „Schützenbleiche" die dortige Süwag-Zentrale und gelangen automatisch auf die Brüningstraße. Links ab geht es zum Zubringer der Leunabrücke und nach rechts auf die Leunastraße. Von dieser Kreuzung an folgen wir dem ausgeschilderten Hessischen Fernradweg R8. Rechts ab

Die Tabakfabrikanten Bolongaro ließen den gleichnamigen Palast in Höchst errichten.

führt uns der R8 in Richtung Zeilsheim/Kelkheim/Idstein. Wegen des pulsierenden Straßenverkehrs müssen wir aufmerksam und hochkonzentriert sein. Kinder sollten ihr Rad besser bis kurz vor der Brücke der Eisenbahnlinie auf dem Gehweg schieben. Sicher ist sicher. Dort quert der Radweg über Verkehrsinseln an einer Fußgängerampel die dicht befahrene Straße. Auf der anderen Straßenseite ist der R8 auf dem breiten Gehweg ausgewiesen. Zwischen Bahngleisen (rechts) und dem weitläufigen Industrie-Areal der einstmaligen Farbwerke der Hoechst AG (heute Industriepark Höchst) geht es Richtung Zeilsheim. Auf dem Gleisfeld hat die Bahn vor geraumer Zeit eine gigantische Waschstraße gebaut, in der sie ihre ICE-Flotte reinigt.

Schon bald queren wir die weiten Gleisanlagen auf einer Brücke Richtung Zeilsheim. Vorbei an dem markanten Kuppelbau der Jahrhunderthalle und unter dem Dach einer mächtigen, in Frankfurt einmaligen Kastanienallee erreichen wir den westlichsten Stadtteil der Bankenmetropole.

Linker Hand der von uns befahrenen Einfallstraße (Pfaffenwiese) liegen die Backsteinhäuser der unter Denkmalschutz stehenden

Im Industriepark Infraserv in Frankfurt-Höchst wird unentwegt gebaut.

„Kolonie". Anfang des 20. Jahrhunderts für Mitarbeiter der damaligen Farbwerke errichtet, gilt die Kolonie als gelungenes Beispiel für den Bau von Arbeiterwohnungen. In den 90er Jahren wurden die hübschen Backsteinhäuser mit ihren kapuzenartigen Walmdächern und üppigen Gärten privatisiert.

Am Rande von Zeilsheim schickt uns der R8 unter der Autobahn hindurch auf freies Feld. Urplötzlich erleben wir erneut die bereits zuvor geschilderte Zäsur und wir haben die Besiedlung, die Industrie und den stinkenden Autoverkehr hinter uns gelassen. Auf dem Radweg können wir auf freiem Feld endlich wieder durchatmen. Weit hinter den Ackerflächen strecken sich zu unserer Rechten die Bankentürme der Mainmetropole in den Frühsommerhimmel empor. Beim Blick nach links fällt das Augenmerk auf das gewaltige Umspannwerk Kriftel. Es ist ein

Ein ICE in der Waschanlage der DB in Frankfurt-Höchst. Foto: DB / Stephan Happ

Bei Liederbach liegen ländliches Idyll und die Großstadt Frankfurt nahe beieinander.

bedeutender Knotenpunkt innerhalb des deutschen Höchstspannungsnetzes. Strom aus dem Kraftwerk Großkrotzenburg wird in der kurz zuvor unterquerten 380.000 Volt-Überlandleitung dorthin geschaufelt und die Spannung wird auf die regionalen und lokalen Netze heruntergedrosselt.

Wir mobilisieren jetzt ebenfalls unsere Energie- und Kraftreserven – noch ein letztes Mal. Der Ausschilderung folgend erreichen wir schließlich nach wenigen Kilometern in Liederbach oder Kelkheim-Münster die Haltepunkte der Bahnlinie zwischen Königstein, Frankfurt-Höchst und Frankfurt. Hier endet unsere Tour.

Eppenhain

L3369

Rettershof

L3016

Vockenhausen

B455

Grandiose Abfahrt

Eppstein

L3016

Gimbacher Hof

Lorsbach

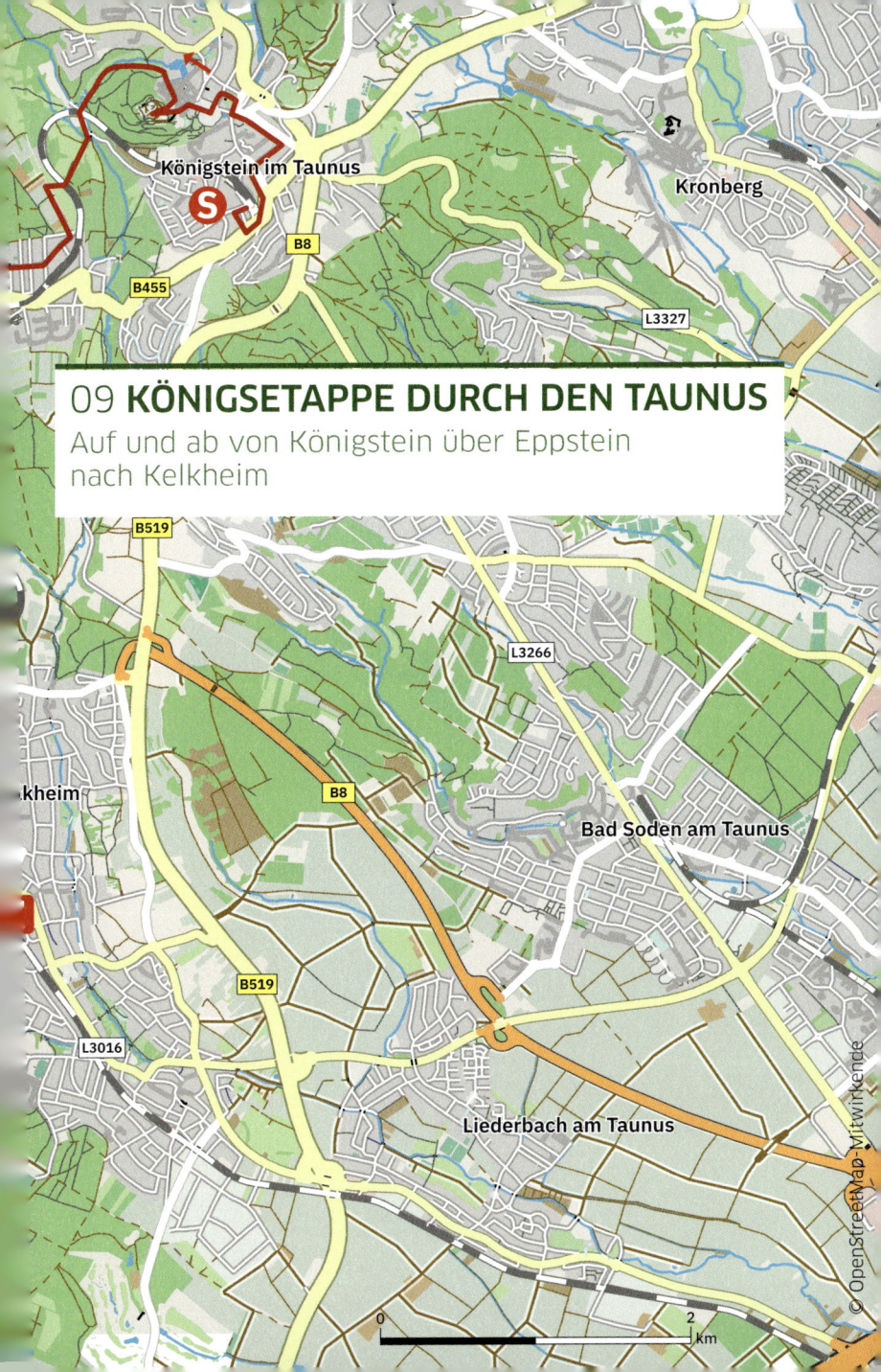

09 KÖNIGSETAPPE DURCH DEN TAUNUS

Auf und ab von Königstein über Eppstein
nach Kelkheim

09 Königsetappe durch den Taunus
Schwierigkeitsgrad: herausfordernd, schwer
Länge: 24 km Streckentour
Anfahrt ÖPNV: Taunusbahn bis Bahnhof Königstein
Anfahrt Auto: B8, B456 oder B519

Auf dieser Taunus-Etappe geht es anspruchsvoll den Berg hinauf – und auch wieder hinunter. Wohl dem, der für diese Strecke ein E-Bike hat.

Bei der Tour de France werden die Tagesetappen mit den meisten Bergankünften als „Königsetappen" bezeichnet. Die zu erklimmenden Passhöhen wurden unterteilt in die Kategorien 4 bis 1. Die höchsten Pässe und anspruchsvollsten Bergwertungen werden ehrfurchtsvoll „hors catégorie" – also ,außerhalb der Klassifizierung' – genannt. Gewiss: Die Anstiege der heutigen, 24 Kilometer langen Strecke haben nichts mit den Torturen der Tour gemein. Dennoch haben sie es in sich. Nach allen Mühen werden wir dafür mit einer grandiosen Abfahrt belohnt: Unterwegs rauschen wir auf dreieinhalb Kilometern sage und schreibe 230 Höhenmeter talabwärts.

Doch der Reihe nach. Die Züge der Taunusbahn bringen uns bis nach Königstein. Ohne die Muskeln zu strapazieren, haben wir so bereits 330 Höhenmeter erklommen. Dann aber steht gleich nach Ankunft in der Burgenstadt am Fuß des Großen Feldbergs die erste Steigung an. Vom Bahnhofsvorplatz führt die Bahnstraße den Hügel hinauf. An der dann kreuzenden Wiesbadener Straße geht es rechts ab und dann leicht bergab bis zur nächsten Kreu-

Der Bahnhof in Königstein ist Ausgangspunkt dieser Etappe durch den hügeligen Taunus.

Die Perspektive eines Ballon-Piloten auf die Burgruine in Königstein. Foto: Artur Müller

zung. Notfalls müssen wir die links abzweigende Stresemannstraße 200 Meter bergauf schieben. Doch dann ist es geschafft – zumindest vorerst. Oben angekommen, biegen wir auf der Frankfurter Straße links ab und steuern die Fußgängerzone (Hauptstraße) an. Kleine Läden und gute Cafés laden dort zu einer Pause ein. Aber wir bleiben im Sattel und verschieben den Bummel genauso auf einen anderen (Urlaubs-)Tag wie auch den lohnenswerten Besuch der Burgruine Königsteins.

Burgruine Königstein
Burgweg 5, 61462 Königstein im Taunus
06174 / 2598840
www.koenigstein.de

Am Fuß der Burg folgen wir den Radwege-Schildern ins Woogtal, dem Herzstück des kurstädtischen Naherholungsangebots. Nachdem der aufgestaute Liederbach am Woog passiert ist, unterqueren

Im Woogtal unterhalb der Burgruine Königstein wird der noch junge Liederbach aufgestaut.

wir alsbald die Gleise der Taunusbahn und folgen nach dem kleinen Tunnel der Ausschilderung nach Schneidhain. Der Weg durchquert weite Streuobstwiesen. Widerkäuende Kühe lassen sich das Weidegras vor der Kulisse der Burgruine genüsslich schmecken. In Schneidhain werden wir durch Wallstraße und Rossertstraße aus dem Wohngebiet hinaus in den Wald geführt. Die Fernziele lauten nun Eppstein, Ruppertshain oder Rettershof. Der idyllisch und versteckt in einem Talgrund gelegene Rettershof ist ein wahres Juwel. Im Jahr 1146 als Kloster gegründet, ging das Anwesen 1559 an den lutherischen Landesherrn Graf Ludwig von Stolberg-Königstein und wurde kurze Zeit später in ein landesherrschaftliches Domänengut umgewandelt. Heute enthält der Rettershof neben Wohngebäuden vor allem die Pferde-

Ländlichen Charme und Ruhe ver-
strömt der Rettershof.

Gemächlich geht es auf den Streuobstwiesen zwischen der Burgruine König-stein und Schneidhain zu.

ställe des Reitbetriebs. Dieses Hofgut ist eigentlich ein beschaulicher Ort zum Verweilen und Innehalten. Doch im Juli 2018 zerstörte ein Großfeuer einen der Ställe und zwei Pferde ließen ihr Leben.

Wir reißen uns aus den schweren Gedanken und radeln vom tiefsten Punkt der Tour auf Höhe des Rettershofs (275 Meter) von nun an bergan. Auf den folgenden zwei Kilometern gewinnen wir bis Ruppertshain langsam aber stetig an Höhe. Auf dem Weg dorthin passieren wir weitere Streuobstwiesen und – in der richtigen Jahreszeit – goldgelb blühende Rapsfel-

Zwischen goldgelb blühenden Rapsfel-dern und dem Atzelberg-Turm liegt Ruppertshain.

In den 1980er Jahren wurde die Lungenheilklinik in Ruppertshain geschlossen.

der. Auf einer Bergflanke oberhalb der einstigen Köhlersiedlung namens Ruprechtshain thront der imposante Bau der 1982 geschlossenen Lungenheilstätte. Am sogenannten Zauberberg – so wird der Gebäuderiegel von Einheimischen in Anlehnung an den gleichnamigen Roman von Thomas Mann wertschätzend genannt – haben sich heute Künstler, Dienstleister und ein Gastronomiebetrieb angesiedelt.

Nach knackigem Stich im Ort über den Gärtnerweg stößt der Radweg auf die Robert-Koch-Straße. Wir vertrauen der Radwege-Beschilderung nach links und werden nach kurzem Gefälle immer weiter bergan Richtung Eppstein in den Wald geführt. Diese Steigung will und will einfach nicht enden. Doch dann, endlich: Nach insgesamt vier Kilometern Anstieg ab dem Rettershof erreichen wir mitten im Wald den mit 420 Metern höchsten Punkt unserer heutigen Tour – eine echte Bergankunft der „hors catégorie". Chapeau! Wenn wir auch die zurückliegende, schweißtreibende Steigung mehr als einmal verflucht haben – was nun folgt, entschädigt für alle Strapazen.

Unterhalb der Burg Eppstein verläuft der Hessische Fernradweg R8 durch den Ort.

Auf der folgenden, dreieinhalb Kilometer langen und grandiosen Abfahrt nach Eppstein (auf 180 Meter Höhe) erleben wir einen Adrenalin-Kick, der nicht aufhören will. Man kann gar nicht anders, als mitten im Wald auf dem talwärts schießenden Weg Freudenschreie auszustoßen. Doch Obacht: Auf dem Gefällstück durch den wunderbar maigrünen Laubwald müssen wir die Bremsen unseres Gefährts stets fest im Griff halten. Sonst kann es uns leicht aus dem Sattel reißen.

In Eppstein angekommen, stoßen wir in einer 180 Grad-Linkskurve auf den Hessischen Fernradweg R8. Der lotst uns von nun an Richtung Frankfurt-Höchst bis nach Lorsbach. Zuvor geht es noch vorbei an einigen Fachwerkhäusern durch die malerischen Gassen Eppsteins. Das Gasthaus „Pflasterschisser" ist das älteste Fachwerkhaus des Main-Taunus-Kreises (aus dem Jahr 1459). Der kuriose Name ist ein Spitzname für die Eppsteiner Bürger, die bis 1867 für die Benutzung ihrer gepflasterten Straße von Fremden Maut gefordert hatten.

Die Ortsmitte von Lorsbach entzückt mit einem dörflichen Ensemble sehenswerter Fachwerkhäuser.

Pflasterschisser
Burgstraße 32, 65817 Eppstein
06198 / 5849620
pflasterschisser.eppstein@googlemail.com

Heute wird der R8 ohne weitere Zollabgaben über die Burgstraße und die Ortsstraße „In der Müllerwies" auf die stadtauswärts führende Landstraße geleitet. Kurz nach dem Ortsausgang wird es wieder ernst: Auf unserem Radweg gilt es, einen 45 Meter hohen Anstieg zu bewältigen, bevor wir abseits der Straße nach Lorsbach hineinrollen. Von der zweiten Hälfte des 19. Jahrhunderts bis zum ausgehenden 20. Jahrhundert war Lorsbach ein kleines aber feines Zentrum der Lederindustrie. In deren Blütezeit fanden rund 300 Menschen in den Lederfabriken des Ortes am Lorsbach ihre Arbeit.

Der R8 wird weiter Richtung Frankfurt-Höchst und Gundelhard über die Bahnschranke, links ab auf die Ortsstraße und schon bald nach rechts auf die Münsterer Straße geleitet. Nun gilt es, ein letztes

Mal auf gut eineinhalb Kilometern 100 Höhenmeter zu meistern. Bei der Tour de France würde es nach diesem giftigen Stich weitere Punkte für die Bergwertung des Gesamtklassements geben. Der Lohn für unsere Mühen ist leider nicht das rotgepunktete Trikot für den in der Bergwertung führenden Klettermaxe. Stattdessen werden wir uns schon bald im Gimbacher Hof mit leckerer Kost und herrlich erfrischendem, sauer gespritztem Apfelwein selbst belohnen. Um zu dem Ausflugslokal zu gelangen, verlassen wir kurz nach dem Ende der Steigung den R8 und biegen auf dem Höhenrücken nach links Richtung Gimbacher Hof ab. Der oberhalb von Kelkheim gelegene Bauernhof mit angeschlossener Gaststätte ist ein beliebtes Ausflugsziel für Naherholungssuchende aus dem gesamten Rhein-Main-Gebiet. Die weitläufige Gartenlandschaft, die gemütlichen Räumlichkeiten mit Kachelofen, der Biergarten und der Spielplatz für die Kleinen sind weit über den Main-Taunus-Kreis bekannt.

Hof Gimbach
Gimbacher Weg, 65779 Kelkheim/Ts.
06195 / 3241, info@hof-gimbach.de
www.hof-gimbach.de

Über den talwärts führenden Weg sind wir nach gut einem Kilometer schon bald am Bahnhof von Kelkheim. Montags bis samstags fährt alle 30 Minuten ein Zug der Taunusbahn nach Frankfurt oder zurück nach Königstein. An Sonntagen fährt die Taunusbahn immerhin noch im Stundentakt.

Wer jetzt noch immer nicht genug von den Taunusbergen hat, kann freilich auch noch die letzten sechseinhalb Kilometer (130 Höhenmeter) zurück bis Königstein bergauf strampeln. Doch wir wollen die wunderschöne Taunus-Etappe gut in Erinnerung behalten und sind dann doch froh, mit dem Rad in die Taunusbahn einsteigen zu können. Immerhin war diese Etappe nicht ganz ohne…

10 LANDPARTIE IM BALLUNGSRAUM

Rundtour durch den
Vordertaunus zur Nidda

L3008

Nieder-
Eschbach

Nieder-
Erlenbach

**Kötters
Hofladen**

Massenheim

Harheim

Bad Vilbel

B3

B521

© OpenStreetMap-Mitwirkende

0   2
                            km

Landpartie im Ballungsraum

Schwierigkeitsgrad: nicht allzu schwer
Länge: 32 km Rundkurs
Anfahrt ÖPNV: U2 bis Ober-Eschbach
Anfahrt Auto: Über die A5 / A661 nach Bad Homburg und weiter über die L3003 in den Stadtteil Ober-Eschbach. An der U-Bahnhaltestelle Ober-Eschbach gibt es keinen speziellen P&R-Parkplatz.

Verlockender kann eine Radtour nicht beginnen: Die ersten Kilometer dieser Rundfahrt zwischen Bad Homburg, Oberursel, Nidda und Erlenbach führen – fast – komplett autofrei übers Land.

Parallel zur U-Bahn fahren wir vom U-Bahnhof Ober-Eschbach mit dem Rad entweder auf der Adelhartstraße oder auf dem Radweg auf der anderen Seite der Gleise 500 Meter Richtung Frankfurt, bis zur Kreuzung mit der Ober-Eschbacher-Straße. Am dortigen Bahnübergang stoßen wir auf die mit einem roten Dreieck ausgeschilderte Regionalpark-Route (RPR). Rechts ab – und schon bald stehen wir auf Höhe des BMW-Autohauses an einer großen Straßenkreuzung. Klar und deutlich lotst uns die RPR-Ausschilderung auf die andere Straßenseite, auf freies Feld. Als Fernziel ist das „Arboretum Main-Taunus" ausgewiesen.

Gleich hinter der Kreuzung wird die Radtour zur Landpartie im Ballungsraum. Die RPR-Beschilderung weist uns auf den folgenden sieben Kilometern sicher den Weg über die Felder. Zur Rechten steigt der Taunus-Hauptkamm hinauf zum 881 Meter hohen Feldberg. Nicht umsonst heißt der Vordertaunus seit Römerzeit „Vor der Höhe". Im Wechselspiel mit den immer wieder vor uns auftauchenden Hochhäusern der Frankfurter Skyline bilden die Taunus-Höhen eine markante Kulisse. Wie von selbst rollt das Fahrrad durch die fruchtbaren Lössfelder des Vordertaunus. Unterwegs kommen wir am Mühlenteich und am Taunengraben vorbei. Auf der Regionalpark-Route sind überall auf Infotafeln Hinter-

Dieser Lorenwagen erinnert an den historischen Bergbau ‚Gnade Gottes' in Bommersheim.

gründe und Ursprünge lokaler Flurnamen zu lesen. Wir haben Zeit und lesen alle Schilder. Das ist ein wenig wie Heimatkunde und öffnet die Augen für die Besonderheiten der Landschaft. Blindlings können wir der RPR-Beschilderung folgen, mal rechts und dann wieder links.

Nachdem der Autobahnzubringer von Bad Homburg zur A661 unterquert ist, kommt der Neubau der Hochtaunuskliniken in den Blick. Unser Weg knickt aber direkt nach der Unterführung nach links hinauf zum parallel verlaufenden Autobahnzubringer zur A661, die wir auf eigenem Radweg sicher überqueren. In kurzem Zickzack führt uns die RPR an einem kleinen Gehöft vorbei, vor dem eine Kohlenlore unser Interesse weckt. Kaum zu glauben, aber wahr: Sie erinnert tatsächlich an ein ehemaliges Bergwerk. „Gnade Gottes" hieß der Schacht, in dem hier im Bommersheimer Feld einst Kohle gefördert wurde. 1830 war es, als hier ein Frankfurter Kaufmann mit der Förderung von Braunkohle begann. Zwei von ihm angestellte Steiger förderten in den Folgejahren jeweils bis zu 50.000 Zentner Kohle. Da die Flöze mit nur zwei Metern Dicke nicht sonderlich ertragreich waren, wurden die drei Schächte bereits

An der U-Bahn-Haltestelle Weißkirchen-Ost geben rote Röhren Rätsel auf.

zehn Jahre später wieder geschlossen. Nach dem Ersten Weltkrieg wurden – angesichts des herrschenden Kohlemangels – die Gruben nochmals kurzzeitig in Betrieb genommen.

Wir fahren weiter, hinab durch die Auenwiesen der Kalbach-Senke und vorbei am Hubertus-Wäldchen. Nach zwei scharfen Rechts- und Linkskurven passieren wir das mächtige Umspannwerk Bommersheim der Süwag. Weil im Hochtaunuskreis natürlich kein Strom in ausreichendem Maße produziert wird, muss Strom von außerhalb über Hochspannungsleitungen in den Landkreis transportiert werden. Eine der ganz großen Trassen verläuft parallel zur A5 Richtung Bommersheim und weiter nach Bad Homburg zu den Umspannwerken. „Hier wird die Spannung aus der Hochspannungsfreileitung von 110.000 Volt auf 20.000 Volt ‚heruntergespannt‘ und der Strom in das Ortsnetz von Oberursel weitergeleitet", erklärt Syna-Netzkonzeptplaner Thomas Kuhlemann.

500 Meter weiter südwestlich wecken am Ende des Feldweges andere Leitungen – rote und blaue Rohre – unser Interesse. Moderne Kunst? Nicht ganz! Das auffällige Ensemble vis-á-vis der U-Bahn-Station ist Teil der zur Regionalpark-Route gehörenden Agrarkultur-

Warum nicht beim „Lahmen Esel" in Niederursel einkehren?

Achse. „Vielen Menschen ist gar nicht mehr bewusst, dass die Landwirtschaft Voraussetzung für unsere Zivilisation ist. Die Versorgung in den Supermärkten verläuft so problemlos, dass wir immer weniger über die Herkunft der Lebensmittel nachdenken", sagt ein Oberurseler Landwirt. Am Beispiel der Maispflanze zeigen die Landwirte im blauen Rohrsystem, wie komplex heutige landwirtschaftliche Produktion ist. Was nach der Ernte passiert und wie vielfältig die Nutzung und Vermarktung der Produkte ist, wird im roten Rohrsystem dargestellt.

Wir lassen die bunten Rohre hinter uns und biegen links ab auf den asphaltierten Radweg, der parallel zu den U-Bahn-Gleisen bergab Richtung Frankfurt führt. Gleich hinter der mächtigen Autobahnbrücke der A5 erreichen wir Niederursel. Das Straßenleben im alten Ortskern des Frankfurter Stadtteils ist geprägt von der Anthroposophen-Szene. Im Spannungsfeld von Metropole und alten dörflichen Fachwerkgehöften hat sich hier ein Zentrum der Waldorf-Pädagogik und ein Treffpunkt der Frankfurter Anthroposophen entwickelt. Neben dem Waldorf-Kindergarten zieht vor allem die urbane Begegnungsstätte „Der Hof" viele Menschen an. Auf Höhe der U-Bahn-Haltestelle Niederursel und der Gaststätte „Zum Lahmen Esel" quert dort auch die ausgeschilderte Bonifatius-Route (überregionaler Wanderweg) die Gleise. Wir biegen nach links, überqueren die Schienen und folgen der mit kleinen Wegmarken ausgewiesenen Bonifatius-Route auf der Straße „Kreuzhohl". Immer geradeaus gelangen Fußgänger und Radfahrer zum Riedberg, Frankfurts jüngstem Stadtteil. Auf der anschließenden Max-von-Laue-Straße durchqueren wir

Am Riedberg in Frankfurt passieren wir den Bonifatius-Pilgerpfad.

den neuen Campus Riedberg der Goethe-Uni. Beeindruckend erheben sich beiderseits der Straße die modernen kubischen Bauten, die

Am neuen Campus der Goethe-Universität Frankfurt auf dem Riedberg lässt sich gut studieren.

den Riedberg zu einem Eldorado für Freunde moderner Stadtplanung und Architektur gemacht haben.

Am Kreisel biegen wir nach rechts auf die talwärts führende Altenhöferallee und wechseln nach 300 Metern auf Höhe der Fußgängerampel die Straßenseite. Auch hier weisen kleine, auf den Ampel- und Laternenmasten aufgeklebte Schilder den Weg der Bonifatius-Route. Hinter der Ampel verläuft er auf dem Fuß- und Radweg namens

„Zur Bornfloßquelle". Und erneut geht es geradeaus; den anschließenden Park- und Grünstreifen durchqueren wir, bis wir am Ende des Riedbergquartiers auf den Bahndamm der neuen U-Bahn-Linie U8 stoßen. Zwei Radwegetunnel führen unter den Gleisen hindurch auf freies Feld. Wir nutzen den unteren Radweg und fahren entlang der A661 über offenes Feld hinüber nach Kalbach.

Restaurant und Spielplatz am alten Flughafen Bonames laden zum Rasten ein.

Noch vor dem Siedlungsbeginn kreuzt der Kalbach, und der Radweg zweigt am Bachlauf rechts ab und führt unter der Autobahn hindurch. Entlang des Kalbachs folgen wir der Ausschilderung zum Alten Flugplatz Bonames. Nachdem die U-Bahn an einem Bahnübergang gequert ist, kommen wir schon bald zu dem beliebten Freizeitgelände an der Nidda. Im Kalten Krieg ein Hubschrauberplatz der US-Armee, ist der Alte Flugplatz heute ein Ausflugsziel: Auf der Landebahn üben Kinder das Radfahren, im Tower-Café locken Erfrischungen und kleine Speisen zur Stärkung und auf entsiegelten Flächen wurde die Natur sich selbst überlassen.

Tower-Café
Am Burghof 55 (Alter Flugplatz), 60437 Frankfurt-Bonames/Kalbach
069 / 95048532, tower@sfg-frankfurt.de
www.tower-cafe.de

Der Skulpturen-Park in Nieder-Erlenbach.

Etwas abseits, in einem kleinen Naturschutzgebiet, watet Christian Geske durch das morastige Areal und ein vielstimmiges, gutturales Quaken von Amphibien ist zu hören. Der 47-Jährige ist jedoch nicht den hier beheimateten seltenen Wechselkröten und Kreuzkröten auf der Spur. Mit seinem Fernglas 10 x 42 der Marke Leica beobachtet er Libellen. Ein weiblicher Blaupfeil fliegt knapp über dem seichten Wasser und tippt immer wieder mit dem Hinterleib auf die Wasseroberfläche. „Die Libelle legt überall ihre Eier ab", erklärt der Biologe im Dienste von Hessen Forst. „Das Männchen fliegt parallel dazu und schützt sein Weibchen gegen den räuberischen Zugriff anderer Männchen. Trotz aller schillernden Grazie der Libellen darf nicht vergessen werden, dass Libellen von Natur aus räuberische Insekten sind."

Zurück an der alten Flugplatz-Landebahn überqueren wir die Nidda über eine Brücke. Am anderen Ufer halten wir uns links und folgen der sich dahinschlängelnden Nidda vier Kilometer stromaufwärts. Am Ortsrand von Harheim überqueren wir den in der Vogelsberg-Region entspringenden Fluss erneut an einem scharfen Rechtsknick. Bis hin zur Brücke der vierspurig ausgebauten B3 liegt nun die Nidda rechter Hand. Direkt vor der gewaltigen Straßenbrücke zweigt unser Radweg nach links Richtung Massenheim und Nieder-Erlenbach ab.

In Massenheim gelangen wir automatisch auf die Ortsstraße „Im Mühlengrund", der wir geradeaus folgen. An deren Ende stoßen wir in die Grün- und Parkanlage des Erlenbachs. Entlang des sich windenden Bachlaufs erreichen wir bachaufwärts das gut aus-

Alt-Erlenbach, Fachwerkidylle mit Gotteshaus.

geschilderte Nieder-Erlenbach. Im Ortskern des nördlichsten Frankfurter Stadtteils lockt an der Ecke Alte Fahrt / Alt-Erlenbach ein Verkaufswagen der Landmetzgerei Kemmler in den Hof von Kötters Hofmarkt. „Heute haben wir Ahle Wurst im Sonderangebot", empfiehlt Frau Emmerich. „Oder Kochkäse von der Molkerei Hüttenthal im Odenwald." Da läuft uns sofort das Wasser im Mund zusammen. Allerhöchste Zeit für eine Rast, bei der wir uns im Hofladen von Bernd Kötter auch noch mit Rohkost und frischem Obst eindecken.

Kötters Hofmarkt
Alt Erlenbach 30, 60437 Nieder-Erlenbach
06101 / 41114, sven_koetter@yahoo.de

Der Radweg führt in der Bachaue des Erlenbachs vorbei an Skulpturen bis an den Ortsrand. Die Ausschilderung weist den Weg auf geschotterten, aber gut befahrbaren Flurwegen nach Ober-Erlenbach. Der Beschilderung folgend überqueren wir auf einer Brücke den Erlenbach. Am Rand des Wäldchens kommen wir vorbei an einer

Das Kirchenschiff der katholischen Pfarrkirche St. Martin in Ober-Erlenbach.

Kläranlage nach Ober-Erlenbach. Im östlichsten Bad Homburger Stadtteil lohnt ein kurzer Abstecher zur Katholischen Pfarrkirche St. Martin mit ihrem erst kürzlich sanierten Kirchenschiff.

Durch kleine Gassen im alten Ortskern finden wir den Weg zurück zur Hauptstraße. Parallel zur nach Bad Homburg ausgeschilderten, gleichnamigen Ausfallstraße nutzen wir den Radweg immer geradeaus. Nach der Unterquerung der hinter einer Lärmschutzwand versteckten Umgehungsstraße machen wir noch einen abschließenden Abstecher zum ausgeschilderten Lernbauernhof Rhein-Main. Dort treffen wir Landwirt Gerhard Maurer bei seiner kleinen Schafherde. „Das sind meine ökologischen Rasenmäher, die landwirtschaftlich schwer nutzbare Wiesen beweiden. Auch im Bereich der Regionalparkroute pflegen zahlreiche Schafe die Landschaft und auch Streuobstwiesen", sagt Maurer. Wegen der Wollproduktion rentiere sich Schafhaltung heute nicht mehr. Bereits die Schur sei teurer, als der für die Wolle ausbezahlte Preis.

Landwirt Gerhard Maurer auf seinem Lernbauernhof in Ober-Erlenbach.

Lernbauernhof Rhein-Main
Bienäcker 4, 61352 Bad Homburg v. d. H.
06172 / 42208, info@lernbauernhof-rhein-main.de
www.lernbauernhof-rhein-main.de

Wir nehmen Abschied von dem sympathischen Bauern, der bereits Generationen von Kindern die Landwirtschaft erklärt hat, und fahren den letzten Kilometer zu den U-Bahn-Stationen Gonzenheim oder Ober-Eschbach, wo unsere 32 Kilometer lange, ereignisreiche Tour endet.

Dietkirchen

Autobahnbrücke

Ennerich

Eschhofen

Z

Lindenmühle

Limburg an der Lahn

L319

Lindenholzhausen

3

B8

Linter

Niederbre

L3448

B417

Berger Kirche

B

Werschau

Nauheim

Mensfelden

Hünfelden

Oberneisen

11 VOM TIEFEN TAL ZUM HOHEN DOM
Von Bad Camberg bis nach Limburg

Hahnstätten

Kaltenholzhausen

Zollhaus

B417

Burgschwalbach

0

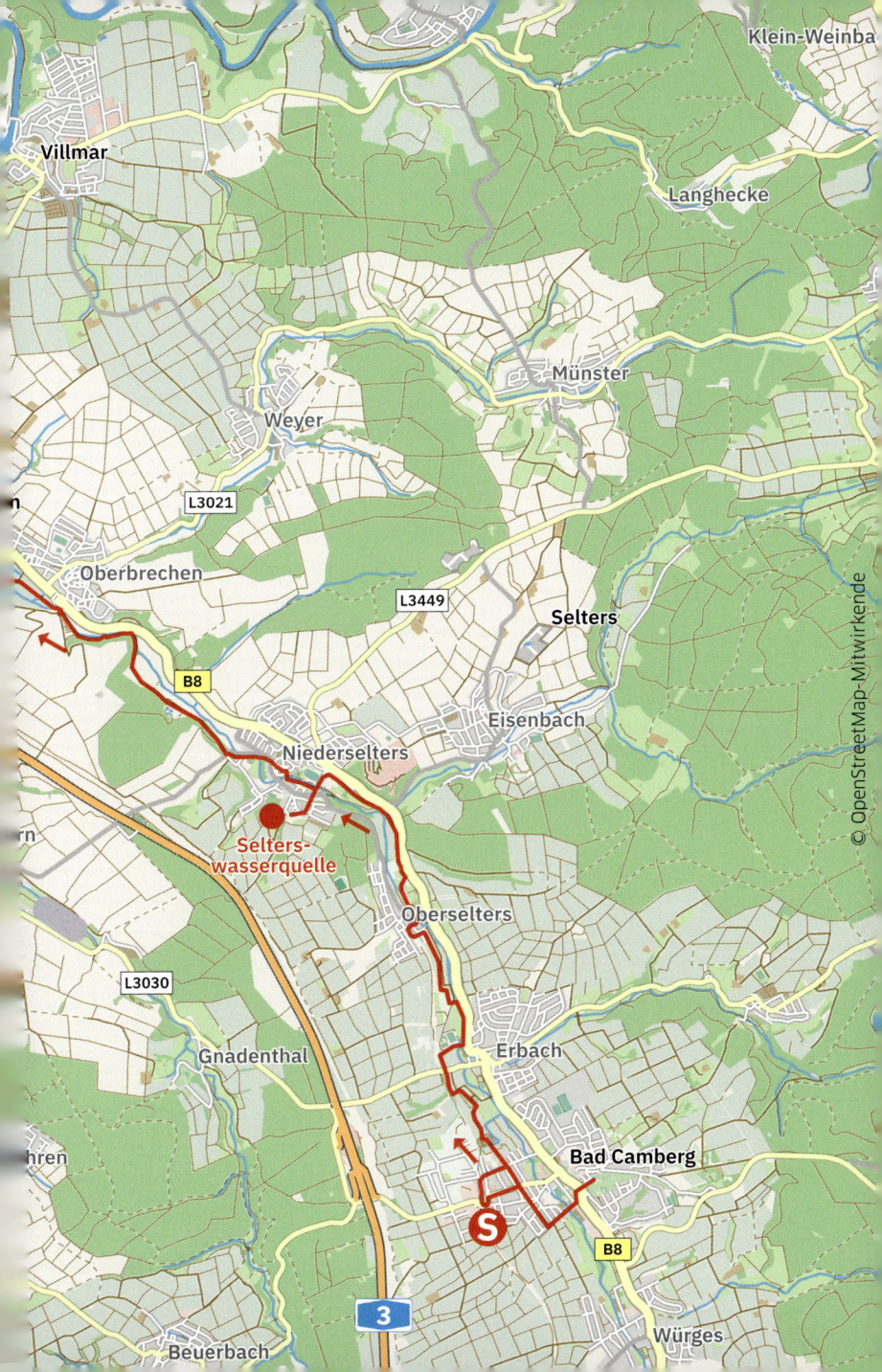

Vom tiefen Tal zum hohen Dom
Schwierigkeitsgrad: locker leicht
Länge: 26 km
Anfahrt ÖPNV: Bad Camberg
Anfahrt Auto: über die A5 Ausfahrt Bad Camberg sowie über die L3030 und die 3031

Der Taunus ist mehr als nur der Feldberg. Gewiss: An schönen Wochenenden ballen sich rund um den Taunusgipfel Besuchermassen. Eine Tour durchs Zentrum des Mittelgebirges – vorbei an Kirchen und Quellen bis nach Limburg an der Lahn.

Wo liegt das geografische Zentrum des Taunus? Genau vermessen haben wir das Mittelgebirge freilich nicht. Doch Bad Camberg, der Ausgangspunkt unserer Etappe, liegt so ziemlich mittendrin. Eine Fahrradtour vom staatlich anerkannten Kneipp-Heilbad durch den Goldenen Grund – vorbei an Kirchen und weltberühmten Quellen bis an die Lahn nach Limburg – zeigt vor allem eins: Der Taunus hat weit mehr zu bieten als nur bewaldete Höhenrücken.

Ein wichtiger Tipp gleich vorneweg: Wer die Altstadt von Bad Camberg nicht gleich zum Auftakt der Etappe ansteuert, wird es bei der Rückfahrt mit dem Zug aus Limburg gewiss nicht mehr nachholen. Selbst dem Autor war das schmucke 14.000-Einwohner-Städtchen zuvor nur aus den Verkehrsnachrichten bekannt. Die Altstadt der Kurstadt mit ihren liebevoll restaurierten Fachwerkhäusern und dem charmanten Kurpark ist allerdings wahrhaftig einen Besuch wert.

Wer es eilig hat – Pardon, wer eine sportliche Tour im Emsbachtal bevorzugt –, der schwingt sich nach Ankunft des Zuges am Bahnhofsvorplatz gleich aufs Rad und fährt 100 Meter nach links bis zur talwärts führenden Lahnstraße. An der ersten nach links abzweigenden Querstraße biegen wir dann auf den nach Limburg querenden hessischen Fernradweg R8.

Wer es aber beschaulicher mag, Land und Leute kennenlernen möchte, nimmt sich – noch bevor die eigentliche Radtour begonnen

Der Amthof mit Apsis der Hohenfeldkapelle in Bad Camberg.

hat – Zeit für eine Stippvisite der Altstadt. Um dorthin zu kommen, fahren wir auf der rechter Hand des Bahnhofs talabwärts verlaufenden Bahnhofstraße (Achtung: L3031, Hauptstraße mit viel Verkehr). Um dem Nadelöhr der B8 in der Stadtmitte zu entgehen, biegen wir nach 400 Metern nach rechts auf den dort kreuzenden Fernradweg R8 ab. Über die Gebrüder-Grimm-Straße und die Beethovenstraße geht es ein kurzes Stück des Weges zurück Richtung Idstein. Unterwegs ist dann der Abzweig nach links (Mühlweg) in die Altstadt ausgeschildert. Dort angekommen, staunen wir nicht schlecht. Das alte Zentrum der über 1.000-jährigen Stadt hat wirklich viel zu bieten: Unter- und Obertor (Stadt- und Turmmuseum) mit angrenzender Hohenfeldkapelle sowie ein wirklich eindrucksvoller Marktplatz mit schmucken Fachwerkhäusern, Cafés, Restaurants und Eisdiele zum Verweilen.

Das 140 Meter lange Amtshofgebäude zählt zu den längsten Fachwerkgebäuden in Deutschland. Als ältestes Kneippheilbad in Hessen (seit 1927) und drittältestes in Deutschland ist ein bezaubernder Kurpark für das Städtchen natürlich Pflicht. Ein lohnens-

Fachwerkhäuser mit Läden und Straßencafé am Bad Camberger Marktplatz.

werter Tipp: Beim alljährlichen Kneipp-Erlebnistag am Sonntag wird hier besonders viel geboten. Es waren ausgiebige Bäder in der 5-10°C kalten Donau, die Sebastian Kneipp einst dabei halfen, seine schwere Lungentuberkulose zu überwinden. „Wenn es für mich ein Heilmittel gibt, so wird es das Wasser sein", formulierte der bayerische Priester und spätere Hydrotherapeut seine Überzeugung.

Ein anderes besonderes (Heil-)Wasser machte eine fünf Kilometer talabwärts gelegene Nachbargemeinde weltberühmt und auch wohlhabend: Selters. Wer mehr über das legendäre Selterswasser erfahren möchte, sollte sich spätestens jetzt von der Kneipp-Kurstadt verabschieden.

Wir folgen auf 26 Kilometern unentwegt der Ausschilderung des hessischen Radfernwanderwegs R8 Richtung Limburg. Auf dem Weg über Oberselters nach Niederselters sinnieren wir auf dem gut ausgebauten Feldweg über Markennamen, die zum Gattungsnamen wurden: Tempo für Papiertaschentücher, Uhu für Flüssigkleber, Tesa, Post-it und Edding und und und ... Ohne Schleichwerbung betreiben zu wollen, aber ganz am Anfang stand da offensichtlich ein Wasser aus Hessen: Wer kennt ihn nicht, den

Das Brunnengebäude von Niederselters beherbergt das Selterswassermuseum. Foto: Gemeinde Niederselters

Ausspruch „Sekt oder Selters"? Der Markenname des Heilwassers aus Selters hatte sich wegen seiner Einzigartigkeit irgendwann verselbständigt und wurde zum Synonym für Mineralwasser.

In Niederselters angekommen, zweigt der Radweg nach dem Supermarkt am Ortseingang nach links ab und wird zwischen Schwimmbad und Sportplatz geführt. Der Radweg stößt am Ende des Weges auf den Emsbach. Hier verlassen wir kurzzeitig den R8. Statt am Bachufer nach rechts abzubiegen und Kurs auf Limburg zu nehmen, queren wir das kleine Gewässer auf einer Holzbrücke und stoßen direkt auf den Bahnhof. Wir unterqueren die Gleise im Fußgängertunnel und stoßen dahinter direkt auf den Brunnentempel und das Selterswassermuseum. Dort empfängt uns Dr. Norbert Zabel. In seiner Amtszeit als Bürgermeister konnte der heute 69-Jährige im Jahr 2011 die sanierte historische Brunnenanlage wiedereröffnen. „Aus einer Wasserstelle am Ortsrand wurde eine bekannte Heilquelle, deren Wasser schon im 18. Jahrhundert an Europas Fürstenhöfen geschätzt wurde", erzählt Zabel. „Anfang des 19. Jahrhunderts wurden jährlich fast zwei Millionen Krüge mit Selterswas-

Im Haustrunkraum kann sogar der Urtyp des Selterswassers probiert werden. Foto: Gemeinde Niederselters

ser abgefüllt. Das war ein Reingewinn von 48.000 Gulden." Spätestens Ende des 19. Jahrhunderts war der Gattungsbegriff Selterswasser weltweit bekannt: Als Aqua di Seltz, l'eau de seltz und Seltzer water wurde der Name wie selbstverständlich in fremde Sprachen aufgenommen. „Nachgewiesen ist der Export des Wassers unter anderem nach Stockholm, St. Petersburg, Afrika, Nordamerika und nach Batavia, dem heutigen Jakarta", weiß Zabel. Apotheker und Ärzte, aber auch Händler und Gastwirte hatten das in Zabels Heimat gewonnene und abgefüllte Wasser als Heilwasser für viele Krankheiten angeboten. Der Urseltersbrunnen war „der" Gesundbrunnen Deutschlands. Professor Doktor Carl Remigius Fresenius analysierte das Wasser 1863 und bestätigte seine Bedeutung als „wichtiges Heilwasser für Erkrankungen der Lunge, der Atemwege und des Magens."

Abgefüllt wurde das Wasser in flaschenförmige Tonkrüge, die im Kannenbäckerland hergestellt wurden. Doch Niederselters war schon bald nicht mehr die einzige Quelle, die mit Erfolg Mineralwasser abfüllte und exportierte. Der Brunnenbetrieb verschlief vor allem eine wichtige Entwicklung. Andere Quellen setzten frühzeitig auf die billigeren und hygienischeren Glasflaschen. Selterswasser gab es aber erst seit 1875 in Glasflaschen. Da war es eigentlich schon zu spät und das hessische Exportgut spielte – mit einer kleinen Renaissance in den Zeiten des Wirtschaftswunders – nur noch eine untergeordnete Rolle. 1999 wurde die Abfüllung aus betriebswirtschaftlichen Gründen geschlossen. Bestens informiert, füllen wir im Haustrunkraum unsere Trinkflaschen an den dortigen Hähnen mit „Urselters". Für die verbleibenden 20 Kilometer bis Limburg brauchen wir garantiert kein Brausegetränk aus Österreich aus der Dose, „das uns Flügel verleiht". Ab heute schwören wir mehr denn je auf Selterswasser.

Selterswassermuseum
Am Urseltersbrunnen 1 – 3, 65618 Selters
06483 / 91220, info@selters-taunus.de
www.selterswassermuseum.de

Zurück auf dem R8 queren wir den inmitten des Seltrisa-Rings gelegenen alten Ortskern von Niederselters – in den ältesten urkundlichen Erwähnungen aus dem 8. Jahrhundert n. Chr. wurde Niederselters „Seltrisa" genannt. Auf der Hauptstraße nach Dauborn queren wir die Bahnlinie, um hinter den Gleisen gleich nach rechts

Der Limburger Stadtteil Dietkirchen wird von der Lubentius-Basilika dominiert.

Radeln durch die Rapsfelder vor der Lubentius-Basilika in Dietkirchen.

auf den Radweg abzubiegen. Entlang der Schienen und am Rande eines bewaldeten Hügels fahren wir Richtung Nordwesten durch den Wiesengrund des Emsbachtals. Ein Blick über die weiten Felder auf den benachbarten Hügelflanken beantwortet die Frage nach dem Ursprung des Namens Goldener Grund. „Der Name leitet sich vom besonders fruchtbaren Lössböden ab", erläutert der Archivar von Niederselters, Eugen Caspary. „Das zeigt sich ebenso im Spätsommer, wenn in unserer Region auf den fruchtbaren Feldern das goldene Getreide auf die Ernte wartet."

Kurz vor und nach Niederbrechen wird der Radweg das einzige Mal auf den Gehsteig neben der B8 geleitet, was besondere Aufmerksamkeit erfordert. Doch bei aller Konzentration sollten wir am Ortsausgang von Niederbrechen noch vor dem Bahnübergang nicht versäumen, den Blick aufwärts zu erheben: Dort oben thront die über 1.000 Jahre alte, dem Heiligen Georg geweihte romanische Kirche auf einem Felsen. „Im Jahr 910 wurde die Kirche erstmals erwähnt. Es ist eines der ältesten Bauwerke der Region", sagt Caspary. „Hier nennt man sie auch die Berger Kirche, weil sie das letzte Zeugnis des wüst gefallenen Ortes Bergen ist."

Unterhalb der Kirche biegen wir noch vor den Gleisen nach rechts ab und radeln über drei Kilometer genüsslich auf dem Radweg weiter Richtung Lahn. In Ennerich werden wir durch den Ort geleitet und müssen eine kleine Steigung auf einem gut befahrbaren Schotterweg bewältigen, um über das Tunnelportal der Lahntalbahn zu gelangen. Schon bald weist die direkt an der Lahn ebenfalls auf

Der Limburger Dom ist das Wahrzeichen der Stadt an der Lahn.

einem Felsvorsprung thronende St. Lubentiuskirche von Dietkirchen die Richtung. Voll Vorfreude auf den Fluss strampeln wir durch Felder, bis der R8 direkt gegenüber der romanischen Basilika auf die Lahn trifft.

An dieser Stelle brachte vom 11. Jahrhundert bis 1959 eine Lahnfähre die Menschen ans andere Ufer. Wir überqueren stattdessen die 145 Meter lange Kurt van der Burg-Brücke, die seit 1989 für Fußgänger und Radfahrer wieder eine Verbindung zwischen Eschhofen und Dietkirchen ermöglicht. Am anderen Ufer stoßen wir auf den von Wetzlar kommenden Lahnradweg R7. Von nun an müssen wir uns bis Limburg den Radweg mit deutlich mehr Fahrern teilen. Unterhalb des nahen Friedhofs biegen wir auf dem sogenannten Schleusenweg nach Limburg ab. In der Bistumsstadt, am Ziel der heutigen Tour, angekommen, begrüßt uns der über 750-Jahre alte St. Georgs-Dom – natürlich auf einem Felsen über der Lahn thronend.

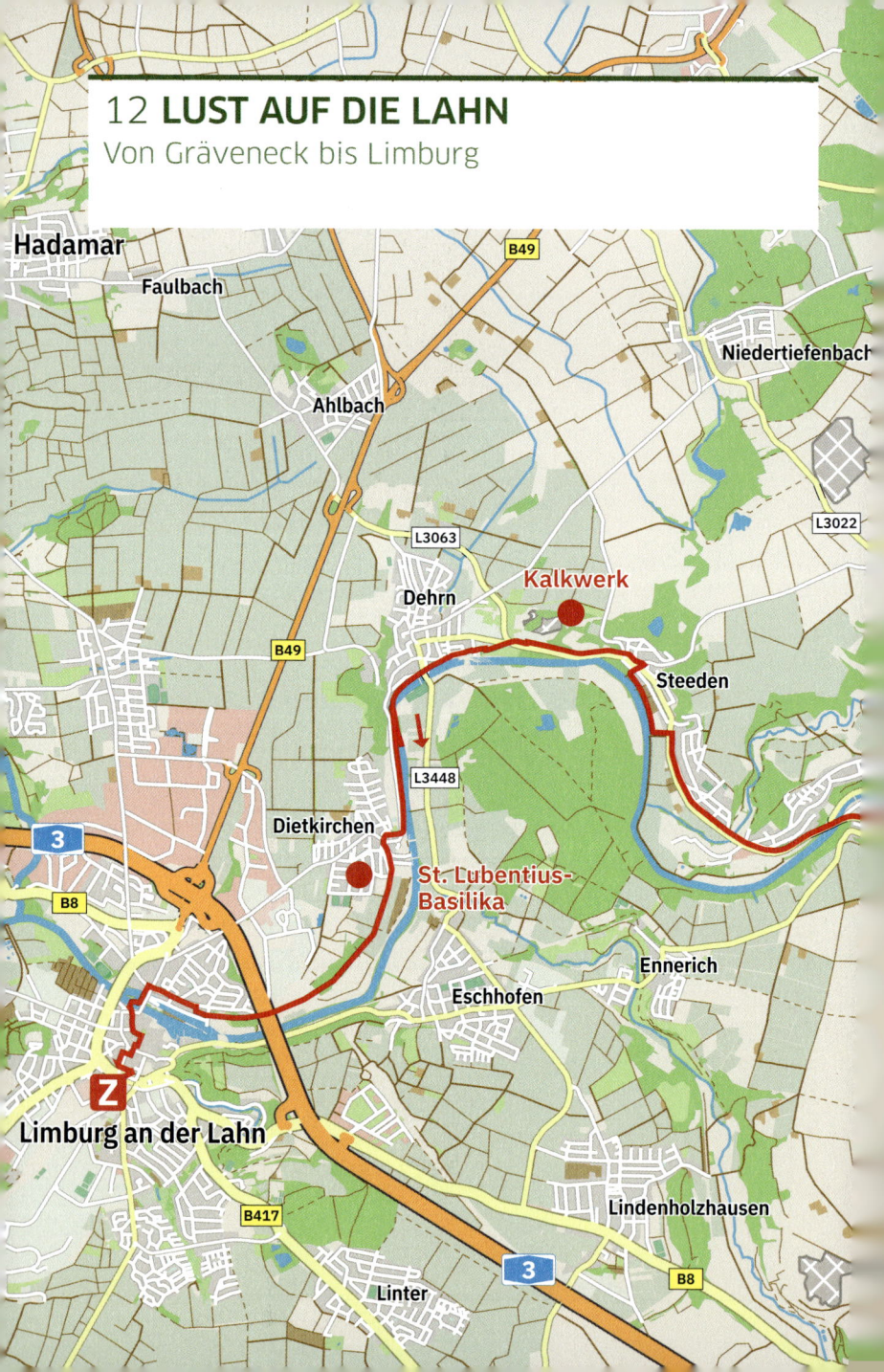

12 LUST AUF DIE LAHN
Von Gräveneck bis Limburg

Hadamar

Faulbach

B49

Niedertiefenbach

Ahlbach

L3022

L3063

Dehrn

Kalkwerk

Steeden

B49

L3448

Dietkirchen

St. Lubentius-Basilika

3

B8

Ennerich

Eschhofen

Z

Limburg an der Lahn

Lindenholzhausen

B417

3

B8

Linter

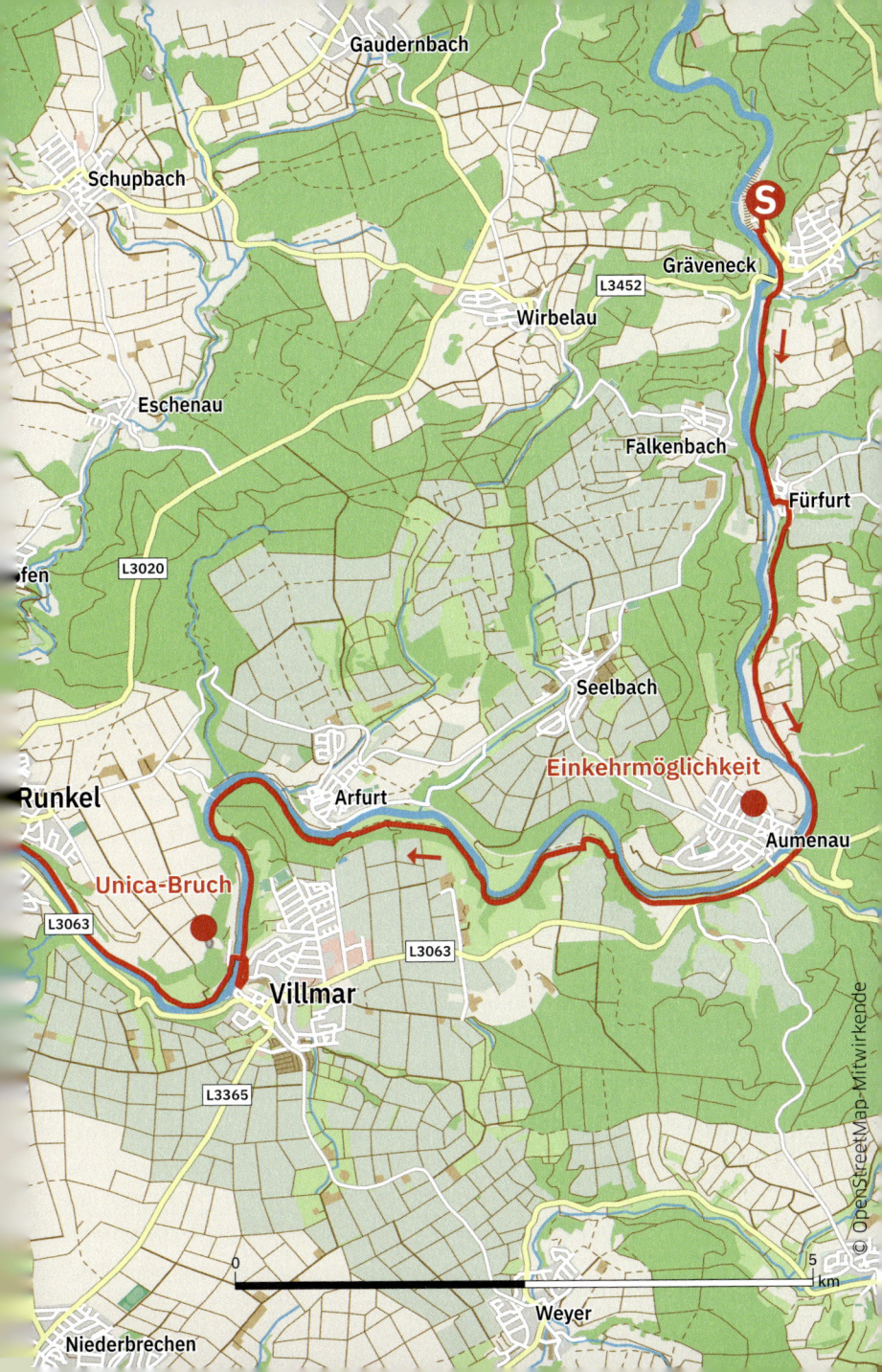

S

Gaudernbach

Schupbach

Gräveneck

L3452

Wirbelau

Eschenau

Falkenbach

Fürfurt

fen L3020

Seelbach

Runkel

Arfurt

Einkehrmöglichkeit

Unica-Bruch

Aumenau

L3063

Villmar L3063

L3365

Niederbrechen

Weyer

0   5
                                                              km

© OpenStreetMap-Mitwirkende

12

Lust auf die Lahn
Schwierigkeitsgrad: leicht
Länge: 30 km
Anfahrt ÖPNV: Bahnhof Gräveneck
Anfahrt Auto: Der Ausgangspunkt in Gräveneck ist mit dem Auto recht kompliziert über Landstraßen zu erreichen. Am besten von Weilburg (B456) aus sowie von Beselich (B49).

Das Lahntal ist fest in der Hand von Radfahrern und Kanuten. Zwischen Weilburg und Limburg ist das romantische Flusstal zum großen Teil komplett autofrei. Nur ab und an rattert ein Zug entlang des Flusses vorbei.

Auf weiten Strecken heißt es für Autofahrer im Lahntal: „Wir müssen leider draußen bleiben!" Zwar liegt alle paar Kilometer eine Ortschaft an der Lahn, doch die Dörfer sind zumeist mit Straßen über das Hinterland erschlossen. Entlang des gemächlich dahinziehenden Flusses verläuft neben den Eisenbahnschienen lediglich der Hessische Radfernweg R7.

Auf dieser Radtour erkunden wir die letzten 30 Kilometer des insgesamt 238 km langen Radfernwegs von Philippsthal (Werra) über den Vogelsberg, Gießen, Wetzlar nach Limburg. Saftige Wiesen und Weiden, bewaldete wie auch felsige Uferstreifen sind im romantischen Mittellahntal dabei ebenso unsere steten Begleiter wie Burgen, Brücken und Kirchen. Die Vielzahl der Eindrücke führt mitunter auch zu unterschwelligen Konflikten. „Schade, ich hätte mir noch gerne den Dom angeschaut. Und in der schönen Altstadt hatten wir auch kaum Zeit", sagt eine sportlich und trainiert wirkende Frau Anfang 60, die mit ihrem Rad am Bahnsteig im Limburger Bahnhof auf den Zug wartet und in ihrem Rad-Reiseführer blättert. „Schatz, du kannst nicht alles haben auf einer Radtour. Das ist doch klar", erklärt ihr Mann, der am Ende der Radtour sichtlich ins Schwitzen gekommen ist und ganz offensichtlich einfach nur froh ist, in Limburg angekommen zu sein. „Entweder wir machen eine schöne Radtour und fahren Fahrrad, oder wir nehmen das Auto und

Start der Etappe nahe der Erzaufbereitungs- und Verladeanlage der Grube Georg-Joseph in Weinbach-Gräveneck.

besichtigen Städte und Sehenswürdigkeiten. Beides zusammen geht einfach nicht."

Wir steigen mit dem Ehepaar in den Zug Richtung Gießen und fahren eine halbe Stunde stromaufwärts bis nach Gräveneck. Wer will, kann freilich auch früher in Aumenau oder in Fürfurt aussteigen. Oder aber auch erst in Weilburg. Wir haben uns für Gräveneck entschieden und wollen per Pedale zurück bis Limburg radeln. Hauptsache, es geht leicht und stetig mit dem Fluss talwärts.

Am Bahnhof Gräveneck steigen wir gleich hinter den Gleisen auf den Radfernweg R7 ein. Noch in Sichtweite des Bahnübergangs ragt der Backstein-Klinkerbau der einstigen Erz-Verladestation der Georg-Joseph-Grube empor. „Nach Gräveneck wurde Eisenerz von gleich zwei Gruben in unmittelbarer Nähe transportiert. Die Grube Schottenbach war seit 1908 durch eine Seilbahn mit dem Bahnhof verbunden. Das Erz der Grube Georg-Joseph wurde durch den Wittekindstollen und über eine Grubenbahnbrücke über die Lahn herangebracht; es wurde vor der Verladung noch aufbereitet", erklärt Christoph König. Als Junge hatte er staunend die Dampfloks beobachtet, die mit langen Erz-Güterzügen durch das Lahntal schnauften. Damals, in den 70er Jahren, existierte sogar noch die Seilbahn von der Grube Fortuna hinab zum Bahnhof Albshausen. Jahrzehnte später hat Christoph König nun die Geschichte der Lahntalbahn recherchiert und auf seiner Homepage *www.lahnbahn.de* veröffentlicht.

Die ersten Kilometer unseres Radausflugs führen auf etwas holprigem Asphaltbelag parallel zur Lahn und zur Eisenbahnlinie stromabwärts nach Fürfurt. Bevor wir in den 130 Einwohner zählenden Weiler kommen, müssen wir noch am Bahnübergang warten, weil die Schranken geschlossen sind. Hier staunen wir nicht schlecht, dass in Fürfurt, wie in Gräveneck, die Schranken noch vom Blockstellenwärter per Hand hoch- und runtergekurbelt werden. Beim geduldigen Warten fragen wir uns, warum dieser kleine Weiler wohl einen eigenen Bahnhof bekommen hat. „Der Bahnhof wurde 1869 als Anschluss zur Fürfurter Phosphoritmühle gebaut. Später wurde die Fabrik auf die Produktion von Zinkweiß umgestellt", erläutert

Idyll am Wegesrand der Lahn: Weidende Kühe sind heute eine Seltenheit.

König. „In der Fabrik hatten zeitweilig bis zu 400 Menschen gearbeitet. Die meisten von ihnen kamen mit dem Zug zur Arbeit."

Auf den herrlich erholsamen nächsten drei Kilometern bis Aumenau radeln wir vorbei an saftig grünen Pferdekoppeln. Eine Schar Schwäne landet elegant auf der Lahn, Reiher stehen in aller Seelenruhe auf den gerade erst gemähten Wiesen und Kühe glotzen neugierig von den Weiden auf die vorüberfahrenden Radfahrer. Doch es sind immer weniger Wiederkäuer, die entlang der Lahn und oben auf den Höhen weiden. In den 1980er Jahren gab es in Villmar noch rund 20 Milchviehbetriebe. Heute sind es gerade einmal noch fünf. Zuletzt ist auch der Landwirt Karl-Heinz Fluck aus der Milchviehwirtschaft ausgestiegen. „Die Entscheidung, die Milchkühe abzugeben, fiel uns sehr schwer, war aber genau richtig", sagt der 58-jährige Landwirt, der mit seiner Familie weiterhin Ackerbau und Rinderaufzucht betreibt. Grund für seinen Rückzug sei das enorme Milch-Überangebot auf dem europäischen Markt gewesen. Die Folge der regelrechten Milchflut ist ein für die Bauern ruinöser Preissturz. Der Abnahmepreis, den Molkereien den Milchbauern auszahlen, schwankte in den letzten Jahren stets zwischen 20 und etwas mehr als 30 Cent pro Liter – was für Milchbauern deutlich zu wenig ist.

Ein Rast- und Spielplatz in Villmar zwischen Lahn und Radweg.

100 Milchviehbetriebe gibt es noch im Landkreis Limburg-Weilburg. Vor zehn Jahren waren es noch 40 Betriebe mehr.

Wir bleiben bis Villmar auf der linken Lahnseite. Der „Marktflecken", wie sich die Kommune nennt, war einst durch seinen Marmor-Steinbruch berühmt. Diesen erreichen wir über eine stattliche Marmorbrücke, die über die Lahn gespannt ist. „Der Unica-Bruch ist ein ehemaliger Lahnmarmor-Steinbruch", erklärt Philipp Borchardt von der Geschäftsstelle des Geo parks Westerwald-Lahn-Taunus. „Hier bekommt man einen nahezu einmaligen Einblick in ein Stromatoporen-Riff aus der Zeit des Devon-Meeres von vor 380

Der Unicabruch bei Villmar war von 1594 bis 1989 ein bedeutender Marmorsteinbruch am westlichen Lahnufer.

Die Schleuse Villmar wurde in den Jahren 1844 und 1845 errichtet.

Millionen Jahren." Der Aufschluss gehört als Nationales Geotop zu den bedeutendsten geologischen Sehenswürdigkeiten Deutschlands. Er kann auf eigene Gefahr jederzeit besichtigt werden. Führungen sind nach Voranmeldung möglich. Zwei Rundwege auf den Spuren des Lahnmarmors mit zahlreichen Stationen bilden den Lahn-Marmor-Weg. Klar, dass der in mehreren Steinbrüchen gebrochene Marmor ebenfalls über die Lahntalbahn transportiert wurde. Der Lahn-Marmor war begehrt in der ganzen Welt. Im Empire State Building schmückt er ebenso die Eingangshalle wie die Eremitage St. Petersburg, Teile des Maharadscha-Palastes von Tagore, den Kreml in Moskau – und auch das nahe Weilburger Schloss. 1970 aber kam das Aus. Für technische Zwecke besteht bis heute an einigen Stellen weiterhin ein aktiver Kalksteinabbau. Das alles und noch viel mehr ist im Lahn-Marmor-Museum zu sehen, das im März 2016 ein neues Zuhause unweit des Bahnhofs bekommen hat.

Lahn-Marmor-Museum
Oberau 4, 65606 Villmar
06482 / 6075588, info@lahn-marmor-museum.de
www.lahn-marmor-museum.de

Im Lahntal bei Runkel kommen Kanufahrer wie Radtouristen auf ihre Kosten.

An der Staustufe Villmar vorbei geht es auf dem Hessischen Fernradweg R7 auf den nächsten drei Kilometern weiter bis Runkel. Wahrzeichen des Ortes ist die Ruine der zur Zeit des Hohenstaufen-

Perfekte Ausschilderung auf dem R7.

Kaisers Friedrich Barbarossa erbaute Burg. Zu deren Füßen überspannt eine weitere Steinbogenbrücke die Lahn. Die im Jahr 1448 erbaute Brücke ist eine der ältesten Brücken an der Lahn, die in ihrem alten Zustand noch erhalten ist. Bei der Fahrt über die Brücke werden wir durch den Kopfsteinpflaster-Belag mächtig durchgeschüttelt. Wir durchqueren auf der alten Ortsstraße die historische Altstadt. Dank der perfekten Ausschilderung ist der weitere (Rad-)Weg über Stee-

Imposant thront die Burg über Runkel und der stolzen Lahnbrücke.

den, Dehrn und Dietkirchen im sich nun weitenden Tal gar nicht zu verfehlen. Der Runkeler Stadtteil Dehrn wird dominiert von einem mächtigen Kalkwerk. Mehr als die Hälfte der Produktion geht an den größten Kunden BASF. Vier Mal pro Woche transportiert ein Güterzug jeweils 600 Tonnen Ladung nach Ludwigshafen.

Über Dietkirchen nähern wir uns nun bereits unserem Etappenziel in Limburg. In dem Ort, der in der Region gerne auch „Dickerisch" genannt wird, thront auf einem Kalkfelsen die St. Lubentius-Basilika über der Lahn. Zu ihren Füßen passierte bereits im 11. Jahrhundert eine Lahnfähre den Fluss. 1959 aber legte die Fähre letztmals ab. 30 Jahre später wurde wegen des immer stärker werdenden Radtourismus unterhalb des Felsens eine 145 Meter lange und 3,30 Meter breite Rad-

Zwischen Dehrn und Steeden wird im Kalkwerk Schaefer der Rohstoff in Züge verladen.

In den Sommermonaten herrscht auf der Lahn Hochbetrieb.

und Fußbrücke aus Holz gebaut. Über diese Brücke stoßen viele weitere Radfahrer auf den Lahntalradweg. Sie sind auf dem fast 300 km langen Fernradweg R8 zwischen Heppenheim an der Bergstraße und Frankenberg in Nordhessen unterwegs. Auf den verbleibenden drei Kilometern bis Limburg kann es deshalb schon einmal eng werden. Das zeigt die enorme touristische Entwicklung: War die Lahn vor 30 Jahren ein weißer Fleck auf der Landkarte, so ist sie heute laut einer Untersuchung des Bundeswirtschaftsministeriums Deutschlands beliebtester Kanuwanderfluss, und der Lahntalweg gehört zu den beliebtesten Radwegen in Deutschland. „Der Lahntal-

Touristen schieben sich durch die Altstadt von Limburg.

radweg zählt zu den Klassikern und zum Besten, was man in Deutschland derzeit unter die Räder bekommt. Vom Allgemeinen Deutschen Fahrrad-Club (ADFC) wurde er mit vier von fünf möglichen Sternen ausgezeichnet", wirbt Hessen Tourismus im Internet.

Doch die enorme Beliebtheit hat auch Schattenseiten. Limburgs liebenswerte Altstadt und der markante Dom zu Limburg mit seinen sieben Türmen wird mittlerweile – vor allem an den Wochenenden und Feiertagen im Frühjahr – von so vielen Radfahrern angesteuert, dass es schon einmal chaotisch werden kann. Samstags und sonntags führt das hohe Radler-Verkehrsaufkommen mitunter zu brenzligen Situationen. Begegnungen mit entgegenkommenden Radfahrern sind auf dem zum Teil lediglich eineinhalb Meter breiten Radweg nicht ungefährlich. Überholmanöver sind wegen der recht unterschiedlichen Geschwindigkeiten nicht zu vermeiden. Richtig ärgerlich wird es aber, wenn die zwischen Limburg und Weilburg stündlich pendelnden Züge überfüllt sind. „Wir können an den Wochenenden oftmals keine Radfahrer mehr mitnehmen, weil die Rad-Abteile komplett belegt sind", bestätigt eine Schaffnerin. „Radfahrer müssen dann auf den Bahnsteigen stehen bleiben." Das gilt zum Teil bereits ab Limburg oder Weilburg, erst recht aber für die Bahnhöfe unterwegs. Deshalb raten wir, eine Radtour entlang der Lahn auf einen Werktag zu terminieren. Dann ist das Radeln hier tatsächlich ein wahrer Genuss.

Der Vorplatz vor dem Limburger Dom ist stets bevölkert.

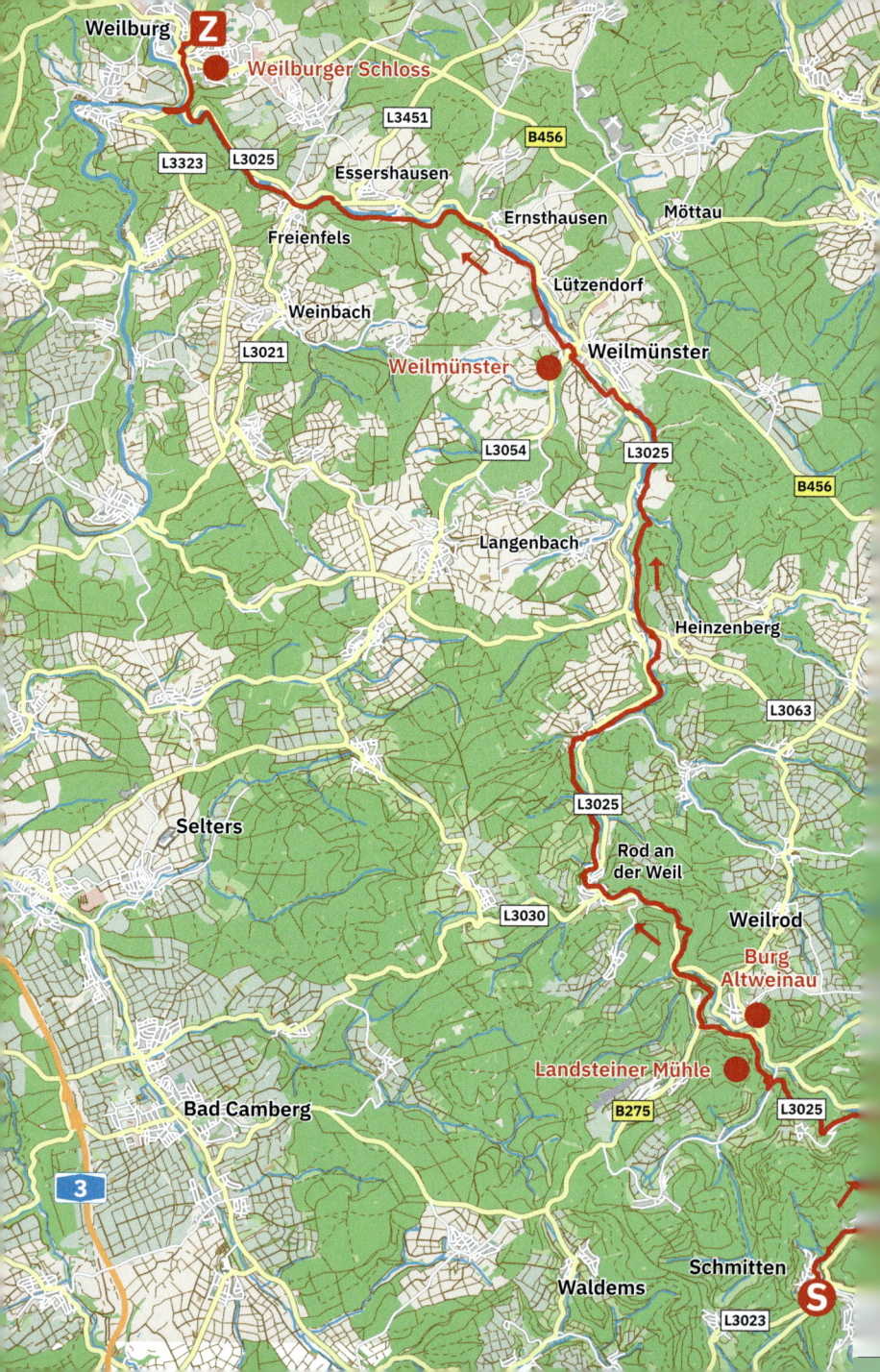

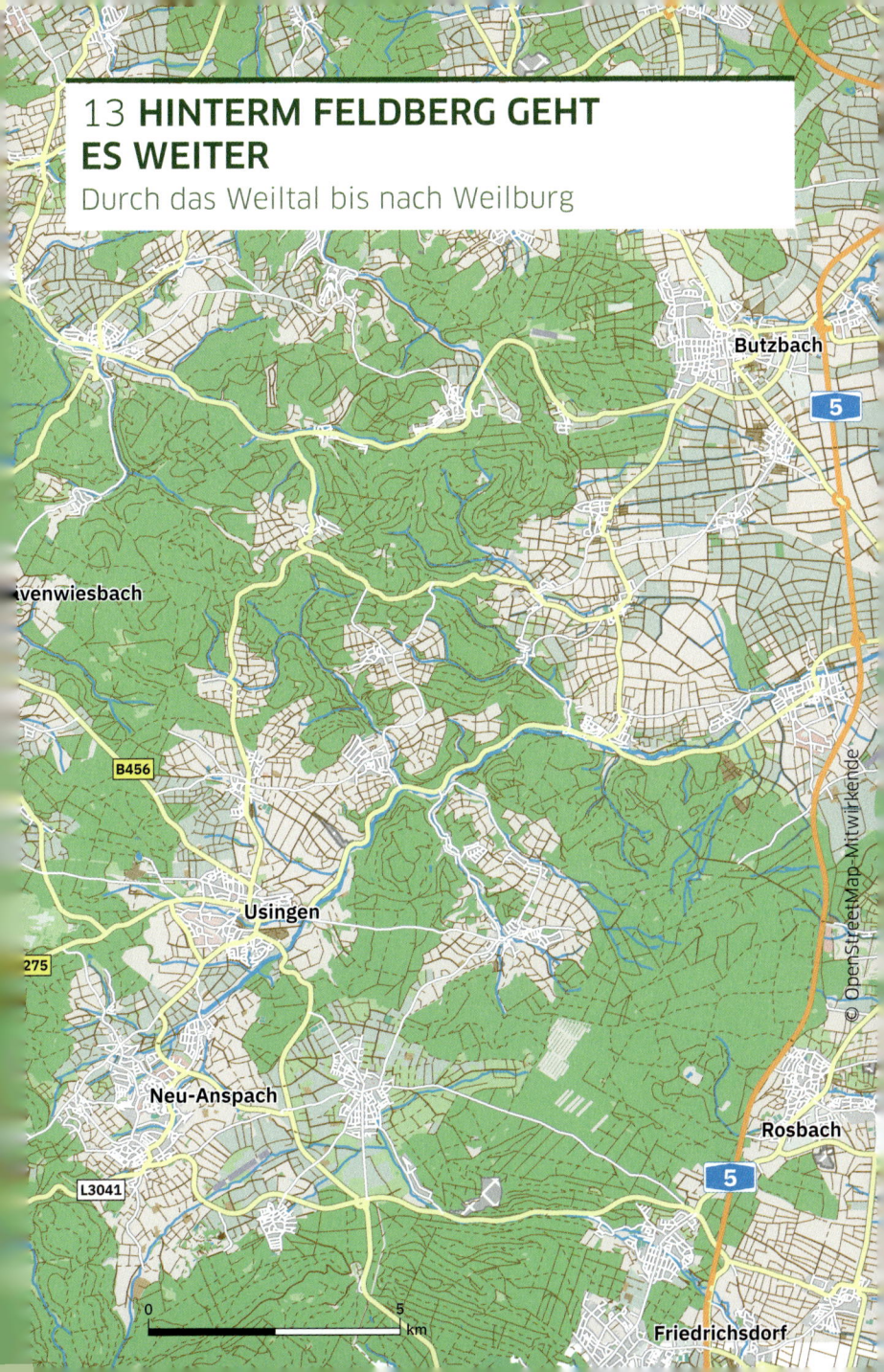

13 HINTERM FELDBERG GEHT ES WEITER

Durch das Weiltal bis nach Weilburg

Butzbach

5

venwiesbach

B456

Usingen

275

Neu-Anspach

Rosbach

5

L3041

Friedrichsdorf

© OpenStreetMap-Mitwirkende

0   5
⊢━━━━━━━━━━━━━━━━━┥
km

Hinterm Feldberg geht es weiter
Schwierigkeitsgrad: anspruchsvoll und lang
Länge: 42 km Streckentour
Anfahrt ÖPNV: U2 bis Oberursel-Hohemark, dann Weiltal-Bus Richtung Weilburg bis Schmitten
Anfahrt Auto: Schmitten ist über die L3023, L3025 oder L3004 zu erreichen.

Gleich hinter der Frankfurter Skyline erheben sich bereits die Gipfel des Naturparks Taunus – allen voran der Feldberg. Die Strecke durchs Weiltal lädt dazu ein, Charme und Schönheit der Region hinter dem Taunus-Hauptkamm zu entdecken.

Charme und Schönheit des mit 134.775 Hektar zweitgrößten Naturparks in Hessen entfalten sich erst hinter dem Taunus-Hauptkamm. Die Strecke durch das malerische Weiltal bis zur Lahn lädt dazu ein, diese Region zu entdecken.

„Der Berg ruft!", lautet das Motto vieler Radsportler an der U-Bahn-Endstation Oberursel-Hohemark. Vom dortigen Taunus-Informationszentrum machen sie sich mit dem Mountainbike auf Achse, um den Feldberg-Gipfel per Pedale zu erklimmen. Gewöhnlichen Radtouristen und weniger trainierten Radfahrern hilft der an den Wochenenden verkehrende Weiltal-Bus auf die Sprünge. Vier Mal startet der Bus mit Fahrradanhänger an der U-Bahnstation Richtung Weilburg. Zwei Fahrten davon beginnen sogar bereits am Bad Homburger Busbahnhof. Die Fahrradmitnahme ist zwar kostenlos, wegen der mit rund 25 Stellmöglichkeiten begrenzten Kapazitäten ist eine Anmeldung jedoch ratsam.

www.verkehrsverband-hochtaunus.de
Tel.: 06471 / 98610
Mail: info@medenbach.de

Nach knapp 20 Minuten steigen wir samt Fahrrad in Schmitten am Fuße der katholischen Pfarrkirche St. Karl Borromäus aus.

Seit mehr als 125 Jahren prägt die Kirche St. Karl Borromäus das Ortsbild von Schmitten.

„Schmitten wird als ‚Waldschmidt' erstmals 1399 urkundlich erwähnt. Der Name bezieht sich auf eine im Wald gelegene Nagel-Schmiede", sagt Wolfgang Breese vom Geschichtsverein Hochtaunus. „Aus der bis ins 19. Jahrhundert betriebenen Waldschmiede entwickelten sich zahlreiche Nagel-Schmieden, deren Ära im Zeitalter der Industrialisierung zu Ende ging." Eine von ihnen war in dem schmucken Fachwerkhaus (Wenzelstraße 1) an der kleinen Weilbrücke beheima-

Dieses Fachwerkhaus beherbergte eine der vielen Nagelschmieden im Weiltal.

Perfekt ausgeschildertes Radwege- und Wanderwegesystem im Weiltal.

tet, die wir gleich nach dem Start unserer Tour im Ortskern überqueren. Das Kurhotel Och gegenüber der katholischen Pfarrkirche
(Bushaltestelle) dokumentiert Schmittens Tradition als Luftkurort,
die bis in die 1920er Jahre bedeutsam war. Erholsame Luft wird es
auf den bevorstehenden 42 Kilometern im Überfluss geben. Dabei
müssen wir lediglich der Ausschilderung des Weiltalweges folgen.
Das quadratische Logo – grünes Eichenblatt mit kreuzender Wellen-
linie (Weil und Lahn symbolisierend) in blauem Rahmen – ist nicht
zufällig gewählt: Wald, ganz viel Laub- und Mischwald, begleiten
uns auf der Tour entlang der Weil nämlich bis zu ihrer Mündung in
die Lahn und zur alten Residenzstadt Weilburg.

   Inmitten des lichten Grüns des Taunuswaldes wird schnell klar,
warum Hessen (zusammen mit Rheinland-Pfalz) das Bundesland
mit dem höchsten Waldanteil in Deutschland ist. 42 Prozent Hessens sind bewaldet. Im Naturpark Taunus entlang der Weil sind es
gefühlte 80 Prozent. Hier, in der Naturlandschaft zwischen Feldberg
und Lahn, wurden in den Jahren des Wirtschaftswunders die Ruhe
und die Erholungsmöglichkeiten vor allem beim Wochenendurlaub
geschätzt. Überall wurden Wochenendhäuschen gebaut. Die Pensio-
nen und Hotels waren gut ausgelastet. Die Bekanntheit des Mittel-

Zwischen Hunoldstal und der Landsteiner Mühle oberhalb der Weil.

gebirges wurde derart groß, dass der amerikanische Autobauer Ford sein Standardmodell für den deutschen Markt sogar nach dem Taunus benannte. Noch heute strömen die Menschen in das Mittelgebirge, um den Strapazen des Alltags zu entfliehen und in der Natur Erholung zu finden. Annähernd 20 Millionen Besucher tummeln sich jährlich im Naturpark Taunus – zumeist sind es aber Tagestouristen.

Wer es leid ist, sich an schönen Wochenenden mit Tausenden von Ausflüglern droben den Feldberg zu teilen, für den bietet das Weiltal eine ideale Alternative. Da zeigt sich schnell: Hinterm Feldberg geht es weiter. Bereits auf den ersten unspektakulär schönen Kilometern durch die Schmittener Ortsteile Dorweil, Bromach und Hunoldstal findet der Großstädter Ruhe und Abstand von der Hektik des Alltags. Am Ortsausgang von Hunoldstal leitet uns die Beschilderung ein kurzes Stück auf der Landstraße über die Weil. Gleich hinter der Brücke geht es rechts ab Richtung Treisberg. Auf Höhe des Waldfriedhofs zweigt der Radweg erneut rechts auf einen Waldweg ab.

Der für gewöhnlich harmonisch im Tal oder auf Waldwegen geleitete Weiltal-Radweg ändert hier schlagartig Charakter und Profil – die

Die Landsteiner Mühle im Weiltal.

knackige Steigung haben wir Ivan Rebroff zu verdanken. Ja tatsächlich: Der als Hans Rolf Rippert geborene deutsche Sänger, der durch seinen unglaublichen Stimmumfang von mehr als vier Oktaven berühmt wurde, hatte kein Herz für Radfahrer. Ihm gehörte das bis ins Weiltal hinabreichende Anwesen der Burg Weilstein. Zu Lebzeiten erlaubte er nicht, dass der neue Weiltalweg entlang des Flusslaufes über sein Grundstück geführt wird. Stattdessen müssen Radfahrer nun eine 70-Meter-Steigung überwinden, um die mitten im Wald gelegene, leider nicht einzusehende, Rebroff-Villa zu umfahren.

Ist die schweißtreibende Hürde gemeistert, sind bei der abschließenden Abfahrt gute Bremsen gefragt. Nach zwei kritischen Haarnadelkurven stoßen wir unweit des ehemaligen Landgasthofs „Landsteiner Mühle" wieder auf das Weiltal. Dahinter folgen wir der Ausschilderung scharf links auf die Landstraße Richtung Finsternthal, um bereits nach 100 Metern rechts auf einen Waldweg abzubiegen. Hier wartet Thomas Götz vom Forstamt Weilrod auf uns. Bei der Fahrt durch den Wald erklärt er uns, dass die Männer vom Forst bei ihren heutigen Entscheidungen Epochen von mindestens 100 Jahren im Blick haben müssen. So lange dauert es nämlich, bis neu gepflanzte oder aufgeforstete Bäume zum Einschlag herangereift sind.

Der Radweg passiert Neuweilnau mit dem gleichnamigen Schloss.

Wie vor 200 Jahren wird der Taunuswald deshalb nach dem Prinzip der Nachhaltigkeit bewirtschaftet. „Nachhaltigkeit beschreibt im ursprünglichen Sinne die forstwirtschaftliche Praxis, nach der immer nur so viel Holz entnommen wird, wie nachwachsen kann. Wald darf nie zur Gänze genutzt werden, sondern muss sich immer wieder regenerieren können", erklärt Götz. Sein im Schloss Neuweilnau beheimatetes Forstamt sowie die gegenüber thronende Burgruine Altweilnau flankieren an der wohl schönsten Stelle des Weiltal-Radweges die Szenerie.

Mit freiem Blick auf Schloss und Burg rollen wir über Apfelwiesen wieder mitten hinein in den Taunuswald. Anders als am Feldberg, der zumeist mit Fichten bestanden ist, sind die Talflanken im Weiltal mit Eiche, Hainbuche, Lärche und Kiefern bewaldet. Auf guten Standorten mit sehr guter Nährstoffversorgung wachsen auch Edellaubbäume wie Esche, Weide und Erle. „Idealerweise wird heute Mischbestand nachgezogen. Entweder eine Mischung aus Laub- und Nadelwald, oder aber auch reine Laubmischwälder. Monokulturen aus Nadelbäumen gehören der Vergangenheit an", erklärt Götz und deutet vom Aussichtspunkt „Weiltalblick" auf das mannigfaltige Blätterdach rund um die ruhig dahinplätschernde Weil.

Dieser traumhafte Ausblick wird nicht jedem Tourenfahrer vergönnt sein – man muss sich den Genuss erst einmal verdienen. Noch vor der Ortsdurchfahrt von Rod an der Weil zweigt ein Nebenweg zum ausgeschilderten „Weiltalblick" ab. Unser gutgemeinter Rat: Wem der Anstieg zur Rebroff-Villa noch in den Knochen steckt, sollte davon absehen, den saftigen Anstieg über 100 Höhenmeter zum Aussichtspavillon zu erklimmen.

In Rod am Weil angekommen, sollte man den Kirchberg auf der anderen (linken) Hangseite im Blick haben. Keine Bange, dieser muss keinesfalls erklommen werden. Wissenswert ist jedoch, dass das dort oben samt Kirche auf einer Felsnase thronende Pfarrhaus eines der ältesten noch erhaltenen Pfarrhäuser Hessens und Deutschlands ist. „Genau feststellen lässt sich der Zeitpunkt der Erbauung nicht, es gibt jedoch Hinweise, wie etwa die Balkeninschrift von 1522, die besagt, dass in diesem Jahr das schöne zweistöckige Fachobergeschoss auf die beiden massiven Untergeschosse gebaut wurde. Der festungsartige Baustil [...] spricht für eine Erbauung im 13. Jahrhundert", ist auf der Internet-Präsenz des Taunus Touristik Service *www.taunus.info* nachzulesen.

Am Aussichtspunkt „Weiltalblick" steht man 60 Meter hoch über den Dingen.

Evangelische Kirche und Amtshaus in Weilmünster.

Nach der Weiterfahrt über Emmershausen und die Runkelsteiner Mühle erreichen wir das 180 Einwohner-Dorf Winden, den nordwestlichen Zipfel des Hochtaunuskreises. Kurz bevor wir das ehemalige Hüttenwerk Audenschmiede erreichen, passieren wir die Grenze zum benachbarten Landkreis Limburg-Weilburg. An Ort und Stelle stößt auch der Radweg aus Heinzenberg und Grävenwiesbach auf den Weiltalweg. „Ursprünglich verkehrte auf der Trasse die alte Eisenbahnlinie von Grävenwiesbach nach Weilburg", sagt Horst Mader aus Hundstadt, der die Geschichte der Eisenbahnen im Taunus aus dem Effeff kennt. Auf den verbleibenden 15 Kilometern bis zur Weilmündung in die Lahn verläuft der Radweg auf ungewöhnlich gleichmäßiger Wegführung. Bis September 1969 verkehrten auf dieser Trasse tatsächlich Bummelzüge zwischen Weilburg und Grävenwiesbach. „In den 1950er Jahren fuhr sogar der Hecken-Eilzug von Frankfurt über Grävenwiesbach, Weilburg, Limburg nach Köln durch das Weiltal", so Mader.

Ganz so weit müssen wir zum Glück nicht mehr fahren. Die Wegführung über die einstige Bahntrasse macht die verbleibenden Kilometer bis nach Weilburg dafür zum reinen Genuss. Im Marktflecken Weilmünster bietet sich ein Zwischenstopp im Eiscafé an.

Blick aus dem Korb eines Heißluftballons auf die Residenzstadt Weilburg.
Foto: Stadt Weilburg

Sehenswert sind Amtshaus, evangelische Kirche und Kirbergturm in der Ortsmitte.

Später durchqueren wir auch die Weiltalgemeinde Freienfels, die am 1. Mai wegen der Ritterspiele nicht auf dem Weiltalweg durchquert werden sollte. An schönen Tagen ist die nahe Lahn schon zu hören, bevor sie zu sehen ist. In den Sommerferien sind es Familien und vor allem Kinder- und Jugendgruppen, die auf Deutschlands beliebtestem Kanuwanderfluss Paddelspaß und Naturgenuss erleben wollen.

Nachdem wir in Guntersau die Lahn erreicht haben, lotst uns die Beschilderung Richtung Weilburg zuerst einmal überraschenderweise ein kurzes Stück nach links, stromabwärts – entlang der L3323 Richtung Kirschhofen. Doch nach 200 Metern zweigt der Radweg nach rechts ab. Wir unterqueren die Bahngleise und radeln abschließend am Lahnufer stromaufwärts nach Weilburg. Direkt am Stadteingang überquert unser Weg die Schleusentore für den einzigen Schiffstunnel Deutschlands. Der fast 200 Meter lange Tunnel führt unter dem Mühlberg hindurch, auf dem sich die alte Residenzstadt befindet. Ein schnelles Durchpaddeln der nur sechs Meter breiten

Gruppenfoto am Ende einer schönen Fahrradtour im Hof von Schloss Weilburg.

und sechs Meter hohen Tunnelröhre ist überhaupt nicht möglich. Zwischen Ein- und Ausfahrt gilt es, mittels einer ersten Schleuse eine Wasserspiegeldifferenz von 4,65 Meter zu überwinden. Mindestens zwei Kanuten müssen sich an der gekoppelten Doppelkammerschleuse mit ihren drei Toren als Schleusenmeister beweisen. Mit Muskelkraft gilt es, die Schleuse mit ihren 42 Meter langen und 5,35 Meter breiten Kammern zu öffnen und zu schließen.

So anstrengend geht für uns die Tour zum Glück nicht zu Ende. Nach stärkendem Kaffee und Kuchen auf dem Marktplatz vor der stolzen Kulisse des Schlosses müssen wir gut 15 Minuten vor Abfahrt des Weiltal-Busses zur Verladung der Räder am Zentralen Omnibusbahnhof am Bahnhof Weilburg sein.

Löwen Café
Auf dem Marktplatz 6, 35781 Weilburg
06471 / 387080
www.loewencafe-weilburg.de

Löhnberg

● Löhnberg

B49

L3020

Waldhausen

Ahausen

B456

Z
S

Weilburg

● Schiffstunnel

L3025

Odersbach

B456

Kirschhofen

L3323

L3025

Freien...

L3021

0   2
            km

14 ÜBER BERG UND LAHNTAL

Rund um Weilburg bis zur Höhle

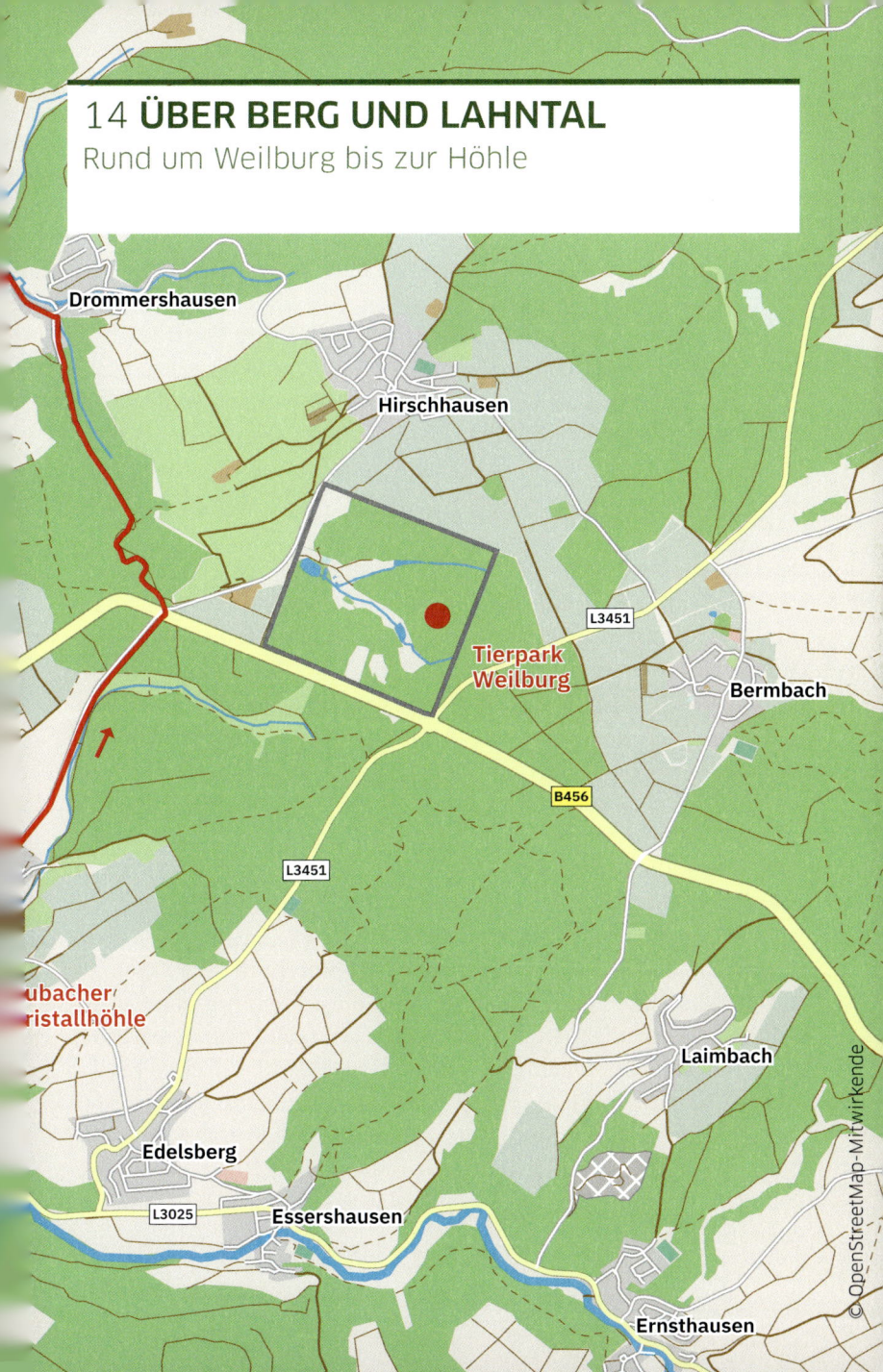

Drommershausen

Hirschhausen

L3451

Tierpark
Weilburg

Bermbach

B456

L3451

ubacher
ristallhöhle

Laimbach

Edelsberg

L3025

Essershausen

Ernsthausen

©OpenStreetMap-Mitwirkende

Über Berg und Lahntal

Schwierigkeitsgrad: schwer, mit Steigungen
Länge: 22 km Rundkurs
Anfahrt ÖPNV: Bahnhof Weilburg
Anfahrt Auto: Über die B49 oder B456. In Weilburg ist der Tour-Einstieg überall am Lahn-Uferradweg R7 möglich.

Ziemlich anspruchsvolle, aber umso schönere Radtour. Regelmäßiges und geübtes Radfahren ist Voraussetzung. 12 Kilometer entlang von Lahn und Weil – zwei deftige Anstiege mit zusammen 160 Höhenmetern Anstieg, aber ebenso grandiosen Abfahrten. Besuch einer Kristallhöhle und eines Tierparks möglich.

Erst das Höhenprofil verleiht einer Fahrradtour den ganz besonderen Charakter. Naturschönheiten und Sehenswürdigkeiten entlang der Strecke gibt es schließlich auf jedem Radausflug zu sehen. Marketing-Experten der Tourismusbranche bewerben solche Tourenvorschläge mit dem Prädikat „Genussradeln", die sich ohne Steigungen durch Flusstäler schlängeln. „Echte Herausforderungen" sind indes solche Touren, auf denen Höhen und Hügel, aber auch Berge und Passstraßen bezwungen werden müssen. Entsprechend werden damit ganz unterschiedliche Zielgruppen angesprochen. Mit dieser Radtour durchbrechen wir das klassische Schema und verbinden die Reize von Lahntal- und Weiltal-Radweg mit der sportlichen Herausforderung zweier knackiger Anstiege. Das Höhenprofil des Tour-Vorschlags entspricht somit auch dem topografischen Charakter des Landkreises Limburg-Weilburg. Dieser hat schließlich von allem etwas zu bieten: Stadt, Land, Fluss – und auch ganz ordentliche Hügel. Doch keine Bange: E-Bike-Fahrer werden diesen Radausflug völlig problemlos meistern. Selbst normale Alltags-Radfahrer können die Tour schaffen. Notfalls gilt auf beiden Steigungsstrecken, auf denen jeweils rund 90 Höhenmeter überwunden werden müssen, das alte Radler-Motto: „Wer sein Rad liebt, der schiebt."

Schloss Weilburg liegt auf einem Felssporn über der Lahn.

Die beiden „Bergankünfte" habe ich natürlich nicht ohne Grund auf dieser Tour mit eingebaut. Zwei der großen Ausflugsziele und Freizeitattraktionen im Landkreis sind ganz einfach nicht ohne Mühen mit dem Fahrrad zu erreichen: die Kubacher Kristallhöhle und der Tierpark Weilburg. Beide sind auf jeden Fall einen Besuch wert. Auf dieser 22 Kilometer langen Rundschleife kann dort – je nach Interesse, Lust und Laune – ein mehr oder weniger langer Zwischenstopp eingelegt werden.

Start unserer Route ist der Bahnhof Weilburg. Wer nicht mit dem Zug anreist, findet an Wochenenden dort auch problemlos einen Parkplatz. Direkt vor dem Bahnhof verläuft auf dem Bürgersteig der Lahntal-Radweg, markiert als hessischer Radfernwanderweg R7. Wir halten uns links und queren den direkt angrenzenden Busbahnhof. Gleich dahinter ragen die Festungsmauern von Schloss Weilburg und der Altstadt über der Lahn empor. Der R7 wird von der Hauptstraße weg am Gelände des ehemaligen Hallenbades vorbei zur Lahn geleitet. Unter der großen Lahnbrücke der Bundesstraße hindurch radeln wir kurzzeitig zwischen Fluss und unterhalb der Straße, um gleich wieder im Zickzack hinauf zur Straße geführt zu werden. Am Kreisel folgen wir der Wegleitung des R7 über die Lahn-Brücke. Auf der gegenüberliegenden Lahnseite biegen wir

Das Schloss und die Altstadt von Weilburg liegen inmitten einer Lahnschleife.
Foto: Stadt Weilburg

gleich wieder nach rechts auf die Uferstraße. Auf den nächsten zwei Kilometern geht es nun entlang des 245 Kilometer langen Flusses stromabwärts.

Parallel zum langgezogenem Linksbogen der Lahn radeln wir am Hotel Lahnschleife und am stattlichen Gebäude der Feuerwehr (beide linker Hand) vorbei und erreichen schon bald eine absolute Kuriosität im deutschen Schiffsverkehr. Der 195 Meter lange Weilburger Schifffahrtstunnel ist der äl-

Der Weg vom Weiltal zur Lahn ist perfekt ausgeschildert.

teste und längste noch befahrene Schiffstunnel in Deutschland. Er unterquert den Mühlberg, auf dem die Altstadt liegt und die Residenz thront. Der Tunnel verkürzt den zwei Kilometer langen Weilburger Lahnbogen. Wehr und Staustufe der Lahnschleife machen die angeschlossene Schleusenkammer zwingend erforderlich. Ab dem Frühsommer sind es zumeist Kanuten, die in großen Gruppen die Schleuse passieren.

Dreieinhalb Kilometer nach dem Start in Weilburg verlassen wir den geruhsam dahinziehenden Fluss. An den linker Hand gelegenen Gleisanlagen zweigt unverhofft aber ausgeschildert der Weiltal-Radweg nach links Richtung Freienfels und Weilmünster ab. Ein neuer Radfahrer-Tunnel führt uns sicher unter den Gleisen hindurch. Auf der anderen Seite angekommen, folgen wir der Ausschilderung entgegen der ursprünglichen Fahrtrichtung zurück Richtung Weilburg, queren die Landstraße und fahren kurzzeitig auf dem rechten Gehweg, bis der Radweg auf das alte Bahnhofsgebäude stößt. In diesem ist seit 1977 „Jimmy's" beheimatet, ein gutes italienisches Restaurant. Radfahrer lockt bei herrlichem Wetter eher der Biergarten.

Jimmy's
Weilstraße 4, 35781 Weilburg
06471 / 7361
www.jimmys-weilburg.de

Vor dem Bahnhof der 1969 stillgelegten Weiltal-Eisenbahnlinie zweigt der Radweg rechts ab. Parallel zur Landstraße geht es vorbei an den Fabrikgebäuden der Firma Arnold. Am Ende der folgenden Linkskurve zweigt unser Radweg nochmals nach rechts ab. Die Beschilderung führt auf die Trasse der alten Eisenbahnstrecke. Wie herrlich, entlang der plätschernden Weil und unterm Blätterdach des Laubwaldes zu radeln!

„Ab 1891 dampften auf der heute von Radfahrern genutzten Trasse Personenzüge zwischen Weilburg und Weilmünster sowie Laubuseschbach", sagt Eisenbahnkenner Horst Mader. „1909 wurde die Eisenbahnstrecke nach Grävenwiesbach verlängert. Dort hatte man Anschluss nach Usingen." Doch wie gesagt: Es war einmal. 1969 wurde der Zugverkehr eingestellt. Auch im Bahnhof Freienfels hält längst kein Zug mehr. In der Radler-Saison dafür umso mehr Radfahrer. Kerstin und Udo Scholz bewirten hier mit ihrem Team zwischen dem 1. Mai und dem 6. September ihre Gäste im Gartenlokal des alten Bahnhofs.

Bahnhof Freienfels
Mühlwiese 15, 35796 Weinbach/Freienfels
cafe@bahnhof-freienfels.de

In Freienfels finden jährlich weit über die Region hinaus bekannte Ritterspiele statt. Kurz hinterm Bahnhof und dem Festgelände stoßen wir auf eine Landstraße. Dort sagen wir dem Weiltal-Radweg „Lebewohl" und verabschieden uns nach links. Hinter der Weil-Brücke verläuft die Weilstraße (L3025). Hier geht es nochmals links ab Richtung Weilburg. Doch bereits in Sichtweite zweigt die Landstraße Richtung Kubach rechts ab, der wir auf den nächsten beiden Kilometern folgen. Es dauert aber noch einen Moment, bis wir an

Burg Freienfels ist die Ruine einer Spornburg.

die Kubacher Kristallhöhle kommen. Auf den nächsten zwei Kilometern müssen wir uns nämlich mächtig ins Zeug legen. Das Höhenprofil stellt die Pedaleure nun vor eine Herausforderung: Von der Talsohle des Weiltals müssen bis zur Kristallhöhle knapp 70 Höhenmeter überwunden werden. Das ist tatsächlich happig. Hier ist Kondition gefragt, egal ob strampelnd oder schiebend. Oder aber ein E-Bike. Das könnte dabei helfen, den inneren Schweinehund auf der folgenden Steigung zu überwinden.

Auf dem schweißtreibenden Anstieg beginnt irgendwann auch der tapferste Held zu fluchen. Doch zum Glück erreichen wir bald schon die Sehenswürdigkeit, die bis zu 70 Meter unter der Erde versteckt liegt. Mit bis zu 30 Metern lichter Höhe ist sie die höchste Schauhöhle und die einzige Calcitkristallhöhle in Deutschland. Umgeben von 350 Millionen Jahre altem Kalkstein, geschmückt mit unzähligen Kristallen und Perltropfsteinen, bietet sie dem Besucher einen guten Einblick in erdgeschichtliche Vorgänge. „Das Höhlensystem entstand während der letzten Eiszeit und konnte bisher nur zu einem kleinen Teil freigelegt werden", sagt Uwe Mathes vom

Höhlenverein. „Die Kristallhöhle ist Teil des Geoparks der Landkreise Lahn-Dill, Limburg-Weilburg, Rhein-Lahn und Westerwald." Weltweit werden seit einigen Jahren geowissenschaftlich bedeutsame Gegenden als Geoparks zusammengefasst. Sie umfassen Landschaften oder Landschaftsteile mit geologischem Naturerbe, mit archäologischen, ökologischen, historischem und kulturellem Erbe. Die Kristallhöhle gehört dazu.

Gut ausgeleuchtet: die Kubacher Kristallhöhle. Foto: Kubacher Höhle

Kristallhöhle Kubach
Auf dem Kalk 1, 35781 Weilburg-Kubach
06471 / 94000, hoehlenverein@kristallhoehle.de
www.kubacherkristallhoehle.de

Zurück an der Kreisstraße biegen wir nun rechts ab nach Kubach. In dem kleinen Weilburger Stadtteil lotst uns die Ausschilderung in der Ortsmitte nochmals nach rechts Richtung Hirschhausen (3 km) auf die Hauptstraße. Der Tiergarten Weilburg ist ebenfalls ausgeschildert. Schnurgeradeaus geht es nun zum absoluten Höhepunkt der Tour auf 276 Meter. Seien wir ehrlich: Das sollte doch zu schaffen sein. Der Anstieg ist auch nicht mehr ganz so giftig wie der erste Stich. Hinter dem offenen Feld tauchen wir in den Wald. Von dort aus ist unsere „Passhöhe" bereits in Sicht. Geschafft! Oben angekommen, heißt es erst einmal kurz durchschnaufen und sich orientieren. Fest versprochen: Von nun an geht es nur noch bergab.

Doch zuvor muss eine wichtige Entscheidung getroffen werden. Wer den Wildpark Tiergarten Weilburg besuchen will, quert die

Im Tierpark Weilburg haben auch zwei Braunbären ihr Zuhause. Foto: Hessen Forst.

Bundesstraße und rollt die wenigen Hundert Meter die Landstraße hinab Richtung Hirschhausen. Der vom Forstamt Weilburg betriebene Wildpark wurde bereits im 16. Jahrhundert von Landgraf Albrecht von Nassau und Saarbrücken gegründet, der dort Damwild züchtete. Bis heute sind die Steinmauern und die längst zu trutzigen Baumgestalten herangewachsenen Eichen erhalten geblieben. Malerische Wiesenzüge, funkelnde Wasserflächen, prachtvolle Laubwaldbestände und historische Gebäude geben dem weitläufigen Park ein einzigartiges Gepräge. Neben Damwild leben im Wald urweltlich anmutende Wisente und Auerochsen, aber auch Rothirsche, Elche, Steinböcke, Wölfe und sogar zwei Braunbären.

Tiergarten Weilburg
Tiergartenstraße, 35781 Weilburg
06471 / 626284, info@wildpark-weilburg.de
www.wildpark-weilburg.de

Wer nicht in den Wildpark möchte, kann sich als Lohn für die vorangegangenen Mühen auf eine mehrere Kilometer lange Abfahrt

In Drommershausen macht ein Lorenwagen auf den einstigen Erzabbau
aufmerksam.

hinab zur Lahn freuen. Dafür muss man oben an der Kreuzung zur schräg gegenüberliegenden Seite wechseln. Von dort führt ein Forstweg auf hellem und feinem Splitt hinein in den Wald. Ausgeschildert ist der gut zu befahrende Forst- und Wanderweg eingangs mit dem „Schinderhannes"-Emblem (Räuber mit Schlapphut und gekreuzten Pistolen), dann kurzzeitig mit einem „schwarzen Bison" und dann mit der „schwarzen Eule". Doch keine Bange, auch wenn eine klassische Radwege-Ausschilderung fehlt: Wer auf dem in leichten Kurven talwärts führenden Hauptweg bleibt, kann den Ort

Schon vor 1800 wurde in Ahausen Eisenerz gewonnen.

Drommershausen nicht verfehlen. Entlang des rechter Hand im Wiesengrund gelegenen Bachlaufs rollen wir ganz automatisch immer talwärts dem Ort entgegen. In Drommershausen angekommen, stoßen wir irgendwann auf die Hauptstraße. Rechter Hand liegt eine Bushaltestelle. Am linken Kreuzungsbereich weckt ein alter Lorenwagen mit der Beschriftung „Glück auf" unser Interesse. Dass der Bergbau in dieser Gegend einst eine bedeuten-

Kirche, Wehr und Schleuse in Löhnberg an der Lahn.

de Rolle gespielt hat, wird am Ende der Landstraße deutlich, die uns talabwärts zur Lahn führt. Nach dreieinhalb Kilometern locker-leichter Abfahrt erreichen wir bei Ahausen das Lahn-Ufer. An der Kreuzung am Ortsrand erinnert eine alte Gleisanlage mit Loren-Zug an die alte Erz-Verladestation hier an der Lahn. Der Ahäuser Hei-matverein hat sie in Erinnerung an die ehemalige Grube Allerheili-gen restauriert und instandgesetzt.

Am Lahn-Ufer können wir uns nochmals entscheiden: Wer noch Lust und Laune hat, radelt zwei Kilometer stromaufwärts nach Löhnberg und wieder zurück. Dort sind die Staustufe und Schleuse sowie die ans andere Ufer zur Burgruine Laneburg führende Rad-weg-Hängebrücke über die Lahn wahrlich einen Abstecher wert. Wer sich hingegen auf die Residenzstadt Weilburg und einen ab-schließenden Kaffee mit Kuchen auf dem Schlossplatz freut, biegt in Ahausen nach links auf den Uferradweg und spult die letzten einein-halb Kilometer zurück nach Weilburg ab. Entweder am rechten Lahnufer auf dem R7, der automatisch zum Bahnhof führt, oder auf dem links der Lahn gelegenen Radweg. Dieser stößt am Ende auf die Bahnlinie. Wir queren die Gleise und nehmen den Radweg auf der Rückseite der Bahnbrücke wieder retour zum Bahnhof.

Grävenwiesbach

L3375

Ortsmitte
Grävenwiesbach

B456

Naunstadt

Hundstadt

L3063

B456

2. Höhepunkt

Wilhelmsdorf

15 DURCH DEN SCHÖNEN HINTERTAUNUS

Aus- und Einblicke zwischen Grävenwiesbach und Usingen

0   2
km

B2

1. Höhepunkt

Michelbach

L3270

Eschbacher Klippen

Eschbach

Wernborn

L3270

B275

Usingen

S
Z
Bahnhof Usingen

L3270

B456

© OpenStreetMap-Mitwirkende

Durch den schönen Hintertaunus

Schwierigkeitsgrad: schwierig, große Steigungen, aber abwechslungsreich

Länge: 25 km Rundtour

Anfahrt ÖPNV: S5 bis Bad Homburg, dann Taunusbahn bis Usingen

Anfahrt Auto: über die B456 oder B275 nach Usingen, verschiedene ausgewiesene Parkplätze

Im hügeligen Usinger Land darf einem vor längeren Anstiegen nicht bange sein. Die Rundfahrt ist eine echte Herausforderung für geübte Tourenfahrer. Sie ist aber vor allem ein willkommener Anlass, die Schönheiten des ländlich geprägten Teils des Hochtaunuskreises kennenzulernen.

Nach Ankunft in der einstigen Residenzstadt Usingen rollen wir locker-leicht über die Bahnhofstraße talwärts. Leider ohne weitere Rad-Ausschilderung und auch ohne Fahrradspur geht es über die Wilhelmjstraße geradeaus und dann ansteigend hinauf auf den hübschen Schlossplatz. Nebenbei: Auf den stark befahrenen Innenstadt-

Historisches Ensemble mit Laurentiuskirche und Rathaus in Usingen.

Einladende Gastlichkeit auf dem Alten Marktplatz in Usingen.

straßen von Usingen ist es angebracht, das Rad auf dem Gehsteig hinauf zum Schlossplatz zu schieben. Dieser ist eingerahmt von der Fachwerkkulisse des Rathaus-Ensembles, der evangelischen Laurentiuskirche und der Klinkerfassade der Christian-Wirth-Schule. Dahinter liegt mit dem Schlossgarten ein ganz besonderer Schatz versteckt. Hier schimmert der alte Glanz einer längst vergangenen Epoche bis in die Gegenwart.

Ein weiteres Schmuckkästchen Usingens ist der „Alte Marktplatz". Am besten fragt der Ausflügler auch hier Passanten, wie er mit dem Fahrrad geschickt dorthin kommt, ohne die stark befahrene Bundesstraße innerorts zu nutzen. Bei der Sanierung des Alten Marktplatzes hat die Stadt keine Kosten gespart. Die Hugenottenkirche und die beiden flankierenden Fachwerkhäuser sind beliebte Foto-Motive. Auf dem weiteren Weg folgen wir vom Alten Marktplatz der Wirthstraße, die rechts neben der Hugenottenkirche und der Pizzeria bergan verläuft. Vorbei an der Katholischen Kirche (rechter Hand) geht es hinauf zur Kreuzung mit der B456. Schräg links liegt ein großer Supermarkt, rechter Hand eine Tankstelle. Wir queren die Bundesstraße am besten an der nahen Fußgängerampel und nehmen den rechts neben dem Supermarkt vorbeiführenden, Richtung Michelbach und Eschbacher Klippen ausgeschilderten Radweg.

In Eschbach steht die Kirche noch mitten im Ort.

Bald schon eröffnet sich auf freiem Feld ein prächtiger Blick auf Eschbach. Nach kleinem Auf und Ab erreichen wir diesen Usinger Stadtteil und folgen der Ausschilderung zu den Eschbacher Klippen. Der Ortskern ist geprägt von der Dorfkirche. Als Mitte des 19. Jahrhunderts eine neue Kirche gebaut werden sollte, wollte sich der Bürgermeister ein Denkmal setzen: Er ließ den 1846 fertiggestellten neoromanischen Bruchsteinbau einfach größer bauen als geplant. Mit ihren 600 Sitzplätzen ist die Eschbacher Dorfkirche für die 2.100 Einwohner des Usinger Stadtteils daher reichlich überdimensioniert.

In der Ortsmitte beginnt nun eine knackige Steigung hinauf zu den Eschbacher Klippen. Auf der Hauptstraße im Ort (Michelbacher Straße) geht es immer aufwärts in Richtung Eschbacher Klippen. Am Ortsausgang wechseln wir auf den links neben der Landstraße verlaufenden Radweg. Am Ende der insgesamt 1.100 Meter langen Steigungsstrecke (75 Höhenmeter) wartet die Belohnung: eine Rast an den Eschbacher Klippen. Oben am Waldrand angekommen, queren wir die Landstraße und schieben das Fahrrad rund 200 Meter zu den im Wald versteckt liegenden imposanten Quarzzacken.

Für die Weiterfahrt geht es zurück zur Landstraße, die wir erneut überqueren. Auf der anderen Straßenseite ist ein gut ausgebauter Forstweg Richtung Brandoberndorf als Radweg ausgeschildert. Auf den nun folgenden sieben Kilometern folgen wir dem Fernziel und entdecken den besonderen Schatz der Region: ihren Waldreichtum. Wald ist für jeden Erholungssuchenden ein wunderbar erfahrbarer Naturraum – und das gleich im doppelten Sinne. Wir erfahren in der kommenden halben Stunde mitten im Wald vor allem das, was in uns steckt: Kondition, Ausdauer und Willenskraft. Die brauchen wir auf der langen Steigungsstrecke nämlich unbedingt. Doch um den absoluten Höhepunkt auf 500 Höhenmetern zu erklimmen, brauchen wir vor allem Vertrauen in das mitgebrachte Kartenmaterial. Auf die zuvor gute Radwege-Ausschilderung ist nämlich bald kein Verlass mehr.

Eineinhalb Kilometer nach den Klippen taucht nochmals an einer Kreuzung ein letzter Rad-Wegweiser auf. Richtung Grävenwiesbach und Brandoberndorf strampeln wir auf dem gut ausgebauten Forstweg immer geradeaus und vor allem stets bergauf. Wegleitend

Von den Eschbacher Klippen blickt man zum Großen Feldberg.

Die klassizistische Dorfkirche von Grävenwiesbach.

sind jetzt zwei gut sichtbare Wanderwegemarkierungen: das Schild mit weißem E auf rotem Signet (Elisabethenpfad) und das Symbol ‚hellblaues Rechteck‘ des Taunusklubs. 1,3 Kilometer nach dem letzten Radwege-Schild haben wir es trotz schweißtreibender Steigung tatsächlich geschafft: Die 500 Höhenmeter-Marke ist mitten im Wald geknackt. Der Hauptforstweg macht noch einen kleinen Linksschwenk und dann geht es Gott sei Dank nur noch abwärts ins Tal.

Keine Bange: Auch wenn keine Wegweiser nach Grävenwiesbach mehr folgen, ist der weitere Weg trotzdem nicht zu verfehlen. 900 Meter nach dem Scheitelpunkt stoßen wir mitten im Wald auf eine riesige Kreuzung. Zwischen unserem abschüssig verlaufenden Weg und der Weiterführung der von rechts kommenden breiten Forststraße zweigen nach links zwei andere Waldwege ab. Wir nehmen den zweiten Abzweig nach links. Der gut befahrbare Weg führt zuerst leicht kurvig abwärts. Nach einer Weile öffnet sich der Wald und wir rollen entlang einer kleinen Waldweide immer weiter hinab, um dann wieder in den Wald einzutauchen.

1,7 Kilometer nach der großen Kreuzung im Wald stoßen wir – nach dem Passieren des Forsthauses – auf die weite Lichtung des Lindelbachs. Geradeaus weiter wird unser Weg ebener und wir erreichen schon bald am Waldrand alte verfallene Häuser. Es sind die letzten Zeugen der einstigen Saarwerke: Dort wurden in den Jahren des Wirtschaftswunders für sämtliche Bundeswehrkasernen Metallspinde hergestellt. Nach dem Konkurs des Unternehmens Mitte der

Der Grävenwiesbacher Ortsteil Naunstadt im Frühling.

70er Jahre verfiel das Gelände. Hier – leider nicht einzusehen – befindet sich linker Hand auch der 1.100 Meter lange Hasselborner-Tunnel der Taunusbahn, ein Bauwerk mit Geschichte: „Während des Zweiten Weltkrieges wurde der Tunnel 1943 für den Bahnbetrieb gesperrt. Die VDM Luftfahrtwerke aus Heddernheim verlegten ihre Produktion von Luftschrauben in den bombensicheren Tunnel", erläutert uns Bernd Vorläufer-Germer, der die Geschichte der Taunusbahn während des Zweiten Weltkrieges aufgearbeitet hat. Heute erinnert ein Gedenkstein unweit des Tunnelportals an die Zwangsarbeiter, die in dieser Zeit dort unter unmenschlichen Bedingungen arbeiten und leben mussten.

Weiter entlang des Hauptweges nähern wir uns Grävenwiesbach. Am Horizont kommen sieben große Windkraftanlagen in den Blick und unten im Tal liegen die großen Produktionshallen der Firma Grünewald, eines großen Zulieferbetriebes der Automobilindustrie. Wir erreichen schließlich den Ortsrand von Grävenwiesbach und fahren im Mönchweg so lange durch Neubau- und Wohngebiete geradeaus, bis wir auf die Bundesstraße B456 stoßen. Leider gibt es

Landwirtschaft in Hundstadt und Windkraftanlagen auf dem Taunus-Rücken.

keine andere Möglichkeit, hinunter in den Ort zu fahren. Unten in der Ortsmitte angekommen, zweigt die Bahnhofstraße vor dem Rathaus nach rechts ab und führt ziemlich steil bergauf zum Bahnhof der Taunusbahn. Wer möchte, kann bereits hier nach 15 Kilometern die Taunus-Tour beenden. Wer aber noch Kraft und Puste hat, dem sei die Weiterfahrt über Naunstadt und Hundstadt nach Usingen ans Herz gelegt.

Oben am Bahnhof fahren wir entlang der L 3457 nach Naunstadt weiter. Kurz vor dem Ortseingang unterqueren wir auf der wenig befahrenen Landstraße die Taunusbahn und rollen dann hinab in den Ortskern. Dort ist der Abzweig nach links Richtung Hundstadt ausgeschildert. Innerorts zeigen die Häuser der Steinkertzbachstraße die typische Siedlungsstruktur der kleinen Ortschaften des Usinger Landes: Ein ehemaliger Bauernhof reiht sich hier an den Hof. Ab dem Ortsausgang windet sich die kleine Nebenstraße auf eineinhalb Kilometern rund 40 Höhenmeter aufwärts nach Hundstadt.

Dieses 900-Einwohner-Dorf wird auf der Hauptstraße durchquert. Achtung: Dort, wo die Straße Am Bornrain rechts abzweigt,

fahren wir bergan. Vom Ortsrand sehen wir die beiden Aussiedler-
höfe Sonnenhof und Lindenhof, zwischen denen hindurch unser
Weg führt. Oben angekommen, geht es nach links ab. Der feine
Schotterweg quert schon bald an einem unbeschrankten Bahnübergang die Schienen der Taunusbahn. Danach geht es immer weiter
geradeaus und schon bald über längere Strecken (3,5 km) durch den
Taunuswald. Rechter Hand liegt im Wald der Hirschsteinslai: Es ist
die dritte Stelle, an der neben den Eschbacher Klippen und dem
Saienstein der mehrere Kilometer lange Felsriegel einer Quarzader
im Taunus zutage tritt.

Urplötzlich tauchen eine verfallene Bahnstrecke und hinter Stacheldraht eine mysteriöse Verladerampe mitten im Wald auf. „Wäh-

Die Radfahrer passieren im Wald auch den Hirschsteinslai-Felsen.

Die einstige Schienenzufahrt zum alten Munitionslager nahe Hundstadt.

rend des Zweiten Weltkrieges verlief hier eine längst abgebaute Stichbahn der Taunusbahn zu einem mitten im Wald versteckten Munitionslager", erklärt uns Geschichtskenner Bernd Vorläufer-Germer. Heute nutzt die Bundespolizei das weitläufige Areal mit seinen Bunkeranlagen und Lagerhallen für ihr zweitgrößtes Material-lager.

Entlang des Zauns radeln wir weiter geradeaus, bis am Ende des Stacheldrahtes auf 428 Metern der zweite Gipfel der Tour erreicht ist. Jetzt ist es aber endgültig geschafft und bis Usingen plagen uns keine Steigungen mehr. Der Belag des Forstwegs ist manchmal etwas grob. Eine ungebremste, rauschende Abfahrt ist deshalb nicht ratsam. Rechter Hand taucht vor einer Lichtung mit dem Brunnen-weiher ein idyllisches Angler-Paradies auf. Am Ende des Waldweges liegt der Hattsteinweiher, ein Freizeitgelände mit Badesee, für das an sonnigen und warmen Sonnentagen Erholungssuchende aus dem gesamten Rhein-Main-Gebiet nach Usingen kommen. Die letzte Rast an diesem herrlichen Fleckchen Erde könnte noch ewig dauern.

Der Hattsteinweiher oberhalb von Usingen ist ein beliebtes Naherholungsgebiet.

Wir stoßen hier auf den am Badesee vorbeiführenden Radfernwanderweg R6 und folgen der Ausschilderung nach Usingen zum
Bahnhof. Dabei führt der Weg vom Weiher hinab, bis am Waldrand
linker Hand die Reithalle auftaucht. Hier zweigt der R6 nach links
auf die Hattsteiner Allee. Ohne Steigung läuft der asphaltierte Fahr-
weg am Reitplatz, Fußballplatz und an Pferdekoppeln vorbei, bis das
letzte Gefällstück der Tour einsetzt. Doch Obacht: Schon bald wird
der R6 an der ersten Querstraße nach rechts auf die Wilhelm-Mar-
tin-Dienstbachstraße geleitet. Letztmals lassen wir das Rad rollen,
bevor hinter der Grundschule und Berufsschule eine Ampel die
Kreuzung mit der stadtauswärts führenden Bundesstraße ankündigt.
Hinter der B275 beginnt der Stockheimer Weg, der nach einer
Bachaue schon bald wieder leicht aufwärts führt. Kurz vor der Taunusbahn halten wir uns links auf der „Riedwiese" und fahren durch
das Gewerbegebiet. Am Ende der Straße liegt rechter Hand etwas
oberhalb der Bahnhof.

16 ZU BURGEN UND RÖMISCHEN GRENZANLAGEN

Über Höhen und durch Tiefen des Taunus zu dunklen Orten deutscher Geschichte

B456

B275

Usingen

B275

B456

Wehrheim

Neu-Anspach

L3350

S

Bahnhof Wehrheim

Z

L3041

Oberhain

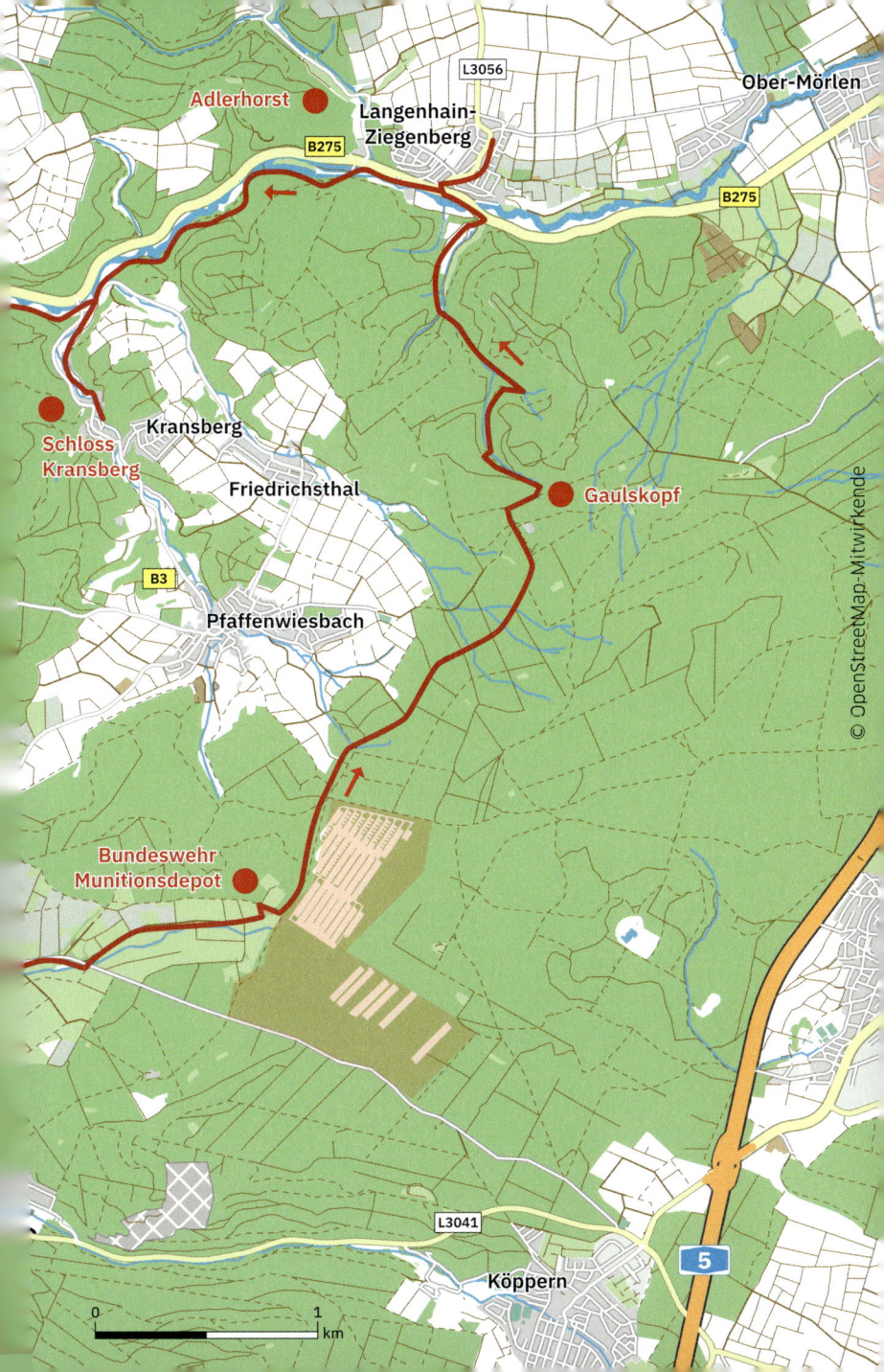

Adlerhorst

Langenhain-
Ziegenberg

L3056

Ober-Mörlen

B275

B275

Schloss
Kransberg

Kransberg

Friedrichsthal

Gaulskopf

B3

Pfaffenwiesbach

Bundeswehr
Munitionsdepot

Köppern

L3041

5

0   1
km

© OpenStreetMap-Mitwirkende

16

Zu Burgen und römischen Grenzanlagen

Schwierigkeitsgrad: mittelschwer, längere Anstiege und Abfahrten
Länge: 33 km Rundkurs
Anfahrt ÖPNV: S5 nach Bad Homburg, dort in die RB15 (Taunusbahn) bis Wehrheim
Anfahrt Auto: Von Bad Homburg auf der B456 über die Saalburg bis zum Bahnhof Wehrheim. Auf dem P+R-Parkplatz gibt es zahlreiche Parkplätze.

„Vor der Höhe" präsentiert sich der Hochtaunus chic und städtisch. Bad Homburg trägt diesen Zusatz sogar im vollständigen Städtenamen. Aber wer den Taunushauptkamm auf Höhe der Saalburg überwindet, dem zeigt sich das heimische Mittelgebirge von seiner herrlich-ländlichen Seite.

Der Ausgangspunkt unserer Radrundtour ist Wehrheim. Das einstige Bauerndorf trägt seit rund 15 Jahren den charmanten Zweitnamen Apfeldorf. Seither wird hier jedes Jahr im Mai während eines rauschenden Festes die Apfelblütenkönigin gekürt. Doch blühende Obstbaumplantagen suchen wir vergebens. Warum also Apfeldorf?

Des Rätsels Lösung kommt auf die Spur, wer vom Bahnhof kommend die Ortsmitte durchquert und der Radwege-Ausschilderung zum Schwimmbad folgt. Flankiert von blühenden Apfelbäumen gewinnen wir auf dieser malerischen Allee langsam aber stetig, wie der Name schon sagte, an Höhe. Einst säumten bis zu 6.000 Apfelbäume auf Streuobstwiesen den Ortsrand. Doch die Landwirtschaft änderte sich, der Obstbau wurde weniger lukrativ und bis Anfang der 80er Jahre mussten viele der Obstbäume einer extensiven Landwirtschaft Platz machen. Aus Wehrheim wurde ein Feld- und Wiesendorf ohne besonderen Charakter. Dass der Ort heute mit dem Zusatz Apfeldorf kokettiert, ist dem Engagement der örtlichen BUND-Gruppe zu verdanken. Die Umwelt- und Naturschützer setzten sich Mitte der 80er Jahre dafür ein, an nicht mehr bewirtschafteten Feldrändern wieder Streuobstwiesen anzulegen. Die Gemeindevertretung unterstützte die

Idee, und man legte sich mächtig ins Zeug. Wie viele Apfelbäume mittlerweile wieder in Wehrheim blühen, ist nicht ganz klar. Schätzungen gehen von 1.500 bis 2.000 Bäumen aus. Wie dem auch sei: Dort oben am herrlich gelegenen Freibad stehen viele junge, aber auch noch zahlreiche alte Apfelbäume in voller Blüte.

In unmittelbarer Nähe zum Schwimmbad folgen wir an der ersten Weggabelung dem Radweg zur 4,2 Kilometer entfernt gelegenen Kapersburg. Am Rande des wunder-

Wehrheim im Rücken: rund um das ‚Apfeldorf' gibt's viele Radwege.

schönen Bizzenbachtals radelnd, gewinnen wir langsam aber stetig an Höhe. Drunten auf den saftigen Weiden grasen vereinzelt Kühe und auch Schafe. Mit jedem erklommenen Höhenmeter belohnt ein Blick zurück auf Wehrheim und die sich dahinter majestätisch erhebenden Taunuhöhen mit dem Feldberg als höchstem Punkt. So hoch müssen wir zum Glück heute nicht hinaus. Stattdessen stimmt uns am Ende des Tales ein Warnschild nachdenklich, auf das wir stoßen. „Vorsicht militärisches Sperrgebiet", mahnt uns das an einem hohen, mit Stacheldraht gesicherten Zaun angebrachte Schild. Was ist da los? Versteckt in den Wäldern zwischen Wehrheim und Köppern lagert die Bundeswehr hier in ihrem zweitgrößten Munitionsdepot Zehntausende Tonnen Waffen und Munition.

Wir lassen uns davon nicht beeindrucken und biegen am Zaun nach links. Entlang des Sperrgebietes führt der Limesradweg weiter Richtung Kapersburg. Nach etwa einem Kilometer hört der rechter Hand führende Zaun auf. Hier zweigt auch ein 1.000 Meter langer Stichweg zum ehemaligen Limes-Kastell ab. Nach der Sanierung der Mauerreste vor gut 10 Jahren zählt die Kapersburg heute zu den am besten erhaltenen römischen Militäranlagen entlang des Obergermanisch-Raetischen Limes. Angesichts der bemerkenswerten Geschichte muss man sich nicht weiter wundern, dass die Bundeswehr hier auch ihren strategisch wichtigen Standort für das über 250 Hektar große Munitionslager gewählt hat.

Zurück an der Kreuzung wird der Limesradweg weiter Richtung Langenhain-Ziegenberg im Usatal (9 Kilometer) geführt. Zuvor taucht nach drei Kilometern mitten im Wald urplötzlich ein anderes Zeugnis römischer Geschichte auf. Archäologen vermuten, dass an dieser Stelle entlang der Befestigungslinie des Obergermanisch-Raetischen Limes ein besonders hoher Signalturm stand. Bereits 1926 wurde der Wachturm auf dem Gaulskopf rekonstruiert. Der Nachbau ist frei zugänglich. Ein Stopp lohnt unbedingt: Vom Turm aus haben wir eine hervorragende Fernsicht auf den Taunus und die nördliche Wetterau.

Im Römerkastell Kapersburg sind die Grundrisse der Gebäude sichtbar.

Unterhalb von Schloss Ziegenberg ist ein Eingang in den Führerbunker „Adlerhorst".

An Ort und Stelle erreichen wir mit 400 Metern auch den höchsten Punkt der heutigen Rundtour. Der bislang ziemlich gerade verlaufende Limesradweg windet sich nun in kurvenreicher Abfahrt auf viereinhalb Kilometern hinab ins 200 Meter tiefer gelegene Langenhain-Ziegenberg im Usatal. In diesem eher unscheinbaren Tal schlagen wir ein dunkles Kapitel deutscher Geschichte auf. Unter dem Schloss Ziegenberg legten die Nationalsozialisten zwischen 1939 und 1940 ein weit verzweigtes Bunkersystem für das Führerhauptquartier namens Adlerhorst an. Die unscheinbare Lage in den bewaldeten Ausläufern des hügeligen Taunus am Rande der Wetterau war bei der Standortwahl entscheidend. Am 11. Dezember 1944 rückte der Komplex in den Fokus der Geschichte: Adolf Hitler und seine Offiziere trafen ein und kommandierten vom Taunus aus ihren vorletzten massiven Angriff, die Ardennen-Offensive. Nur einen Monat später brach der Angriff zusammen und Hitler flüchtete nach der verheerenden Niederlage der deutschen Truppen zurück nach Berlin. Die Hauptstadt sollte er nicht mehr verlassen.

Die katholische Pfarrkirche und das Schloss sind die Wahrzeichen von Kransberg.

Auf dem Hessischen Radfernweg R6 folgen wir nun der Usa stromaufwärts Richtung Usingen. Über einen kleinen Abstecher erreichen wir nach fünf Kilometern Kransberg und das dortige, Ende des 12. Jahrhunderts erbaute Schloss. 1939 wurde es von den Nazis beschlagnahmt und in das Führerhauptquartier Adlerhorst integriert.

Nach so viel dunkel-brauner Geschichte ist es wohltuend, weiter stromaufwärts entlang der dahinplätschernden Usa dem namensgebenden Kleinstädtchen Usingen entgegenzuradeln. Und zugegeben: Die zwar geringe aber permanente Steigung liegt irgendwann so richtig schwer in unseren Beinen. Da kommt ein Abstecher in die einstige Residenzstadt sehr gelegen. Noch vor den Toren der Stadt durchqueren wir einen weitläufigen Wiesengrund und erblicken am Horizont das Wahrzeichen der 13.000 Einwohner zählenden Stadt: die evangelische Laurentiuskirche. Dort zwischen Wiesen und Schrebergärten zweigt auch der Radweg nach Wehrheim ab. Nach wohlverdienter Pause am Usinger Schlossplatz oder auf dem sehenswerten Alten Marktplatz kehren wir später wieder dorthin zurück.

Die evangelische Laurentiuskirche ist die Stadtkirche von Usingen.

Gastronomie-Empfehlungen auf dem Alten Marktplatz in Usingen:
Pizzeria Romantico – Telefon 06081 / 16054
Restaurant „Uwe & Uli" – Telefon 06081 / 5763760
Gasthaus „Bembel & Gretel" – wird im Frühjahr 2021 eröffnet

Auf dem nun anstehenden Rückweg müssen wir noch ein letztes Mal auf zweieinhalb Kilometer Wegstrecke tatsächlich 50 Höhenmeter überwinden. Zum Glück spenden die Blätter des Laubwaldes beim schweißtreibenden Anstieg Schatten. Doch mit dem Waldrand ist endlich auch der allerletzte „Gipfel" dieser Tour erreicht. Und mit dem linker Hand gelegenen Erdbeerfeld zum Selberpflücken auch eine letzte große Versuchung. Läge das Ende der Tour nicht in Sichtweite unten im Tal, würde sich glatt noch einmal ein allerletzter Stopp lohnen. Hin- und hergerissen entscheiden wir uns doch noch für einen allerletzten Zwischenstopp. Schließlich entpuppen sich die süßen Früchtchen als echter Lohn für die zurückliegende Tour. Besser lässt sich die Heimfahrt nicht versüßen.

Wehrheim

S **Z**

L3041

Oberhain

Hessenpark

Limes

Saalburg

B456

Blick auf Frankfu

0   1 km

Dornholzhausen

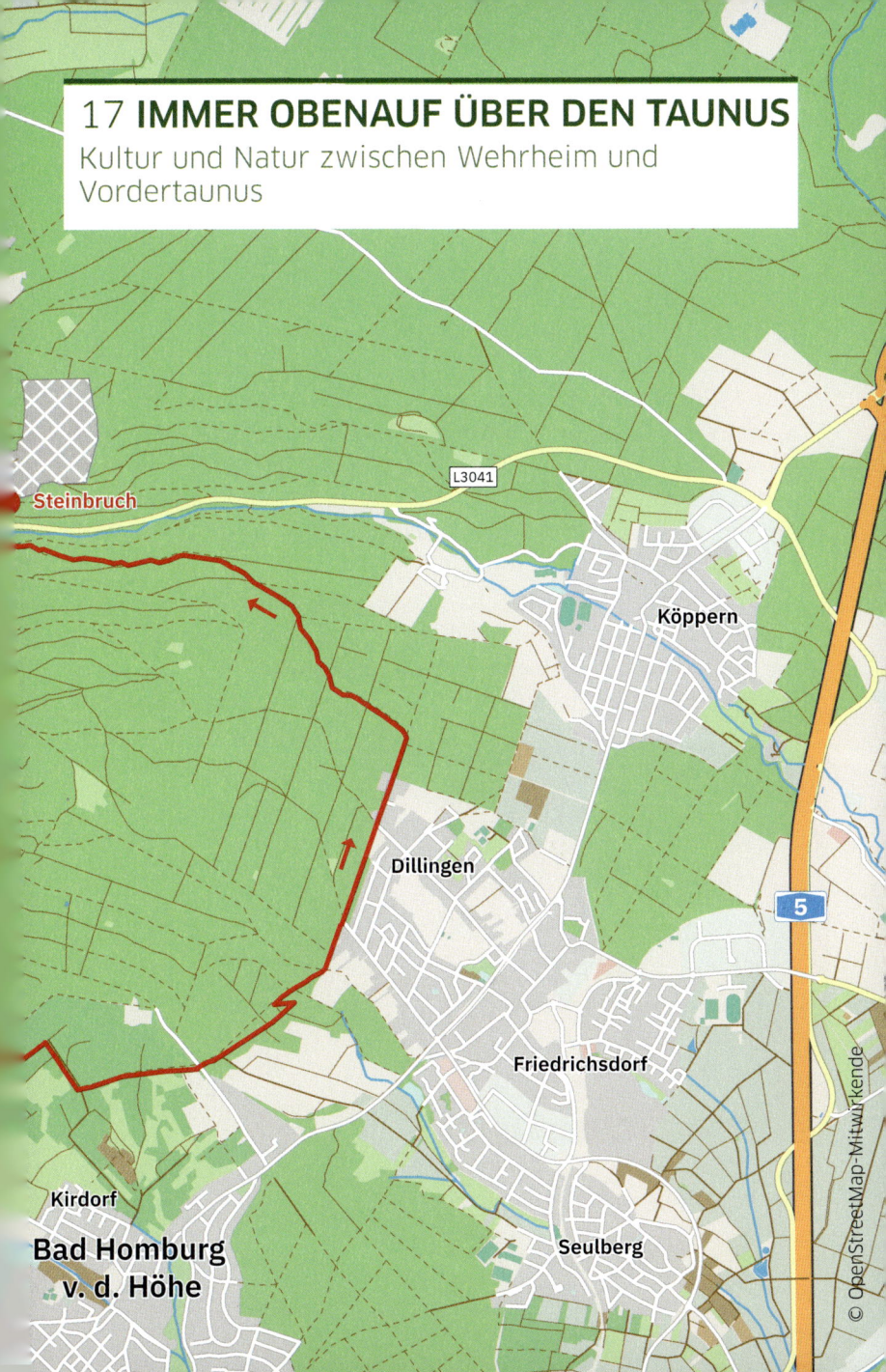

17 IMMER OBENAUF ÜBER DEN TAUNUS

Kultur und Natur zwischen Wehrheim und Vordertaunus

Steinbruch

L3041

Köppern

Dillingen

Friedrichsdorf

5

Kirdorf

Bad Homburg
v. d. Höhe

Seulberg

© OpenStreetMap-Mitwirkende

Immer obenauf über den Taunus

Schwierigkeitsgrad: schwierig, längere Steigungen, steile Abfahrt

Länge: 25 km Rundtour

Anfahrt ÖPNV: RB15 (Taunusbahn) bis Wehrheim

Anfahrt Auto: Von Bad Homburg auf der B456 über die Saalburg bis zum Bahnhof Wehrheim. Auf dem P+R-Parkplatz gibt es zahlreiche Parkplätze.

Der Taunus war schon immer „die Höhe". Nicht mehr, aber auch nicht weniger. Ein Mittelgebirge ohne Extreme – und dennoch voller Höhepunkte. Für diese Tour benötigen Freizeitradler deshalb etwas Puste, um den Taunushauptkamm auf der Saalburg (414 Meter) zu bezwingen.

Berühmt-berüchtigte Pass-Straßen wie in den Alpen gibt es im Taunus freilich nicht. Dennoch fürchten Autofahrer die Saalburg wie die Pest. Nicht wegen abenteuerlicher Serpentinen, wohl aber wegen des allmorgendlichen Saalburg-Staus. Tagein und tagaus passieren Zehntausende Autos auf dem Weg vom Usinger Land in den Vordertaunus die Passhöhe unterhalb des Römerkastells Saalburg. Den Taunushauptkamm auf der vielbefahrenen B456 zu queren ist für Radler nicht nur indiskutabel, sondern auch lebensgefährlich. Dennoch eröffnet die 414-Meter-Passhöhe vielen Freizeitradlern die einfachste Möglichkeit, um über die „Höhe" zu gelangen – und das völlig autofrei.

Von Wehrheim sind das Freilichtmuseum Hessenpark und die Saalburg gut zu erreichen.

Die ‚Gießener Nordzeile' am Marktplatz im Freilichtmuseum Hessenpark.

Start der Tour ist der Bahnübergang gleich hinter dem P+R-Park-platz am Bahnhof Wehrheim. Radwege-Schilder weisen den Weg in Richtung Süden nach Obernhain, zur Saalburg und zum Hessen-park – immer dem Taunushauptkamm entgegen. Groß und mächtig erhebt sich „die Höhe", die aber keinesfalls ein unüberwindbares Hindernis ist. „Einst nannte man jene Scheitellinie zwischen dem tiefer gelegenen Main-Taunus-Vorland und dem dahinter liegenden ‚Land hinter den Hecken' einfach ‚Die Höhe'. Das war der Vorläu-ferbegriff des Taunushauptkamms", erklärt Professor Eugen Ernst, Mitbegründer des Hessenparks.

Das Freilichtmuseum ist auch das erste Etappenziel dieser Tour. Um dorthin zu gelangen, heißt es in der Ortsmitte von Obernhain Obacht geben: Auf Höhe des Standesamts, einem linker Hand gele-genen kleinen Fachwerkhäuschen, gabelt sich der Weg. Geradeaus geht es zur Saalburg. Wir aber wählen den Abstecher nach rechts zum Hessenpark. Vorbei am alten Löschteich, einem Freizeitgelände mit Grillhütte und Spielplatz, geht es geradeaus übers Feld zum Frei-lichtmuseum. Schon bald kommen die imposanten Giebel der Gie-

Die Windmühle aus Borsfleth (1822) wurde im Hessenpark wieder aufgebaut.

ßener Nordzeile, der beeindruckenden Rekonstruktion der histori-
schen Fassade des nördlichen Gießener Marktplatzes, in den Blick.
Weit über 100 historische Bauwerke sind in den vergangenen 40
Jahren überall in Hessen abgebaut und im Museum wieder errichtet
worden. Unversehens gerät man hier in den Sog eines Zeitsprungs.
War man eben noch mit dem Smartphone beschäftigt und hat einen
Foto-Gruß aus dem Hessenpark an Freunde verschickt, lässt plötz-
lich ein lautstarker Streit direkt vis-à-vis aufhorchen.

Vor einem alten Bauernhaus sind die Kuhbäuerin und eine Magd
aneinandergeraten. Vom lautstarken Disput der beiden Frauen werden immer mehr neugierige Besucher angelockt. Das Bad sei nie
richtig geputzt, schimpft die wohlhabende Bäuerin. Die Magd blafft
derb zurück. Nachdem die Bäuerin immer mehr zu kritteln hat,
platzt der Magd der Kragen: Wütend kippt sie ihren Wassereimer in
hohem Bogen aus der Haustür. Erschrocken springen die Vorwit-
zigsten unter den Passanten zur Seite, nur knapp verfehlt der
Schwung (Leitungs-)Wasser die Neugierigen. Schneller als man
glaubt, ist man als Besucher in den Alltag der Menschen früherer

Jahrhunderte einbezogen. Eine Schauspielertruppe verwandelt jede Ecke des Museums zur Freilichtbühne. „Einige Menschen merken gar nicht, dass sie durch unser Theaterspiel auf eine Zeitreise mitgenommen werden", sagt Projektleiter und Schauspieler Oliver Klaukien. „Das erfordert Fingerspitzengefühl, weil es dabei richtig persönlich werden kann. Da muss man die Grenze spüren."

Freilichtmuseum Hessenpark
Laubweg 5, 61267 Neu-Anspach
06081 / 5880, service@hessenpark.de
www.hessenpark.de

In Windeseile ist aus der geplanten Stippvisite eine zweistündige Pause geworden. Nun heißt es, sich einen Ruck zu geben und wieder aufs Fahrrad zu steigen. Schließlich gilt es, im weiteren Verlauf der Tour noch ein Stück weiter zurück in die Geschichte des Hochtaunuskreises zu fahren: mitten hinein in die Zeit der Römer.

Schauspieler lassen im Hessenpark den Alltag vergangener Jahrhunderte aufleben.

Vorbei an dem im Tal gelegenen Segelflugplatz des Luftsportclubs Bad Homburg geht es zurück nach Obernhain. Hier findet man den Aufstieg zur Saalburg ganz leicht: Nicht umsonst trägt die Ortsstraße, die immer bergan zum Römerkastell führt, den trefflichen Namen „Saalburgstraße". Ganz oben am Ortsrand, dort, wo bis Ende der 1980er Jahre die einstige Landstraße nach Bad Homburg in den Wald mündete, versperrt heute eine Schranke Autofahrern die Weiterfahrt. Für Radfahrer beginnt hier der autofreie Anstieg hinauf zum Römerkastell. Auf den letzten 2,5 Kilometern bis zur Saalburg müssen nochmals rund 70 Höhenmeter überwunden werden. Auch das sollte noch zu schaffen sein. Schieben? Nein, auf keinen Fall! Mit eigener Muskelkraft den inneren Schweinehund bezwingen – ja, das wär's. Schließlich wollen wir Helden sein. Wohl dem, der von Anfang an auf ein E-Bike gesetzt hat. Schon immer zog es die Menschen nach oben. Irgendwie liegt es in der Natur des Menschen, dass er hoch hinaus will. Das war auch bei den Römern nicht anders.

Diese Schiefertafel weist auf den Verlauf des Limes hin.

Ein Schieferstein mit der Aufschrift „Limes Imperii Romani" macht kurz vor Erreichen der Saalburg auf den Verlauf des römischen Grenzwalls aufmerksam. „Das Römerkastell Saalburg befand sich am Rande der zivilisierten Welt", beschreibt Saalburg-Direktor Dr. Carsten Amrhein die Koordinaten des Römischen Reiches. „Vor dem Pfahlgraben, also im heutigen Usinger Land, lebten einst die Barbaren. Doch auch die Römer waren nicht zimperlich – das muss man wissen, wenn man die Saalburg besucht." Originale

Fundstücke, rekonstruierte Nachbauten, Installationen, Texte und Abbildungen über die ausgefeilte Waffentechnik der römischen Armee geben einen umfassenden Einblick in die Zeit vor 2.000 Jahren.

Römerkastell Saalburg
Am Römerkastell 1, 61350 Bad Homburg
06175 / 93740, info@saalburgmuseum.de
www.saalburgmuseum.de

Landgasthof Saalburg
An der Jupitersäule 10, 61350 Bad Homburg
06175 / 79620, info@landgasthof-saalburg.de
www.landgasthof-saalburg.de

Nach der Stippvisite im Römerkastell wartet die Abfahrt Richtung Vordertaunus. Gleich hinter dem Landgasthof Saalburg folgt man

Jährlich passieren 200.000 Besucher die Pforte des Römerkastells Saalburg.

den Radweg-Schildern Richtung Bad Homburg-Dornholzhausen. Linker Hand vorbei an der golden in der Frühsommersonne glänzenden Jupitersäule rollt man flott auf dem gut ausgebauten Forstweg zuerst wenige Hundert Meter immer geradeaus. Dann zweigt ein senkrecht zum Hang abschüssig verlaufender Querweg nach links ab. Auf der rauschenden Abfahrt nach Dornholzhausen ist man heilfroh, vor der Tour nochmals die Bremsen gecheckt zu haben. Schnurgerade saust man talwärts bis an den nordwestlichsten Stadtrand Bad Homburgs.

Am Waldrand beginnt die Straße Oberer Reisberg, der man weiter ein paar Hundert Meter talwärts folgt. An der ersten Kreuzung geht es im Wohngebiet inmitten schmucker Einfamilienhäuser nach links in die Victor-Achard-Straße. Ab hier weist die Beschilderung den Weg Richtung Friedrichsdorf. Im Schutz der Fangzäune quert man das Clubgelände des Homburger Golf Clubs 1899. Der Traditionsverein gilt als Wiege des Golfsports in Deutschland. Zu verdanken ist das dem damaligen Prince of Wales und späteren König Ed-

Blütenpracht im Frühling: die Streuobstwiesen des Kirdorfer Feldes.

ward VII. von Großbritannien und Irland, dem Urgroßvater von Queen Elizabeth II. Die zahlreichen englischen Gäste waren es auch, für die der erste Golfplatz auf deutschem Boden im Kurpark errichtet wurde. 1891 wurde hier das erste Golfturnier in Deutschland ausgetragen. Soweit der kleine geschichtliche Exkurs.

Wir radeln zügig weiter Richtung Friedrichsdorf. In einem Radwegtunnel unterqueren wir kreuzungsfrei die Bundesstraße B456 und passieren das Sportgelände Nordwest. Danach öffnet sich der Blick über ein kleines Paradies: das Kirdorfer Feld. Die jahrhundertealte Kulturlandschaft im Norden Bad Homburgs eröffnet einen völlig anderen Blick auf die Kurstadt. Statt der viel zitierten „Champagnerluft und Tradition" und dem Flair der einstigen Kur- und Bädertradition summen auf den offenen Streuobstwiesen Tausende Insekten. Auf unzähligen Apfelbäumen reifen die Früchte für selbstgekelterten Apfelwein. Deutlicher könnte der Kontrast zwischen ländlich geprägtem Taunus, dem gepflegtem Charme der Kurstadt und der pulsierenden Bankenmetropole am Main nicht sein. Hinter den Streuobstwiesen und den extensiv genutzten Feucht- und Trockenwiesen bilden Kirdorfer Dom, die katholische Pfarrkirche St. Marien, die evangelische Erlöserkirche und der Weiße Turm die markante Silhouette der Kurstadt. Bei klarer Sicht erhebt sich dahinter die Skyline Frankfurts mit den Bankenhochhäusern, dem Messeturm und dem Fernsehturm.

Reinhard Biedenkapp ist froh, wenn er nach Feierabend seinen Schreibtisch in den Bürotürmen hinter sich lassen kann: An den Wochenenden zieht es ihn so oft es geht raus aufs Kirdorfer Feld. „Beim Baumschnitt oder Mulchen der Wiesen finde ich hier einen wunderbaren Ausgleich zu meiner Arbeit am Schreibtisch", sagt das Mitglied der Interessensgemeinschaft Kirdorfer Feld. „Es ist einmalig, im Zyklus der Natur die Bäume zu pflegen, die Wiesen zu mulchen und im Herbst die Äpfel zu ernten." Allein in den letzten Jahren haben die aktiven Vereinsmitglieder an die 250 neue Bäume gesetzt. Rund 50 verschiedene Apfelsorten gedeihen hier an Tausenden von Bäumen. Die Schautafeln des am Radweg gelegenen Apfelbaummuseums informieren über die Arbeit der Interessensgemeinschaft.

An klaren Tagen wirkt die Frankfurter Skyline von Bad Homburg aus zum Greifen nahe.

Erfrischt durch ein fruchtiges Glas Apfelsaft, folgen wir der Beschilderung weiter nach Friedrichsdorf. In leichter, gut zu bewältigender Steigung führt der Radweg nun oberhalb von Friedrichsdorf am Waldrand von Dillingen entlang. Rechter Hand öffnet sich der Blick über die Zwiebackstadt am Rande der „Höhe". Nachdem wir das Haus der Hessischen Landwirtschaft passiert haben, führt der Radweg Richtung Wehrheim mitten hinein in den Taunuswald. Kurz bevor der Radweg den Freizeitpark Lochmühle erreicht, erspähen wir rechter Hand auf der gegenüberliegenden Hangseite die riesigen, in den Hang gesprengten Steinbrüche des Taunus-Quarzitwerkes im Köpperner Tal. Der gewaltige Quarzitbruch ist heute der größte seiner Art in Europa. Schon die Baumeister des Römerkastells Saalburg trugen einst von dieser Bergflanke den benötigten Baustoff ab. Von der Talsohle des elf Terrassen hohen Steinbruchs blickt man ehrfurchtsvoll die 150 Meter hohe Wand hinauf. Wo heute PS-strotzende Maschinen von gerade einmal zwei Dutzend

Menschen bedient werden, fanden vor hundert Jahren mehrere Hundert Menschen Arbeit. Unentwegt graben sich Hydraulikbagger durch die Felswand. 5.000 Tonnen Quarzit werden hier tagtäglich von Radladern bewegt. Unentwegt wird die steinige Fracht von schweren Muldenkippern abtransportiert, die am Bahnhof Saalburg (Abzweig zum Freizeitpark Lochmühle) auf die Straße zum Köpperner Tal stoßen.

Wir radeln – begleitet vom Kinderlachen aus dem benachbarten Freizeitpark – froh gestimmt und mit berechtigtem Stolz im Herzen zum Ausgangspunkt der heutigen Königsetappe zurück. Wer die Saalburg packt, dem gehört die Fahrradwelt!

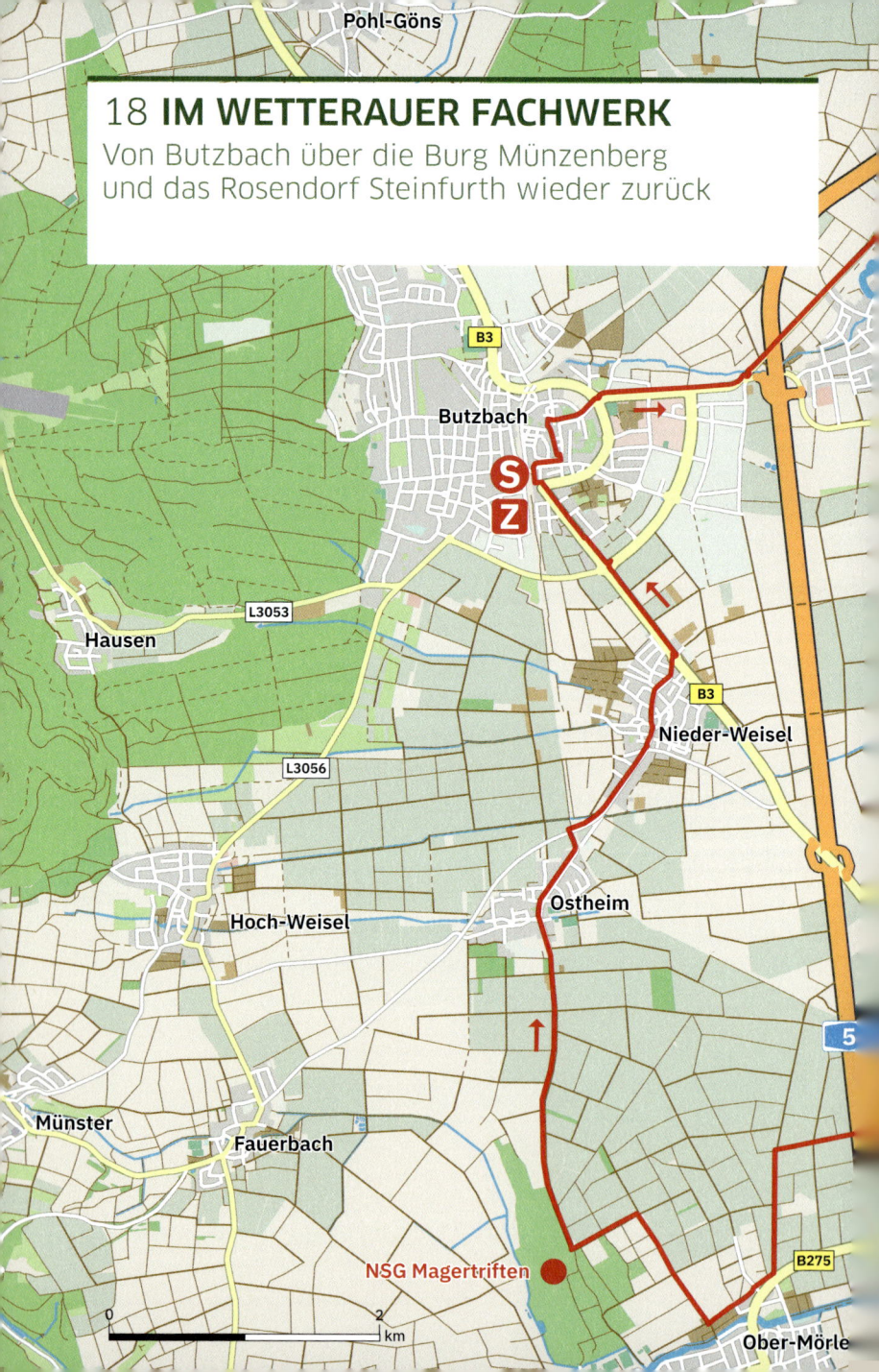

18 IM WETTERAUER FACHWERK
Von Butzbach über die Burg Münzenberg
und das Rosendorf Steinfurth wieder zurück

Pohl-Göns

B3

Butzbach

S
Z

L3053

Hausen

L3056

B3

Nieder-Weisel

Hoch-Weisel

Ostheim

5

Münster

Fauerbach

NSG Magertriften

B275

Ober-Mörle

0   2
         km

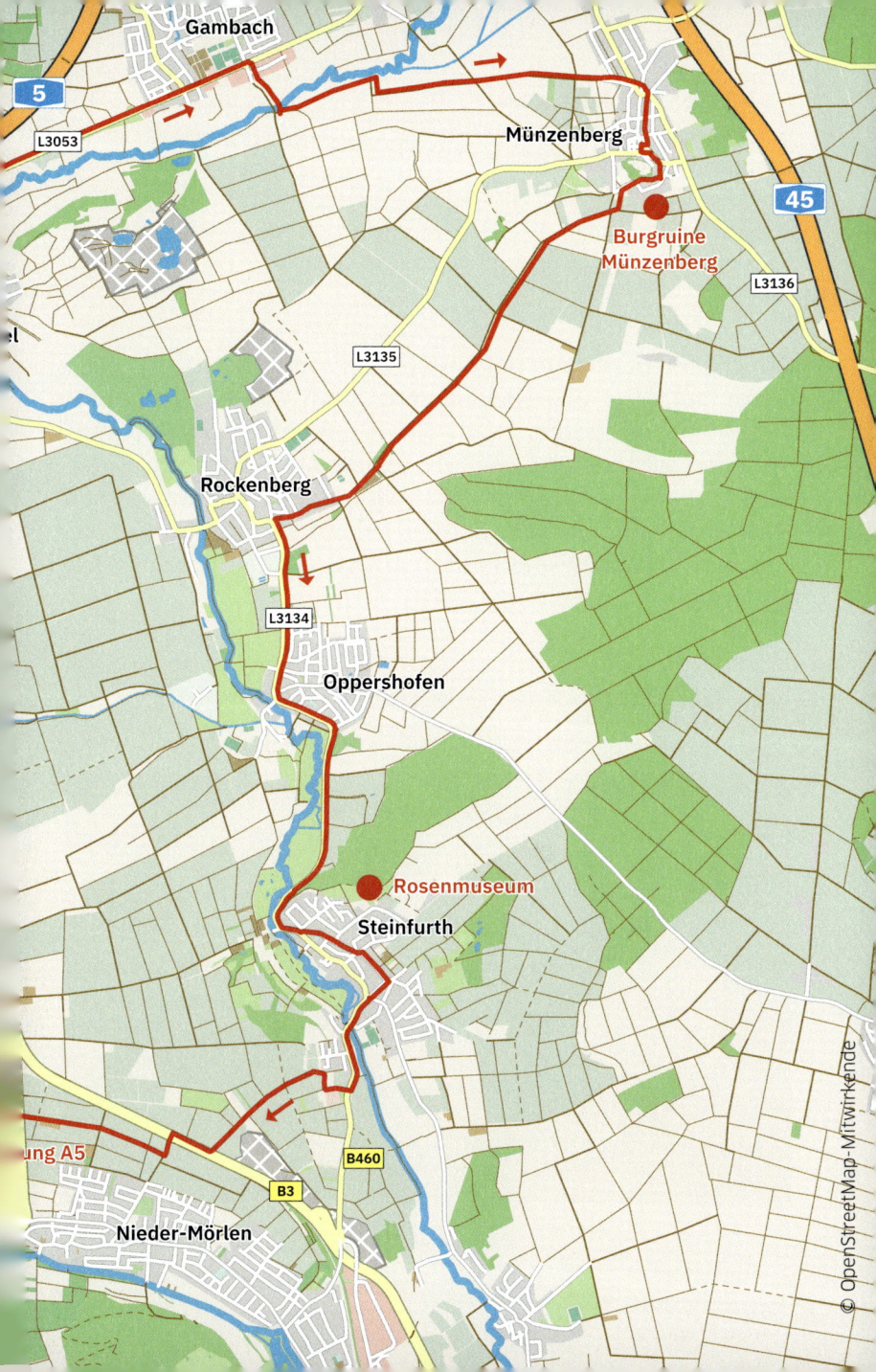

Gambach

5

L3053

Münzenberg

45

Burgruine
Münzenberg

L3136

L3135

Rockenberg

L3134

Oppershofen

Rosenmuseum

Steinfurth

B460

B3

ung A5

Nieder-Mörlen

© OpenStreetMap-Mitwirkende

18

Im Wetterauer Fachwerk

Schwierigkeitsgrad: anspruchsvoll, wellig bis hügelig
Länge: 33 km Rundkurs
Anfahrt ÖPNV: Regionalbahnen bis Butzbach
Anfahrt Auto: Über die A5 und die B3 ist Butzbach bestens zu erreichen. Einstieg in die Tour am Bahnhof oder Marktplatz.

Auf dieser Rundtour bekommen wir Appetit auf regionale Produkte, denn allerorten durchqueren wir die Streuobstwiesen der Wetterau. Doch einen erfrischenden Sauergespritzten gibt es erst als krönenden Abschluss am Ende. Saftig-knackige Äpfel können aber bereits bei der nächsten Rast genossen werden. Zudem kosten wir leckere Frischmilch in Gambach und kaufen in Ober-Mörlen Eier von frei laufenden Hühnern.

Wir beginnen unsere Radtour auf dem Bahnhofsvorplatz in Butzbach. Passanten weisen mir gerne den Weg zum nahen Marktplatz.

Der Marktplatz in Butzbach ist ein architektonisches Schmuckkästchen.

„Da vorne rechts und dann gleich wieder nach links in die Weiseler Straße. 200 Meter geradeaus, schon sind Sie da. Der Marktplatz ist nicht zu verfehlen", so die Antwort. Kleine Lokale und Eiscafés laden auf dem von prächtigen Fachwerkhäusern umrahmten Platz zum Verweilen ein. Das stattlichste von allen ist – na klar: das Alte Rathaus, vor dem wir mit Museumsleiter und Stadtarchivar Dr. Dieter Wolf ins Gespräch kommen.

Am gelben Ortseingangsschild von Butzbach steht: „Butzbach: Friedrich-Ludwig-Weidig-Stadt". Doch wer war Friedrich Ludwig Weidig? „Im heutigen Hessen war er einer der maßgeblichen Protagonisten des Vormärz und gilt als Wegbereiter der Revolution von 1848", klärt uns Dr. Dieter Wolf auf. „Er hat hier als Lehrer gewirkt und ist ein positives Vorbild – als Demokrat, Freiheitskämpfer, Pädagoge, Literat, aber auch als Sportler. Deshalb hat sich die Stadt Butzbach 2011 diesen Beinamen gegeben." Gerne wären wir länger geblieben und hätten dem belesenen Mann, der so viel über seine Heimatstadt berichten könn-

te, weiter gelauscht. Doch wir wollen schließlich per Pedale die Region kennenlernen und nicht nur die 25.000-Einwohner-Stadt zwischen Taunus und Wetterau. Also machen wir uns auf den Weg zur Weiterfahrt.

Unweit des Rathauses beginnt die Griedeler Straße. Nach ein paar Hundert Metern führt sie geradewegs auf einen großen Kreisel. Quasi geradeaus müssen wir hier auf die gegenüberliegende Seite des Kreisels gelangen. An diesem geht es rechtsherum im Halbkreis. Dorthin,

Die gotische Markuskirche am Butzbacher Kirchplatz.

In Gambach wird Frischmilch noch ab Hof verkauft.

wo die B488 Richtung Autobahn, Gambach und Lich ausgeschildert ist. Auch der parallel zur Bundesstraße (Griedeler Straße) verlaufende Radstreifen weist dorthin den Weg. Am zweiten großen Kreisel am Ortsausgang folgen wir weiter der Rad-Ausschilderung Richtung Gambach/Griedel. Wie von selbst gelangen wir auf den gut ausgebauten Radweg parallel zur B488. Entlang einer stillgelegten Bahnlinie – dazu später mehr – geht es locker und leicht des Weges bis nach Gambach. Ich gestehe: Die Ortschaft kannte ich bislang nur aus den Verkehrsnachrichten, denn oft genug strapaziert ein Stau die Nerven der Autofahrer. Radfahrern sind Staus auf Radwegen zum Glück fremd. Die heutige Verkehrslage auf der A5 kann uns mal ganz egal sein. Stattdessen lädt am Ortseingang ein als Werbeträger umfunktionierter Strohballen zu einem Bauern in die Hauptstraße 42 ein: Dort gibt es zur Stärkung frische Milch.

Gambach ist einer von vier Stadtteilen von Münzenberg. Da staunt man nicht schlecht: Stadtteil? Mit gerade einmal 5.500 Einwohnern ist Münzenberg nicht wirklich eine Stadt. Doch die Geschichte der Burg Münzenberg, Vielen auch als „Wetterauer Tintenfass" bekannt, hat den Bewohnern vor 770 Jahren die Stadtrechte

Die Burgruine in Münzenberg ist eines der Wahrzeichen der Wetterau.

geschenkt. Es ist eine der größten deutschen Burganlagen und bildet heute unter den Burgen des hohen Mittelalters die bedeutendste neben der Wartburg.

In Gambach folgen wir der Rad-Ausschilderung Richtung Münzenberg und kommen so zum Kreisel am Ortsausgang beim Supermarkt. Wer Lust auf Pommes und Bratwurst hat, ist auf der anderen Kreiselseite bei der „Worscht-Bud" an der freien Tankstelle goldrichtig. Uns locken eher die Burgruine und ein Picknick im Burghof, weshalb wir am Kreisel nach rechts Richtung Münzenberg abzweigen. Von nun an ist die imposante Burganlage auf dem Hügel für uns wegleitend. Noch bevor wir den Ort erreicht haben, kommen wir an einem brütenden Storchenpaar auf Masten vorbei sowie an dem rechter Hand gelegenen Geologischen Garten mit den drei markanten Zeltbauten/Pyramidenhütten. Unterhalb der Burgruine durchqueren wir den gut erhaltenen Stadtkern mit seinen vielen Fachwerkhäusern, der gotischen Kapelle, einem historischen Ziehbrunnen, dem Rathaus aus dem 16. Jahrhundert und einer Stadtmauer. Das letzte Stück des Weges hinauf zur Burg ist steil, wer kein E-Bike hat, wird schieben. Von der Burg aus genießen wir den un-

Malerische Stadtansicht von Rockenberg.

verstellten Blick gen Südwesten zu den markanten Türmen des Großen Feldbergs und dem vorgelagerten Winterstein.

Der Hessische Radfernweg R6 lotst uns weiter über das fruchtbare Ackerland der Wetterau, vorbei an Aussiedlerhöfen, drei Kilometer auf leicht abschüssigem Feldweg hinunter nach Rockenberg. Wir rollen durch das Neubaugebiet am Wohnbacher Weg schnurgeradewegs in den Ort hinein. Rockenberg? Wieder einmal klingelt es im Hinterstübchen. Ganz richtig. Seit 1811 beherbergt das ehemalige Kloster Marienschloss ein Gefängnis, heute die Justizvollzugsanstalt des Landes Hessen. Die Kirche der ehemaligen Zisterzienserinnen-Abtei (1338-1803) zeugt noch heute – jedoch hinter dem hohen Stacheldrahtzaun der JVA – von der früheren Geschichte. Das Gefängnis liegt aber abseits unserer Route.

An der ersten großen Kreuzung im Ort (abknickende Obergasse) führt der R6 geradeaus weiter. Wir aber biegen nach links auf die L3134 nach Oppershofen und Steinfurth. Ein vorbildlich ausgebauter Radweg rechter Hand der Landstraße gibt uns die Gelassenheit, den Blick ringsum schweifen zu lassen: Hinter Schilf und durch die Auenwiesen des Flüsschens Wetter schlängeln sich ebenfalls die

Gleise der ehemaligen Bahnlinie, die einst Bad Nauheim über Rockenberg mit Butzbach verband. In Steinfurth angekommen, betört uns der Duft der weltbekannten Rosenzucht. Wer dem hektischen Alltag entfliehen möchte, dem sei ein Besuch im Rosenmuseum in der Alten Schulstraße ans Herz gelegt. Das Café im Hof des mit Rosen berankten Fachwerkhauses lädt zur willkommenen Rast ein.

Rosenmuseum Steinfurth
Alte Schulstraße 1, 61231 Bad Nauheim
06032 / 86001, rosenpost@rosenmuseum.com
www.rosenmuseum.com
Das Café ist während der Öffnungszeiten des Museums zugänglich

Am Ortsrand kreuzen die Gleise der Museumseisenbahn die L3134. „Bis Oktober fahren wir jeden ersten und dritten Sonntag im Monat ab Bad Nauheim Nordbahnhof. Abfahrt ist um 10, 13 und 16 Uhr", sagt Stefan John von den Eisenbahnfreunden Wetterau, der als Lokführer die Dampflok mit den historischen Waggons im Gespann nach Münzenberg und zurück steuert.

Rund 500 Meter nach dem unbeschrankten Übergang heißt es auf der leicht bergan steigenden Landstraße aufpassen und Ausschau halten: Ein Radwegweiser schickt uns nach rechts Rich-

Das romantische Rosenmuseum in Steinfurth ist einen Besuch wert.

Zwischen Bad Nauheim, Rockenberg und Münzenberg verkehrt ein Dampfzug.
Foto: Eisenbahnfreunde Wetterau

tung Ober-Mörlen. Rechts neben dem Gelände der „Rosen-Union" führt der ausgewiesene Feldweg vorbei. Dann zweigt er mal scharf nach rechts, dann wieder nach links ab und führt uns immer bergan. 400 Meter nach dem Abzweig von der Landstraße weist am linken Wegesrand das Fahrradweg-Symbol den Weg steil bergauf nach links (ausgeschildert als Radwanderweg Bad Nauheim II). Heute ist das tatsächlich die giftigste Steigung, die es zu bewältigen gilt.

Wir erreichen schnaubend die Anhöhe. Zum Glück dürfen wir das Rad von hier an wieder bergab rollen lassen. Am alten Steinbruch vorbei (linker Hand) stößt der Feldweg auf die hinter einem Einschnitt verlaufende Bundesstraße B3. Dort geht es auf dem Feldweg nach rechts und nach ein paar Hundert Metern gleich wieder links über die Brücke, die uns über die Umgehungsstraße führt. Um auf dem schnellsten und direktesten Weg nach Ober-Mörlen zu kommen, ist jetzt Vertrauen angesagt, weil bis Ober-Mörlen die Ausschilderung fehlt. Statt geradeaus in das nahe liegende Neubaugebiet von Nieder-Mörlen zu fahren, biegen wir gleich hinter der Brücke nach rechts. Auf gut ausgebautem Feldweg fahren wir von

Frei laufende Hühner ziehen die Blicke bei Ober-Mörlen auf sich.

nun an gut zweieinhalb Kilometer immer der Nase nach geradeaus. Unterwegs kreuzen wir – hinter einem Hof – auf freiem Feld die B275. Wenig später geht es auf einer Brücke über die Autobahn. Stoßstange an Stoßstange schiebt sich die Autokarawane Richtung Frankfurt. Wir aber radeln zum Glück weiter übers Feld und biegen nach 700 Metern links ab auf den Richtung Ober-Mörlen ausgeschilderten Radweg. Bereits vor dem Ortseingang gackern Hunderte Hühner auf einer Wiese in einem mobilen Hühnerstall. Es sind die „glücklichen Wanderhühner der Familie Heil", wie ein überdimensioniertes Plakat wirbt (*www.heils-wanderhühner.de*). Sie leben in dem Hühnermobil und legen „Premium Weideeier", die man direkt ab Hof kaufen kann.

Kurz vor dem Ort stoßen wir an der Bundesstraße auf eine Kapelle, an der unsere Route nach rechts Richtung Langenhain-Ziegenberg abzweigt. Wer in Ober-Mörlen die sehenswerte katholische Pfarrkirche von St. Remigius, das schmuck renovierte Pfarrhaus und das Schloss besichtigen möchte, fährt geradeaus in die Ortsmitte hinein.

Wir aber biegen an der Kapelle rechts ab und radeln auf dem Feldweg am nördlichen Ortsrand wenige Hundert Meter weiter. An der zweiten Radwege-Kreuzung müssen wir erneut aufpassen: Dort, wo die Ausschilderung den Weg geradeaus nach Fauerbach (4,2 Kilometer) und Langenhain-Ziegenberg (3,9 Kilometer) anzeigt, knickt die „Hessische Apfelwein- und Obstwiesenroute" rechts ab. Leider ist, wie so häufig auf dem Weg, die Ausschilderung fast verblichen. Auf dem kleinen quadratischen Schild ist von dem ursprünglich roten Apfel inmitten des Logos nichts mehr zu sehen. Übriggeblieben ist nur noch der gegen den Uhrzeigersinn um den fehlenden Apfel herum verlaufende grüne Pfeil. Dieses kleine Schild weist den Weg auf den von uns aus nach rechts abzweigenden Feldweg. Es geht einen Kilometer über offenes Feld leicht bergan. Hinter einer Hecke lotst uns der Pfeil des verblichenen Apfel-Logos nach links und nach weiteren 500 Metern wieder nach rechts. Wir fahren dort oben auf naturbelassenen Fahrspuren mitten durch das 77 Hektar große Naturschutzgebiet „Magertriften von Ober-Mörlen und Ostheim", das die Ober-Mörlener NABU-Gruppe betreut. Streuobstwiesen, Magerrasenflächen, Hecken und kleine Wäldchen wechseln sich mit feuchten Wiesen und Teichen in einer Auenlandschaft ab. Wir folgen dem Radweg Richtung Butzbach (fehlendes Apfel-Logo) auf einem Höhenrücken – zum Teil lediglich auf fest gefahrener Fahrspur – zwei Kilometer weiter nordwärts bis Ostheim. Am Ende der Ortsstraße durch Ostheim unterqueren wir die Bahnlinie am Bahnhof und folgen der Ausschilderung nach Nieder-Weisel zurück nach Butzbach.

Das katholische Pfarrhaus in Ober-Mörlen ist ein optischer Leckerbissen.

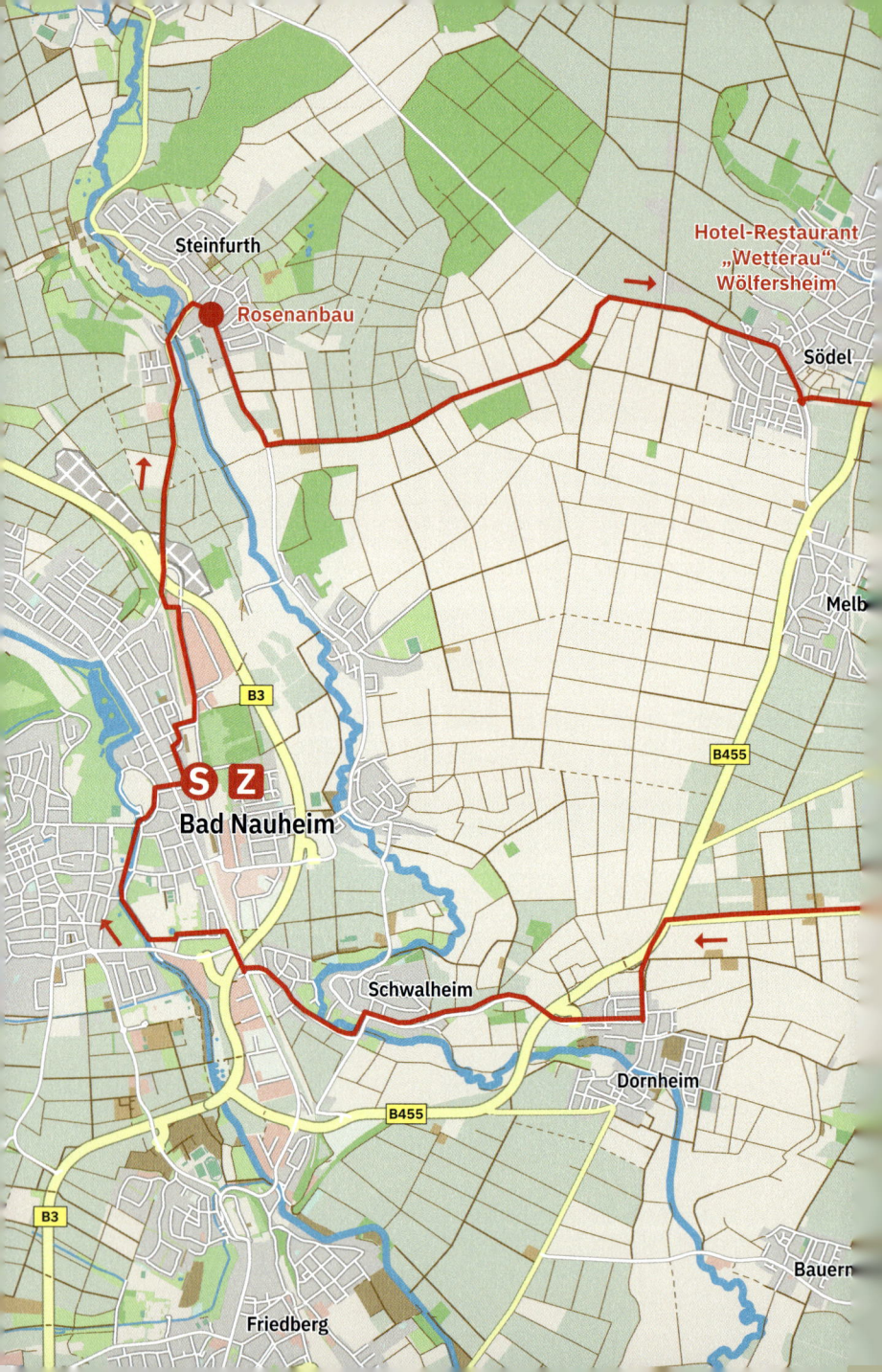

Steinfurth

Rosenanbau

Hotel-Restaurant
„Wetterau"
Wölfersheim

Södel

Melb

B3

S **Z**
Bad Nauheim

B455

Schwalheim

Dornheim

B455

B3

Bauern

Friedberg

Kraftwerk
und Tagebau
Wölfersheim

Echzell

Gettenau

L3188

L3412

Heuchelheim

L3188

Grubenbahn
Weckesheim

Genuss-Scheune
Reichelsheim-
Weckesheim

Weckesheim

L3186

L3187

Reichelsheim

L3187

45

19 SALZGERUCH, SEEN UND SELTENE VÖGEL

Mitten durch Hessens Kornkammer

Dorn-Assenheim

0   1 km

Salzgeruch, Seen und seltene Vögel

Schwierigkeitsgrad: mittelschwer
Länge: 32 km, Rundkurs
Anfahrt ÖPNV: Bahnhof Bad Nauheim
Anfahrt Auto: über die Autobahn A5 (Abfahrt Bad Nauheim) oder über B3 und B455

Ganz gleich, ob nun die Wetter oder das Wetter – also der Fluss oder die klimatischen Bedingungen – für die alte Kulturlandschaft zwischen Vogelsberg und Frankfurt namensgebend sind. Gesichert ist: Die von fünf Flüssen geprägte Auenlandschaft und die fruchtbaren Böden der Wetterau sowie das günstige Klima haben die einstige Kornkammer Hessens hervorgebracht.

Die westliche Wetterau lockt mit vielen Kostbarkeiten: mit einem faszinierenden Jugendstilerbe, dem Duft und der Farbenpracht der größten hessischen Rosenzucht, mit einem rekultivierten Braunkohlerevier sowie einem wertvollen Refugium für seltene Vogelarten.

In der Zeit der Belle Époque reisten Kurgäste mit Schnellzügen aus Berlin und Wiesbaden nach Bad Nauheim. Anfang des 20. Jahrhunderts war das Städtchen ein Kurbad von Weltruhm. Noch heute lohnt die Zugfahrt in die Kurstadt. Verlässt man als Radtourist nach Ankunft des Regional-Express' den schmucken Jugendstil-Bahnhof und betritt den Bahnhofsvorplatz, eröffnet sich eine grandiose Blickachse: Über die größte geschlossene Jugendstilanlage Europas hinweg schweift der Blick hinauf zum Johannisberg. Zwar haben beide – Bahnhof und Kurmittelanlage – mittlerweile historische Patina angesetzt, doch fühlt man sich beim Bummel durch die Stadt, die dank der Sole im 19. Jahrhundert kometenhaft vom Salzsiederdorf in die erste Liga des Kurwesens katapultiert wurde, immer noch in die goldene Zeit der Kur- und Bädertradition versetzt.

Die Erkundung der zweitbedeutendsten Jugendstil-Stadt in Hessen (nach Darmstadt) wird erst am Ende der Radtour als krönender Höhepunkt auf dem Sightseeing-Programm stehen. Statt dem Glanz

Steinfurth zeigt ab dem Frühling die Pracht Tausender Rosen.

des Jugendstils folgen wir zuerst dem betörenden Duft Hunderttausender Rosen. Gleich hinter den Gleisen verläuft auf der Rückseite des Bahnhofs der Radweg in das Rosendorf Steinfurth. Nur vier Kilometer von hier entfernt wachsen auf den Feldern und in Gewächshäusern die Königinnen der Blumen. Schon weit vor dem Ortseingang säumen Rosenskulpturen den Radweg und wecken unsere Neugier. Im Ortskern dokumentieren das Rosenmuseum und die älteste Rosenschule Deutschlands (Rosen Schultheiß existiert seit 1868), dass wir uns im Zentrum der hessischen Rosenzucht befinden. Nicht nur die Galane unter den Schönen und Reichen, die Anfang des 20. Jahrhunderts in Bad Nauheim ihrer Angebeteten Avancen machen wollten, konnten sich der Wirkung der Steinfurther Rosen gewiss sein. Im ältesten und größten der deutschen Rosendörfer dreht sich alles um die stachelige Schöne. Bereits 1868 verwandelten tatkräftige Rosenanbauer das Dorf in ein Mekka der Rosenwelt. Um die Jahrhundertwende lebten bereits 60 Familien vom feldmäßigen Rosenanbau. Um 1930 exportierten über 200 Betriebe jährlich 15 Millionen Pflanzen in alle Welt. In der Blütezeit produzierten in den 1970er Jahren 210 Betriebe jährlich bis zu 14 Millionen Pflanzen. Heute sind es knapp 30 Betriebe, die jährlich etwa drei Millionen Pflanzen anbauen.

Regelmäßig laden die vier größten Rosenschulen des Ortes und das weltweit einzigartige Rosenmuseum im Juni zu den Rosentagen ins Dorf ein. Beim Spaziergang durch die Rosenschaugärten können die Besucher dann die in voller Blüte und üppiger Farbenpracht stehenden Blumen bestaunen. Alle zwei Jahre findet hier auch ein sehenswertes Rosenfest statt.

Rosenmuseum Steinfurth
Alte Schulstraße 1, 61231 Bad Nauheim
06032 / 86001, rosenpost@rosenmuseum.com
www.rosenmuseum.com
Das Café ist während der Öffnungszeiten des Museums zugänglich

Bis 1991 wurde im Braunkohle-Kraftwerk Wölfersheim Strom erzeugt. Foto: Energiemuseum.

Der Wölfersheimer See ist eine mit Grundwasser verfüllte ehemalige Braun-
kohle-Tagebaugrube.

Da der Großteil der Strecke aber noch vor uns liegt, müssen wir uns
der magischen Wirkung der zauberhaften Rosen entziehen und
schwingen uns wieder aufs Rad. Über ausgeschilderte Radwege geht
es aus der Ortsmitte auf der K173 (Zum Sauerbrunnen) zurück
Richtung Bad Nauheim. 700 Meter hinter dem Ortsausgang zweigt
der Radweg am Riedgraben nach links Richtung Rosenschule Ruf
und weiter nach Södel ab. Nichts deutet darauf hin, dass diese absolut gewöhnliche Ortschaft 1913 als erster Ort in der Wetterau komplett mit Elektrizität versorgt wurde.

„Wer heute mit dem Fahrrad die weiten fruchtbaren Felder zwischen Södel, Wölfersheim und Echzell passiert, ahnt nicht, dass hier
einst riesige Bagger Braunkohle abgebaut haben und Braunkohle-
Flöze sogar im Bergbau gefördert wurden", verrät Rudi Weinelt, der
uns am nahen Wölfersheimer See empfängt. Bis 1980 arbeitete der
Vorsitzende des Vereins zur Pflege der Bergbau- und Kraftwerkstra-
dition in dem direkt am Ufer des Sees gelegenen Kraftwerk der
Preussen Elektra. 1992 kam das Aus für den Braunkohleabbau und
das Kraftwerk des seinerzeit zweitgrößten Energieversorgers in

Am Bahnhof Weckesheim sind Lok und Grubenwagen letzte Zeugen des Braunkohleabbaus.

Deutschland wurde stillgelegt. Die alten Gruben und Abbaugebiete rund um Wölfersheim wurden rekultiviert. Mit der Wetterauer Seenplatte entstand ein einmaliges Naherholungsgebiet. „Um den steigenden Energiebedarf der Menschen zu decken, wurde in der Wetterau seit dem 19. Jahrhundert Braunkohle abgebaut", erläutert Weinelt. „Zuerst als Kohle für den Hausbrand. Mit dem Bau des Kraftwerks in Wölfersheim auch zur Stromerzeugung für die gesamte Region."

An die Zeit des Bergbaus erinnern heute lediglich die alten Loren und Lokomotiven vor den Bahnhöfen in Weckesheim und Wölfersheim. Doch diejenigen, die bei der Braunkohleförderung den Lebensunterhalt ihrer Familien sicherten, haben bis heute noch viel aus der ereignisreichen Zeit zu erzählen. Und das tun sie wie Helmut Riess mit Liebe und Leidenschaft im Energiemuseum Wölfersheim. „Mit Hauer und Schlepper zogen wir unter Tage. Kohle hacken, aufladen, den Kohlewagen schieben und zum Schluss neue Grubenbaue mit Abdeckungen errichten. Und alles im Akkord", erzählt Museumsleiter Riess, der selbst fünf Jahre lang in den Gruben Heu-

Eine ornithologische Wanderung im Naturschutzgebiet des Bingenheimer Rieds. Foto: Nabu Bingenheim

chelheim, Echzell und Weckesheim geschuftet hat. „Wer zwei, drei Mal schlapp machte, geriet schnell aufs Abstellgleis." Das wollte und durfte keiner, schließlich konnten die Kumpel in den 50er Jahren doch damalige Spitzenlöhne zwischen 17 und 20 Mark pro Achtstunden-Schicht erzielen. In der wirtschaftlichen Blütezeit verdienten bis zu 1.500 Menschen ihr Auskommen. In der fast 200-jährigen Bergbauzeit wurden in und um Wölfersheim etwa 70 Millionen Tonnen Braunkohle zutage gefördert. Wölfersheim hatte rund 80 Jahre gut und recht von der Braunkohle gelebt. In drei Kraftwerksanlagen wurden insgesamt 25 Milliarden Kilowattstunden Strom erzeugt. Doch als die Braunkohlevorräte 1991 erschöpft waren, wurde der Betrieb eingestellt – auch für die letzten 254 Mitarbeiter war Schicht. Lediglich 85 fanden in der abschließenden Rekultivierung noch eine Beschäftigung.

Energiemuseum Wölfersheim
Seestraße 11, 61200 Wölfersheim
06036 / 973762

Rast- und Brutplatz für Zugvögel und seltene Vogelarten: das Bingenheimer Ried.

Wir müssen uns nun vom Wölfersheimer See verabschieden und fahren weiter nach Echzell. Dort angekommen, biegen wir auf der Hauptstraße nach rechts und radeln gen Süden in den Ortsteil Gettenau weiter. An der dortigen evangelischen Kirche biegen wir in der Ortsmitte nach links ab Richtung Bingenheim. Kurz vor dem Ortseingang zweigt der Richtung Reichelsheim ausgeschilderte Radweg nach rechts ab. Linker Hand fällt sofort das Bingenheimer Schloss ins Auge, in dem seit 1950 die Bingenheimer Lebensgemeinschaft ein Zuhause für behinderte Kinder, Jugendliche und Erwachsene bietet. Hier arbeitet Udo Seum als Haustechniker. Er schwingt sich aufs Fahrrad und begleitet uns ein Stück des Radweges entlang des Horloff-Flutbachs zum Bingenheimer Ried. Hessenweit ist das 85 Quadratkilometer große Naturschutzgebiet einer der größten Rastplätze für Zugvögel, vor allem aber eines der bedeutendsten Sumpf- und Feuchtwiesengebiete. „Von der Aussichtswarte am Radweg kann man seltene und bedrohte Vogelarten beobachten, die hier optimale Lebensbedingungen finden", berichtet Seum und packt sein Fernrohr aus. „Ich kann mir keine bessere Erholung nach einem anstrengenden Arbeitstag vorstellen." Oft gesellen sich interessierte Erholungssuchende zum Vogelexperten und fragen, ob sie auch einmal einen Blick durch das Fernrohr werfen dürfen.

Die großräumige offene Lage, die freien Wasserflächen sowie die hohe Bodenfeuchte bieten bis in die Sommermonate vielen unter Schutz stehenden Arten wie Rohrweihe, Großer Brachvogel, Uferschnepfe, Graugans oder Löffelente ein ideales Brutgebiet. „Hier brütet nahezu alljährlich die Spießente, die in Hessen eigentlich seit 1883 als ausgestorben galt. Während des Vogelzugs wird das Bingenheimer Ried auch von Tausenden von Zugvögeln und Wintergästen angeflogen", erzählt Seum, der auch als Vorsitzender der Hessischen Gesellschaft für Ornithologie und Naturschutz aktiv ist.

Im März bietet sich den Menschen in der Wetterau stets ein besonderes Spektakel: Bei ihrem Zug vom Winterquartier im Süden gen Heimat im Norden lassen sich Heerscharen von Kranichen im Bingenheimer Ried für eine Rast nieder. „Das ist nicht anders als bei Urlaubern, die auf dem Weg in den Urlaub an der immer gleichen Autobahn-Raststätte eine Erholungspause einlegen", erklärt Seum. Im Ried brüten zudem Spieß-, Pfeif-, Löffel- und Krickente, Tüpfelsumpfhuhn und Wasserralle. Außerdem ziehen Kiebitz und Bekassine, Waldohreule und Blaukehlchen ihren Nachwuchs hoch. Beson-

Es lohnt sich, die Tier- und Vogelwelt im Bingenheimer Ried mit dem Fernglas zu beobachten.

An der Löwenquelle im Bad Nauheimer Stadtteil Schwalheim kann man Trinkwasser abfüllen.

ders spektakulär sind freilich die von ihren drei Horstanlagen übers Ried ziehenden Weißstorchpaare. Der Ornithologe erkennt die Vögel an ihrer Stimme, am Gefieder, aber auch am Flugbild.

Eingebettet in ein von Auelehm überzogenes Niedermoorgebiet sorgen wechselnde Grundwasserstände und ein mildes Klima für den idealen Lebensraum für Tier- und Pflanzenarten des Feuchtlandes. Mehrfache großflächige Überschwemmungen zwischen November und April geben dem Gebiet seinen typischen Charakter. Hessenweit ist es eines der bedeutendsten Refugien auch für seltene Tierarten. Um Lebensraum für Uferschnepfe, Wechselkröte und Knoblauchkröte zu erhalten, lässt der NABU Bingenheim das Gebiet extensiv mit einer Rinderherde beweiden. Durch die Beweidung entstehen großräumige Flächen wie Weide, Wiese, Acker, Brache und Gewässer, durch die diese Arten stark gefördert werden.

Trotz der faszinierenden Einblicke in die Vogelwelt müssen wir uns verabschieden und fahren entlang der Bahnlinie weiter nach Reichelsheim. Über Weckesheim und Beienheim verläuft die Route westwärts. In Dorheim nehmen wir Kurs auf Bad Nauheim. Vor Schwalheim passieren wir in einer parkartigen Anlage die Löwenquelle und den dortigen Sauerbrunnen. Beide gehören zu den insgesamt neun staatlich anerkannten Heilquellen von Bad Nauheim. Die Fassung der Löwenquelle plante Jugendstil-Architekt Wilhelm Jost, dessen Handschrift auch der Bad Nauheimer Sprudelhof trägt. Während drei Sprudel als thermale, kohlensäurehaltige Solen für Badeanwendungen genutzt werden, gibt es in Bad Nauheim gleich sechs Heilquellen (sogenannte Trinkbrunnen), von denen noch heute fünf für eine Trinkkur genutzt werden können. Freilich kann in Bad Nauheim angekommen jeder selbst entscheiden, ob man sich lieber mit einem Wasser aus den heilkräftigen Quellen erfrischen will oder ein wohlverdientes Radler zischen möchte. Tatsache ist: Mit Anerkennung zur Kurstadt im Jahre 1869 erhielt Nauheim den wissenschaftlichen Nachweis über die heilsame Wirkung seines Quellwassers – das kann jetzt nach mehr als 30 Kilometern überhaupt nicht schaden.

Friedberg

Bauernheim

Dorn

B275

20 ZU BESUCH IM „WETTERAUER DOM"
Wetterau-Rundfahrt zwischen Ilbenstadt und Altenstadt

Hofgut Wickstadt

B3

Bruchenbrücken

Ober-Wöllstadt

Assenheim

Wöllstadt

Bönstadt

B45

Nieder-Wöllstadt

Ilbenstadt

S Z

Nonnenhof

L3351

B45

B3

Burg-Gräfenrode

Kaiche

Okarben

Zu Besuch im „Wetterauer Dom"

Schwierigkeitsgrad: anspruchsvoll, mit Anstiegen und Gefällstrecken bis zu 80 Höhenmetern
Länge: 42 km Rundkurs
Anfahrt ÖPNV: S6 bis Nieder-Wöllstadt
Anfahrt Auto: Über Bad Vilbel auf der B3 und B45 bis nach Ilbenstadt. Im Ort einen Parkplatz suchen und von dort starten. Die Distanz der Strecke verringert sich dadurch auf 32 km.

Durch Wälder und fruchtbare Felder vorbei an Klöstern, Kirchen und Fassaden ... Zahlreiche Rast- und Einkehrmöglichkeiten. Wichtig: Auf dieser Tour ist eine ergänzende Radkarte empfehlenswert.

Passionierten Radfahrern ist die westliche Wetterau mit Bad Vilbel, Friedberg, Bad Nauheim und Butzbach bestens vertraut. Allerhöchste Zeit, mal Neuland zu erkunden und ein Stück weiter östlich in die Pedale zu treten. Aus dem Hochtaunuskreis ist der Ausflügler fix im Nachbarkreis. Das Velo huckepack auf den Radständer des Autos. Ilbenstadt an der Nidda ist in 30 Minuten erreicht. Wer aus Richtung Frankfurt mit der S6 anreist, verlässt in Nieder-Wöllstadt die S-Bahn und gelangt von dort zügig zum Nidda-Radweg, der zwischen Nieder-Wöllstadt und Ilbenstadt entlangläuft.

Ilbenstadt wird von der stattlichen Basilika dominiert. Einheimische sprechen respektvoll vom „Wetterauer Dom". Doch der Pfarrkirche St. Maria, Petrus und Paulus statten wir erst am Ende der Tour einen Besuch ab. Eine Pause, gleich zu Beginn? Nein, das geht gar nicht. Nirgendwo in der Wetterau lässt sich so schön in den (Pedal-)Tritt kommen wie auf dem Nidda-Radweg. Wunderbar zum Warmwerden. Hier, etwa in der Mitte des insgesamt rund 100 Kilometer langen Nidda-Radwegs zwischen Vogelsberg und der Main-Mündung ist der Uferradweg nicht so proppenvoll wie auf Frankfurter Gemarkung.

Wir radeln stromaufwärts Richtung Assenheim. Rechter Hand wird die Nidda renaturiert, wie an etlichen Stellen in der Wetterau.

Schmucke und verwunschene Nebengebäude von Schloss Assenheim.

Das wertet das Landschaftsbild deutlich auf. Vor fast 50 Jahren war das Flüsschen in ein neues Bett gezwängt worden, das einer Abwasserrinne ähnelte. Das seinerzeit begradigte Bachbett wurde als Hochwasserschutz gepriesen. Kanalisiert und reguliert sollten bei Hochwasser der aufgestaute Dreck und die Wassermassen schnell abfließen. Die Sichtweise hat sich heute geändert. Eine gelungene Renaturierung zeichnet sich dadurch aus, dass der Uferverlauf der Nidda nach jedem Hochwasser anders aussieht. Inzwischen zeigen Gewässerschutz und Renaturierung der Nidda deutliche Erfolge: Bedrohte Tiere, wie die europäische Sumpfschildkröte, der Biber und der Eisvogel, sind zurückgekehrt.

In Assenheim beschreibt die Nidda fast einen 180-Grad-Bogen. Früher tränkten hier nicht nur die Bauern ihre Pferde, am Ufer wuschen die Frauen auch die Wäsche. Auf der großen gemähten Wiese, der Bleiche, wurde die Wäsche ausgelegt, feucht gehalten und dann zum Trocknen aufgehängt. Kaum zu glauben, aber wahr: Hier wurde bis in die 1950er Jahre ein Fluss-Freibad betrieben. Die starke Verschmutzung und spätere Regulierung der Nidda bedeuteten jedoch das Aus für das Naturbad.

Direkt an der Nidda gelegen: das Hofgut Wickstadt.

Am Ortsende überspannt eine imposante Gitterkonstruktion das Tal der Nidda: Auf der 300 Meter langen und 24 Meter hohen Brücke donnern die Züge zwischen Friedberg und Hanau über den Fluss. Weil die erste Stahlgitterkonstruktion der Belastung nicht gewachsen war, musste 1929 eine neue gebaut werden. Wir radeln flussaufwärts weiter, bis nach zweieinhalb Kilometern das Hofgut Wickstadt auftaucht. Das linker Hand gelegene Gut mit dem winzigen mittelalterlichen Dorf war einst Dependance des Klosters Arnsburg. Mönche nutzten das Anwesen als Klostergut. Nach und nach siedelten sich wohl die Bediensteten rings um das Gut an, so dass ein kleines Dorf entstand. 1803 wurde das Kloster aufgelöst und das Hofgut ging in den Besitz der Grafen zu Solms über. Mitte des 19. Jahrhunderts wurde aus dem Hofgut Wickstadt die Domäne Wickstadt. Ein kleiner Abstecher von der Nidda zum Hofgut ist empfehlenswert.

Hinter dem nächsten Ort (Florstadt) verlassen wir indes die Nidda-Route und zweigen nach rechts Richtung Altenstadt und Stammheim ab; der Weg ist ausgeschildert. Über fruchtbares Ackerland folgen wir dem Radwege-Symbol, dem grünen Fahrrad mit Richtungspfeil auf weißem Grund, bis nach Stammheim. Unterwegs queren wir unbemerkt den Limes oder das, was von der alten römischen Grenzbefestigung noch übriggeblieben ist. Auf der leichten Anhöhe lag zu jener Zeit das Kastell Ober-Florstadt, das eine 500

Mann starke Kohorte umfasste. Von dem Kastell ist heute nichts mehr zu sehen. Sehr wohl aber können wir uns vorstellen, wie die Soldaten von dort aus den Grenzverlauf und die Täler von Nidda und Horloff gut überblicken konnten. Heute fällt der Blick ganz automatisch auf das riesige Hochregal-Lager des Pharma-Konzerns Stada und die unweit verlaufende A45. Wir radeln weiter.

In Stammheim zweigt der Weg bald rechts ab, Schilder lotsen uns durch Straßen des Orts. Als Limesradweg (braunes Logo) ausgezeichnet, folgen wir der Wegebeschilderung nach Altenstadt. Über die Lindenstraße verlassen wir Stammheim und erklimmen den 50 Höhenmeter oberhalb des Ortes gelegenen Waldrand. Nach etwa 500 Metern durch den Mischwald zweigt unser Radweg nach links und nach weiteren 600 Metern nach rechts ab. Jetzt braucht es gute Bremsen. Denn der anstehende Waldweg und später auch der gut ausgebaute Feldweg bilden die schwungvollste Abfahrt auf dieser Tour. Auf nur eineinhalb Kilometern sausen wir rund 100 Höhenmeter talwärts und direkt hinein nach Altenstadt. Durch ein Wohn-

Die Benediktinerinnen vom Kloster Engelthal laden zu Exerzitien ein.

gebiet (Am Weihergarten) sowie über die Römerstraße und Obergasse werden wir in den Ortskern gelotst. Ohne den Altenstädtern zu nahe treten zu wollen: Die 12.000 Einwohner-Ortschaft irgendwo im Niemandsland der Wetterau entspricht vielen anderen hessischen Kommunen dieser Größe – zu klein, um als Kleinstadt wahrgenommen zu werden, und zu groß, um als liebenswertes Dorf zu gelten. Altenstadt wird meist auf dem Weg von Frankfurt Richtung Glauburg und Vogelsberg über die B521 ohne Halt durchquert. Radfahrer sind dem Ort schon viel wohlgesinnter: Aus dem Norden kommend, gelangen wir auf dem Limesradweg nach Altenstadt. Viele Radurlauber legen hier auf ihrer Tour über den Vulkanradweg oder auf dem Bahn-Radweg-Hessen gerne einen Versorgungsstopp ein. Unweit des Bahnhofs, gleich hinter dem Bahnübergang, stoßen wir auf diese beiden vielbefahrenen Radtouristik-Routen.

Wir zweigen nach rechts ab auf die beiden namhaften Radwege Richtung Höchst. Dort fahren wir über die Hauptstraße, die hier Mittelstraße heißt, zur am Ortsrand verlaufenden Bundesstraße. Hinter der Brücke über die Bahnlinie überqueren wir auch die Bundesstraße und gelangen auf einen Feldweg. Dieser ist für Radfahrer zum eineinhalb Kilometer entfernt gelegenen Kloster Engelthal ausgeschildert. Im 13. Jahrhundert ursprünglich als Zisterzienserinnenkloster erbaut, wurde der Komplex Anfang des 17. Jahrhunderts zerstört und später wieder aufgebaut. Zwischenzeitlich säkularisiert, bezogen schließlich Benediktinerinnen vor 55 Jahren das Kloster. Kurze Zeit später wurde es zur Abtei erhoben.

Wer länger bleiben möchte und Tage der Ruhe und Einkehr sucht, ist als einzelner Gast zu Exerzitien im Kloster herzlich willkommen. Wir begnügen uns mit einer Rast auf einer Bank vor den Klostermauern.

Benediktinerinnenabtei Kloster Engelthal
Klosterstraße 2, 63674 Altenstadt
06047 / 96360, info@abtei-kloster-engelthal.de
www.abtei-kloster-engelthal.de

Da wir heute nicht auf dem Weg zu spiritueller Einkehr unterwegs sind, treten wir nach der Pause gestärkt bald wieder in die Pedale. Der nach Erbstadt und Bönstadt ausgeschilderte Weg führt zwischen dem Kloster und dem benachbarten Reiterhof den Berg hinauf in den Wald. Der im Zickzack laufende Radweg ist eigentlich gut zu entdecken. Wer dennoch unsicher ist, kann sich im Wald ohne Weiteres an die Markierungen der Bonifatius-Route oder der Wegemarkierung „grünes Kreuz auf weißem Grund" halten. Endlich am Waldrand angekommen, stellt sich die Frage nach dem richtigen Weg. Nur Mut: Unser Weg knickt ohne Ausschilderung zu den in Sichtweite gelegenen Winnerhöfen ab. An dem Gehöft vorbei radeln wir über die fruchtbaren Felder der Wetterau in südwestlicher Richtung ins eineinhalb Kilometer entfernt gelegene Erbstadt. Über Winner Weg und Waldstraße kommend, biegen wir an der Kreuzung mit der Hauptstraße kurz links ab, um sogleich auf der nach rechts Richtung Kaichen abzweigenden Wetterauer Straße (K852) den Ort zu durchqueren. Nach dem Ortsausgang fahren wir linker Hand auf dem Radweg einen Kilometer bis zur folgenden

Das Hofgut Wickstadt war einst Dependance des Klosters Arnsburg.

Die Abteikirche Maria, St. Petrus und Paulus in Ilbenstadt ist eine dreischiffige romanische Basilika.

Kreuzung. Nach links Richtung Kaichen führt der Weg über die nahe Eisenbahnbrücke. Bereits 100 Meter nach den Gleisen geht auch ein Radweg-Wegweiser nach rechts in den Wald ab. Nach weiteren 700 Metern zweigt der Radweg im Wald nochmals nach rechts. Auf Höhe des dortigen Humuswerks mündet unsere Route in eine Landstraße. Auf dieser fahren wir weiter, links ab Richtung Ilbenstadt, bevor nach 200 Metern ein ausgeschilderter Radweg erneut in den Wald führt. Nach knapp einem Kilometer erreichen wir eine Kreuzung im Wald, an der wir links dem ausgeschilderten Weg nach Ilbenstadt folgen.

Bald kommt die am Ortsrand gelegene Hessische Staatsdomäne Nonnenhof in Sicht. Vor den mächtigen Mauern dieses trutzigen Gebäudes zweigt der Radweg ab. Bereits im frühen 12. Jahrhundert wurde hier ein Männer- und ein Frauenkloster gegründet, die beide bis 1803 bestanden. Das Frauenkloster ging im 20. Jahrhundert in den Besitz des Landes als Staatsdomäne Nonnenhof über und wird heute für Wohnzwecke genutzt. Das Kloster beherbergte von 1946 bis 1979 ein Erziehungsheim für Mädchen und ist heute die Bildungsstätte St. Gottfried des Bistums Mainz. Wir umrunden das Gehöft und erreichen unser Ziel Ilbenstadt mit der dreischiffigen romanischen Pfeilerbasilika. Und ja, jetzt können wir eine Pause machen. Mit Besuch des „Wetterauer Doms".

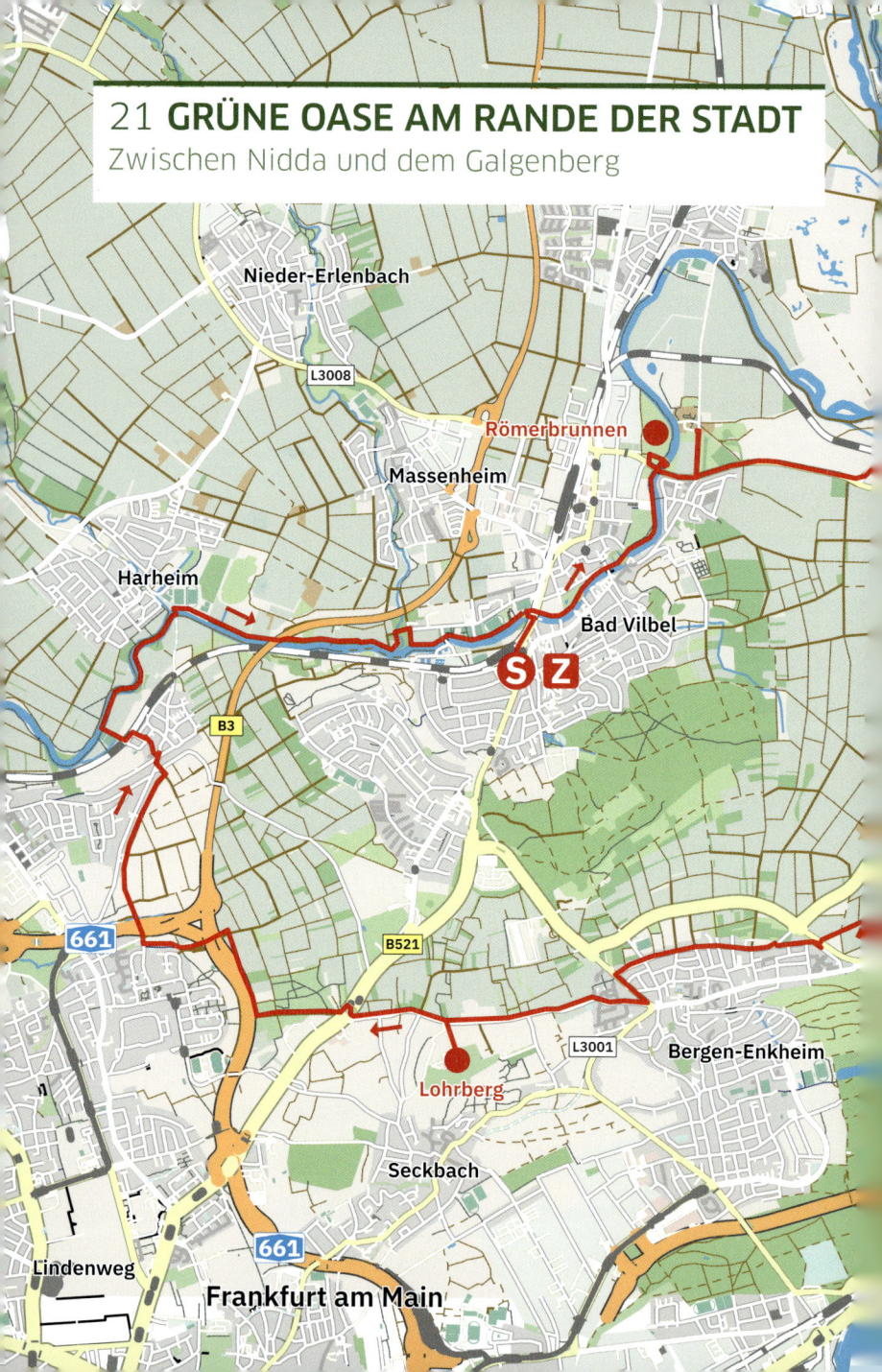

21 GRÜNE OASE AM RANDE DER STADT
Zwischen Nidda und dem Galgenberg

Nieder-Erlenbach

L3008

Römerbrunnen

Massenheim

Harheim

Bad Vilbel

S Z

B3

661

B521

L3001

Bergen-Enkheim

Lohrberg

Seckbach

Lindenweg

661

Frankfurt am Main

Grüne Oase am Rande der Stadt
Schwierigkeitsgrad: anspruchsvoll
Länge: 37 km Rundkurs
Anfahrt ÖPNV: Bad Vilbel Südbahnhof
Anfahrt Auto: über die Autobahn A661 (Preungesheimer Dreieck) und die B3

„Stadt der Brunnen und Quellen" – an einem heißen Sommertag klingt der Slogan des Ortes Bad Vilbel mehr als verlockend. Eine kühle Erfrischung am Ende der Tour ist also garantiert. Doch zuvor geht es erst einmal hinauf zur „Hohen Straße", wo der Wind gehörig pfeift. Auf Frankfurts höchster Erhebung am Lohrberg warten indes andere besondere Höhepunkte.

Erfrischung gibt es in Bad Vilbel auf Schritt und (Pedal-)Tritt. Bereits nach der Ankunft am Bad Vilbeler Südbahnhof wird auf dem Radweg zur Nidda schnell klar, dass das erfrischende Nass in der

Der Brunnentempel im Kurpark ist einer der vier Trinkbrunnen von Bad Vilbel.

Quellenstadt tatsächlich im Überfluss naturgegeben ist. So im Kurpark an der Nidda: Am dortigen Trinkbrunnen können sich Ausflügler von der Qualität des heimischen Sprudelwassers überzeugen und nebenbei das Römermosaik bewundern.

Dass das bekannteste Exportgut der Kurstadt offenbar reichlich Gewerbesteuer in die Stadtkasse spült, wird andernorts offenkundig. An der Nidda hat die Stadt vor zwei Jahren doch tatsächlich die neue Stadtbücherei auf einer neuen Brücke über den Fluss errichten lassen. Das Café auf der Brücke ist längst zum Treffpunkt für Vilbeler und Ausflügler geworden. „Hier an der Nidda kann man wirklich die Seele baumeln lassen", sagt der passionierte Radfahrer Karl Diehl, der dort ein Schluck heimisches Mineralwasser trinkt. Zwar ist von den einstmals 32 privaten Brunnenbetrieben nur ein Großunternehmen übrig geblieben. Doch die Hassia Mineralquellen GmbH hat den Ruf Bad Vilbels in ganz Deutschland bekannt gemacht. Mit 852 Millionen Litern Gesamtabsatz (2018) und einem Gesamtumsatz von 280 Millionen Euro – der freilich auch mit Tochterunternehmen in anderen Bundesländern erwirtschaftet wird

Am gefassten Römerbrunnen in Bad Vilbel tritt extrem mineralhaltiges Wasser zutage.

Die Ländereien des Bio-Bauernhofes Dottenfelder Hof liegen inmitten einer Nidda-Schleife.

– gehört die Unternehmensgruppe längst zu den größten Mineralquellenbetrieben in ganz Deutschland. Man kommt nicht umhin, und füllt die Fahrrad-Trinkflaschen am Trinkbrunnen für die bevorstehende Tour. Doch so verlockend das entspannte Flair am Niddaplatz und in der Innenstadt mit seinen Fachwerkhäusern auch sein mag: Es wird allerhöchste Zeit, der Nidda flussaufwärts zu folgen.

Am Stadtrand wird die Bedeutung der Quellen für Bad Vilbel ein letztes Mal deutlich: Dort, wo die L3008 Richtung Schöneck und Büdingen das Flüsschen (und damit auch den Radweg) überquert, gibt ein quaderförmiges, gedrungenes Gebäude am anderen Nidda-Ufer Rätsel auf. Ein Schild am Brunnenhäuschen löst es auf: In regelmäßigen Abständen stößt hier die artesische Quelle des Römerbrunnens das Wasser aus 287 Metern Tiefe an die Erdoberfläche. Seit mehr als zehn Jahren wird der Quellenaustritt mit einer kleinen Wasserfontäne inszeniert. Vom Brunnenhaus aus wird das Mineralwasser dann in Rohren über die Nidda geleitet. „Der Bad Vilbeler Römerbrunnen zählt zu den mineralhaltigsten Quellen in ganz Deutschland. Jährlich sprudeln gut 220.000 Kubikmeter Mineralwasser zutage", steht auf einer Info-Tafel geschrieben. Wir nehmen uns fest vor, am Ende der Tour bei der Rückkehr in die Quellenstadt im neuen Brunnen- und Bädermuseum mehr über das wertvolle Nass zu erfahren.

Hinter dem Brunnenhaus öffnet sich der Blick auf das Ackerland des Dottenfelderhofes inmitten einer weiten Nidda-Schleife. Radwege-Schilder weisen den Weg dorthin. Dafür überqueren wir die Nidda auf dem Radweg entlang der L3008. Auf den Wiesen entlang des Zufahrtsweges gackern 700 Freilandhühner und aus den Ställen und von Weiden begrüßen uns Milchkühe, Schweine, Gänse und Schafe mit ihren viehischen Lauten. „Seit 1968 bewirtschaftet eine große Hofgemeinschaft rund 150 Hektar Boden nach strengen Demeter-Richtlinien biologisch-dynamisch", sagt Margarethe Hinterlang, die auf dem Hof groß geworden ist. Überall im Rhein-Main-Gebiet wird auf den Wochenmärkten das Bio-Obst und das breite Gemüseangebot von den Ländereien des Hofes verkauft. Abends und an den Wochenenden lassen sich viele Kunden und Freunde das Einkaufserlebnis im Hofladen direkt beim Erzeuger nicht entgehen. Doch unsere Radtasche ist zu klein und wir müssen leider weiter.

Dottenfelderhof – Hofladen
61118 Bad Vilbel
06161 / 529625, laden@dottenfelderhof.de
www.dottenfelderhof.de

Zurück an der Landstraße geht es nach links ab, auf die gut ausgeschilderte Regionalpark-Route entlang der L3008 nach Gronau. Im Ort stößt der Hessische Fernwanderweg R4 dazu. In der Ortsmitte von Niederdorfelden zweigt dieser am Ende der Gronauer Straße nach rechts auf die Berger Straße ab, ausgeschildert Richtung Hohe Straße. Doch der Name soll uns nicht weiter schrecken. Im Gegenteil: Die einstige Handelsstraße zwischen Frankfurt und Büdingen wurde als Teil der Regionalpark-Route zu einem faszinierenden Freizeit-Radweg ausgebaut. Um dorthin zu kommen, müssen wir auf der Berger Straße den Bahnübergang passieren. Das Industriegebiet bleibt rechts liegen und wir queren die Umgehungsstraße am Ortsrand. Entlang des Feldbachs und weiter Ackerflächen führt uns der

Die Stehlen der Sichtachse „Große Loh" gehören zur Regionalpark-Rundroute.

R4 hinauf zur Sichtachse „Große Loh" – einer doppelten Stelenreihe aus Holz. Hier stoßen wir auf die geschichtsträchtige Hohe Straße. Kaum zu glauben, dass in Verlängerung dieser Haupthandelsverbindung einst Warenströme zwischen den großen Messestädten Frankfurt und Leipzig transportiert wurden. Im frühen Mittelalter galt die Hohe Straße ebenso als bedeutender Verbindungsweg zwischen den geistlichen und politischen Zentren Mainz, Frankfurt, Fulda und Erfurt. Heute lockt sie mit wunderbaren Ausblicken auf die umliegende Kulturlandschaft vor allem Freizeitradler auf den Höhenrücken. Unterwegs laden thematische Stationen, Skulpturen, Leseecken, Rast- und Spielplätze entlang des Radwegs zum Verweilen ein.

An der Sichtachse „Große Loh" stehen Radfahrer vor der Qual der Wahl: Wer es eilig hat, sollte sofort nach rechts abbiegen und dem Frankfurter Stadtteil Bergen-Enkheim entgegenradeln. Wer aber bereits auf den zurückliegenden Kilometern die hohen Windkraftanlagen im Blick hatte, sollte sich die Zeit nehmen und noch einen fünf Kilometer langen Abstecher auf der Hohen Straße in Richtung „Lausbaum" und „Galgenschaukel" einplanen. Auf dem Galgenberg, dem mit 200 Metern höchsten Punkt der heutigen Tour, bläst der Wind ganz gehörig.

Stand an diesem unwirtlichen Ort einst der Galgen, so ragen heute neun mächtige Windkraftanlagen gen Himmel. Als das Gemeindeparlament Schöneck vor Jahren den Bau der ersten Windräder genehmigte, wehte den Politikern ein Sturm der Empörung entgegen. „Eingangs gab es massiven Widerstand. Doch mein Vorgänger hat dem Sturm standgehalten", sagt Schönecks Bürgermeisterin Conny Rück. Als im Jahr 2013 die letzten beiden Windkraftanlagen vom Typ Enercon E-101 mit einer Nabenhöhe von 135 Metern aufgestellt wurden, habe es keine Beschwerden mehr gegeben. Der Sturm hatte sich gelegt. „Es ist uns gelungen, das Vertrauen der Bürger zu gewinnen", sagt Rück. „Das jährliche Hohe-Straße-Fest hat den Menschen die Verunsicherung genommen. Viele Menschen nutzen die Chance und schauen sich die Anlagen von innen an." Mittlerweile sind die Windräder das neue Symbol für den Ort geworden. Natürlich ist das ästhetische Empfinden beim Anblick der 200 Meter hohen Giganten unterschiedlich. Doch: „Für mich gibt es Schlimmeres, als Windkraftanlagen", sagt Rück. Blickt man bei der Rückfahrt nach links Richtung Main, weiß man, was sie meinen könnte: Das dortige Kraftwerk Großkrotzenburg ist wahrlich ein gigantischer Koloss. Und auch an dieses ästhetische Desaster haben sich die Menschen gewöhnt. Schließlich muss unser Strom ja irgendwoher kommen.

Doch lassen wir das Diskutieren über Für und Wider der Windkraft heute einfach mal sein und genießen die Rückfahrt auf der Hohen Straße Richtung Frankfurt. Unterwegs laden hölzerne Liegen zum Sonne-Tanken und zu einem grandiosen Blick auf die Frankfurter Skyline ein.

Am nordöstlichsten Zipfel von Frankfurt in Bergen-Enkheim angekommen, überqueren wir die Landstraße und fahren immer geradeaus gen Westen auf dem Nordring bis zur Vilbeler Landstraße. An der Kreuzung biegen wir nach links und fahren die Vilbeler Landstraße hinunter. Auf Höhe der Tankstelle geht es nach rechts auf den Klingenweg (Grüngürtel-Route). Nach einem langgezogenen Anstieg durch ein Wohngebiet radeln wir auf der Anhöhe immer weiter westwärts und folgen dabei dem Grüngürtel-Symbol. Bis dorthin,

Vom Lohrberg hat man einen unverstellten Blick zur Europäischen Zentral-bank.

wo an einem Zubringerweg das Main-Äppelhaus und der Lohrberg ausgeschildert sind.

Diesen Abstecher darf man sich auf gar keinen Fall entgehen lassen. Bereits 1946 wurde am heutigen Streuobstzentrum am Lohrberg ein Lehrgarten angelegt. Bis heute gibt es hier fachkundige Beratung zu Obst- und Gemüsesorten, Bodenpflege und Pflanzenschutz. Doch für Ausflügler sind Erlebnisgarten, Bistro und der Hofladen interessanter. Für Petra Bingemer vom Team des Main-Äppelhauses ist es ein besonderes Privileg, hier arbeiten zu dürfen. „Ein Besuch auf dem Lohrberg lohnt immer dann, wenn man einfach mal über den Dingen stehen und den Alltag unten in Frankfurt zurücklassen will", sagt Bingemer. „Ich darf hier sogar arbeiten." Das Besondere: Radler können bei Petra Bingemer im Bistro nicht nur selbstgekelterten Apfelsaft und andere Leckereien bestellen – Ausflügler dürfen auch selbst mitgebrachten Proviant zur Stärkung auspacken. Weil die prächtigen Kirsch- und Apfelbäume auf den Streuobstwiesen den Blick zum Main hinunter versperren, lohnt der Weg hinüber zum Lohrberg-Park. Von Frankfurts höchster Erhebung eröffnet sich ein grandioser Blick über alten Baumbestand, Weinreben und Kleingartenanlagen hinunter auf die Stadt.

Lohrbergschänke
Auf dem Lohr 9, 60389 Frankfurt
069 / 90476785
www.lohrberg-schaenke.de

MainÄppelHaus
Klingenweg 90, 60389 Frankfurt
069 / 479994, info@MainAeppelHausLohrberg.de
www.mainaeppelhauslohrberg.de

Zurück auf dem Grüngürtelweg geht es auf der entsprechend ausgezeichneten Route weiter westwärts Richtung Nidda-Uferweg. Den Verkehrsknoten an der B521 überqueren wir gefahrlos auf der Fußgänger- und Radwegbrücke. Übers offene Feld geht es weiter Richtung Nidda am Heiligenstock vorbei. Ein kurzes Stück fahren wir parallel zur A661 und unterqueren dann das Preungesheimer Dreieck zum Lausberg. Von diesem Neubaugebiet sind es nur noch 2,5 Kilometer bis zur Nidda. Wir folgen der Beschilderung unter der A661 hindurch Richtung Nidda-Radweg. Hinter Berkersheim stoßen wir wieder auf die Nidda und radeln die letzten fünf Kilometer stromaufwärts zurück zum Ausgangsort Bad Vilbel. Mit dem Besuch im neuen Bäder- und Brunnenmuseum in der Stadtmitte schließen wir die Tour ab. Das Sprudelwasser aus der staatlich anerkannten Heilquelle hat eine jährliche Schüttung von 40.000 Kubikmetern. Das Mineralwasser kommt dabei aus einer Tiefe von bis zu 120 Metern. Es enthält pro Liter 2,040 mg wertvolle Mineralien und zeichnet sich durch einen hohen Calcium-Gehalt und eine besonders ausgewogene Mineralisation aus. Was wie aus der Radio-Werbung klingt ist kein Werbespot, sondern wird offiziell von der Stadt bekanntgegeben. „Heute wird das Heilwasser Hassia-Sprudel in zwei Kureinrichtungen bei Badekuren angewendet", teilt die Stadt weiter mit. Na denn mal Prost.

Bäder- und Brunnenmuseum
Marktplatz 3, 61118 Bad Vilbel, 06101 / 559310

Bischofsheim

66

L3195

Maintal

L3268

Schloss Rumpenheim

Fähre

Rumpenheim

Mühlheim am Main

B43

B43

22 **PUPPEN, MÄRCHEN UND SCHLÖSSER**
Rund um Hanau und entlang des Mains

Kurpark
Wilhelmsbad

L3368

L3209

L3209

68

Hanau

B45

Schlosspark
Philippsruhe

B43

B45

S
Z

66

0   2 km

© OpenStreetMap-Mitwirkende

Puppen, Märchen und Schlösser
Schwierigkeitsgrad: leicht, für Kinder gut geeignet
Länge: 26 km Rundkurs
Anfahrt ÖPNV: S9 bzw. Regionalzüge bis Hanau Hauptbahn-
hof
Anfahrt Auto: Die Fahrt mit dem Auto ist nervig. Wer
unbedingt mit dem Auto anreisen möchte, sollte woanders
in die Tour einsteigen.

**Durch die Schlösser, das Puppenmuseum und nicht zuletzt
die Main-Querung auf einer Fähre ist die Tour abwechslungsreich.**

Aalen, Braunschweig, Cottbus, Duisburg … Beim Abc der für mich
völlig unbekannten deutschen Städte würde ich schon bald unter
„H" Hanau auflisten. Dabei liegt die 96.000-Einwohner-Stadt doch
inmitten des Rhein-Main-Gebietes eigentlich vor der Haustür.
Trotzdem ist mir Hanau völlig fremd. Schlimmer noch: „Hanau ist

Buntes Markttreiben vor dem Hanauer Rathaus mit dem Gebrüder-Grimm-
Denkmal.

hässlich", lautet meist ein Vorurteil. Allerhöchste Zeit, die Voreingenommenheit abzustreifen und einen neuen Blick auf die Stadt am Main und ihr Umland zu werfen. Schnell die Radtaschen gepackt, Kartenmaterial verstaut und ab geht es zum Hanauer Hauptbahnhof. Nach Ankunft unseres Zuges bahnen wir uns den Weg auf den Bahnhofsvorplatz. Auf einem Radwege-Wegweiser stehen gleich gut ein Dutzend Fernziele. Für uns ist die Ausschilderung zur Innenstadt wichtig. Nachdem auf dem Radweg gleich drei Kreisel umrundet sind, stoßen wir über die Nürnberger Straße kommend auf den Marktplatz.

Im Teich der Kuranlage vom Staatspark Wilhelmsbad steht diese Pyramide.

Vor dem dortigen Rathaus erinnert das Brüder-Grimm-Nationaldenkmal an die beiden größten Söhne der Stadt. Noch zu Lebzeiten von Jacob und Wilhelm Grimm spendete der angesehene Hanauer Bürger und Mäzen Pedro Jung 500 Gulden für ein zu errichtendes Denkmal. Erst 1896 wurde es enthüllt.

Mittwochs und samstags bilden rund 100 Stände am Fuße des Denkmals einen der größten Wochenmärkte in Hessen. Hier wird all das frisch feilgeboten, was es sonst nur in Plastik verschweißt oder in Konservenbüchsen im Supermarkt zu kaufen gibt. Da wir ohne Wegzehrung losgefahren sind, versorgen wir uns jetzt mit Proviant für den heutigen Rundkurs. Gut versorgt schwingen wir uns wieder auf den Fahrradsattel und folgen von nun an der Ausschilderung zum Schloss Philippsruhe.

Das Hessische Puppenmuseum im Hanauer Staatspark Wilhelmsbad.

Über die Römerstraße stoßen wir alsbald auf den Hanauer West-
bahnhof, den wir auf einem separaten Radweg neben dem pulsierenden Autoverkehr unterqueren. Immer geradeaus stoßen wir nach
etwas mehr als einem Kilometer über die Philippsruher Allee auf das
gleichnamige Schloss. Wir verschieben den Besuch in der barocken
Anlage mit Park und Orangerie als Sahnehäubchen an das Ende unserer Radtour. In etwas weniger als 20 Kilometern stoßen wir nämlich auf dem Rückweg entlang des Mainufers erneut auf das von
1875 bis 1880 im Stil des Historismus umgebaute Schloss. Vorerst
umrunden wir das Ensemble auf der Allee entgegen dem Uhrzeigersinn und biegen dann nach rechts auf die Burgallee ab. Gut zwei
Kilometer folgen wir der Ausschilderung Richtung Wilhelmsbad
schnurgeradeaus und stadtauswärts Richtung Nordwesten.

Hinter einem Bahnübergang tauchen wir in eine unvergleichlich
schöne Parkanlage ein. Mitten im Staatspark Wilhelmsbad ver-
schwimmt die Grenze zwischen Vergangenheit und Gegenwart, ja
zwischen Kindheit und Erwachsenenalter. Der Grund ist nicht nur
die verspielte Schönheit der Parkanlage. Vielmehr ist im Arkaden-
bau des Staatsparks das Hessische Puppenmuseum beheimatet. Die-

ses entpuppt sich durch die gut 5.000 Exponate als Jungbrunnen für Mütter und Omas sowie als Paradies für kleine Puppenliebhaberinnen. Doch auch Jungen, Väter und Opas werden ihre Freude haben. In Kindertagen hat der ein oder andere ja doch einen Teddy oder ein anderes Kuscheltier ans Herz gedrückt ... Käthe Kruse ist in der 800 Quadratmeter großen Ausstellung ein eigener Salon mit 100 Exponaten gewidmet. Und wer kennt sie nicht: Micki & Mecki. Die beiden waren in den 1930er Jahren noch schlichte namenlose Igelpuppen, die damals auf Postkarten und in Trickfilmen (Der Hase und der Igel) bekannter wurden. In aller Munde waren die Igel schließlich, nachdem der ehemalige Chefredakteur der Programmzeitschrift „Hörzu" den drolligen Tierpuppen die Namen „Micki & Mecki" geschenkt hatte. Ab 1949 erreichte Mecki als Redaktions-Igel der Radio-Programm-Zeitschrift endgültig bundesweite Berühmtheit.

Hessisches Puppen- & Spielzeugmuseum
Parkpromenade 4, 63454 Hanau
06181 / 86212, info@HPuSM.de
www.hpusm.de

Jetzt aber heißt es weiterradeln. Über die Parkpromenade verlassen wir den Staatspark und stoßen vor dem mächtigen Bismarckturm auf die Kesselstädter Straße. Links ab geht es von nun an der Radwege-Ausschilderung folgend Richtung Hohe Tanne und nach Maintal-Hochstadt. Über eine Brücke queren wir die A66 und schon bald kommt der Maintaler Stadtteil Hochstadt in Sichtweite. Hochstadt? Da müsste es bei Apfelwein-Freunden doch klingeln. Ja richtig: In Hochstadt wird seit 1779 in der Landkelterei Höhl, einer der ältesten Apfelweinkeltereien Deutschlands, das gute Stöffche hergestellt.

Michael Weber gründete in der damaligen Weinbaugemeinde Hochstadt fast schon visionär eine Apfelweinkelterei. Den selbstgekelterten Apfelwein verkaufte er im eigenen Gasthaus „Zur goldenen Krone", belieferte aber schon bald auch andere Gaststätten und private Haushalte bis nach Frankfurt. Das Landgasthaus passieren wir auf der Hauptstraße. Gewiss, das Kopfsteinpflaster ist für eine

Schütteltest auf dem Kopfsteinpflaster der Hauptstraße von Maintal-Hochstadt.

Radtour nicht unbedingt der optimale Straßenbelag. Doch gesäumt mit alten Fachwerkhäusern und Klinkerbauten sowie dem abschließenden Obertor und der Wehrkirche St. Kilian bekommt man durch das Pflaster eine Vorstellung, wie das Straßenleben vor 240 Jahren ausgesehen haben mag.

Über die Bahnhofstraße verlassen wir Hochstadt gen Süden. An der großen Straßenkreuzung am Ortsausgang queren wir die dortige Umgehungsstraße an einer Fußgängerampel und direkt danach die A66 über eine Brücke. Zwischen Industriegebiet (rechts) und Wohngebiet (links) steuern wir auf der Bahnhofstraße geradewegs auf den Bahnhof Maintal Ost zu. Die Gleise unterqueren wir auf dem Fußweg und steigen dazu freilich vom Fahrrad. Weiter dem Radweg geradewegs gen Süden folgend, stoßen wir schon bald auf Höhe der Fähre Dörnigheim – Mühlheim auf den Main. Achtung: Seit Oktober 2017 ist der Betrieb der Fähre eingestellt, derzeit wird nach einem neuen Betreiber gesucht. Noch im Februar 2019 war die Finanzierung durch den Main-Kinzig-Kreis, den Kreis Offenbach sowie die Städte Maintal und Mühlheim nicht geklärt. Rund vier Kilometer stromabwärts kann das Mainufer am Schloss Rumpenheim über die täglich verkehrende Fähre Rumpenheim – Bischofsheim gewechselt werden. Zwar sind die Räumlichkeiten im Schloss mittler-

Radfahrer drehen eine Ehrenrunde vor dem Rumpenheimer Schloss.

weile zu Eigentumswohnungen umgebaut, dennoch lohnt es sich, einmal in dem das Schloss umgebenden Landschaftsgarten am Main zu flanieren.

Freilich können wir uns auch die acht Kilometer Wegstrecke schenken und zurück nach Hanau radeln. Das können wir auf den beidseitig des Mains verlaufenden Uferradwegen tun. Doch spätestens an der Main-Staustufe Maintal müssen wir auf das nördliche Mainufer wechseln, um nun zum zwei Kilometer entfernt gelegenen Schloss Philippsruhe zu gelangen. Seit 1967 beherbergt das Hauptgebäude das Historische Museum Hanau, in dessen prächtigen Räumen Kunst vom 17. bis zum 20. Jahrhundert ausgestellt ist. Während die Innenstadt von Hanau am 19. März 1945 von britischen Bombern zerstört wurde, blieb das Schloss unversehrt. Nur wenige Wochen vor Ende des Zweiten Weltkrieges wurde die seinerzeit schöne Stadt in nur einer halben Stunde in Schutt und Asche gelegt. Auf den letzten drei Radwege-Kilometern zurück zum Hauptbahnhof bleibt uns dieser Wahnwitz der Weltgeschichte im Sinn.

Historisches Museum Hanau Schloss Philippsruh
Philippsruher Alle 45, 63454 Hanau
06181 / 2951799, museen@hanau.de
www.museen-hanau.de

Seligenstadt

S **Z**

L3121

Großwelzheim

Klein-Welzheim

Dettingen

Kilianu
brücke

L2310

Mainflingen

L3308

3

Zellhausen

Bong'sche
Kiesgruben

Wasserkraftwerk

Harreshausen

Babenhausen

B26

© OpenStreetMap-Mitwirkende

0   2
km

23 ÜBER DEN MAIN INS „BAYERISCHE AUSLAND"

Von Seligenstadt bis Aschaffenburg

Hörstein

Johannesberg

Glattbach

Kleinostheim

3

Aschaffenburg

Mainaschaff

B8

Pompejanum

B26

Stockstadt am Main

B26

Über den Main ins „bayerische Ausland"

Schwierigkeitsgrad: je nach Länge leicht bis mittelschwer
Länge: 39 km Rundkurs, Rückfahrt ab Aschaffenburg mit dem Zug direkt nach Frankfurt oder über Babenhausen (umsteigen) nach Seligenstadt möglich
Anfahrt ÖPNV: RE85 (Odenwaldbahn) bis Seligenstadt Bahnhof
Anfahrt Auto: A3 bis Abfahrt Seligenstadt oder A66 und A45. Parken in der Stadt und mit dem Fahrrad zum Mainufer.

Über herrlich ausgebaute Wege und immer am Main entlang auf einer geschichtsträchtigen Route geht es nach Aschaffenburg und wieder zurück.

Flussläufe bilden seit jeher natürliche Grenzlinien. Auf Höhe von Seligenstadt verläuft mitten im Main auf nur wenigen Kilometern die hessische Landesgrenze nach Bayern. Die Lage der 21.000-Ein-

An der Großen Maingasse in Seligenstadt laden Restaurants zur Einkehr ein.

Ein architektonisches Kleinod: die Einhard-Basilika und die Benediktiner-Abtei in Seligenstadt.

wohner-Stadt am Ufer des in einem Rechtsbogen strömenden Mains, die dortige Einhard-Basilika und eine ehemalige Benediktiner-Abtei haben mich bei der (Rad-)Tourenplanung neugierig gemacht. Die Stadt im Osten des Landkreises Offenbach wird alle zwei Stunden von einem Zug der Odenwaldbahn vom Frankfurter Hauptbahnhof aus direkt angefahren. In gerade einmal 40 Minuten erreicht mein Zug diese Stadt, die laut Reiseführer vor allem in der karolingischen Zeit von großer Bedeutung war. Gleich nach Ankunft des Zuges hole ich den Fotoapparat aus dem Tagesgepäck und werde ihn so schnell nicht mehr verstauen. Die Fachwerkhäuser am Alten Marktplatz von Seligenstadt und das wunderbare Ensemble am Platz vor der neoromanischen Einhard-Basilika und der Abtei müssen einfach auf Celluloid, pardon, auf den 8 MB-Chip meiner Digitalkamera gebannt werden.

Über den Ursprung der Namensgebung gibt es eine hübsche Legende. Demnach war Eginhard, ein Berater von Karl dem Großen, mit dessen Tochter Emma durchgebrannt. Das ungleiche Paar strandete am Main, und zusammen lebten sie der Legende nach in Obermühlheim, wie Seligenstadt damals noch hieß. Wie es der Zufall so will, kam eines Tages der Kaiser in die Stadt und betrat ein Gasthaus, in dem seine Tochter Emma mittlerweile arbeitete. Sie servierte ihm unerkannt Pfannkuchen, dessen unvergleichlicher Geschmack jedoch von ihrem Vater sofort wiedererkannt wurde. „Selig sei die Stadt genannt, da ich meine Tochter Emma wiederfand", rief der Kaiser voll Freude. Der Spruch, der zur Umbenennung und kaiserlichen Seligpreisung der Stadt führte, ist noch heute auf dem Erker des sogenannten Einhard-Hauses zu lesen.

Jetzt aber los: Über die Große Maingasse, die hinunter zur Mainfähre nach Karlstein führt, erreichen wir den Mainufer-Radweg. Wir bleiben hibbdebach (hessisch: „diesseits des Flusses"), statt mit der Fähre aufs andere Ufer überzusetzen. Über fünf Kilometer rollen wir stromaufwärts auf dem Main-Radweg Richtung Aschaffenburg.

Nach einigen Kilometern weckt eine elegante Bogenbrücke unsere Aufmerksamkeit. Die Fuß- und Radbrücke über den Main hat sogar einen Namen: Als Kilianusbrücke verbindet sie den Ortsrand von Mainflingen mit der auf der bayerischen Seite gelegenen Gemeinde Karlstein. Auf der Mitte der Brücke, genau auf Höhe des Grenzverlaufs, erwecken Dutzende bunte Vorhängeschlösser unsere Aufmerksamkeit. Wie auf dem Eisernen Steg in Frankfurt oder auf der Hohenzollernbrücke in Köln haben hier Liebespaare mit einem verriegelten Schloss sich ewige Treue geschworen. Und damit sie, wenn auch nicht in einer Kirche, den Segen eines Heiligen erhalten, wurde das Gestänge für ihre Schlösser mit den eingravierten Namen dem Namenspatron der Brücke St. Kilian gewidmet. Dort also queren wir den Main und erreichen, man höre und staune, völlig ohne Grenzkontrollen den Freistaat Bayern.

Und welch Überraschung: Auch auf der bayerischen Mainseite rollt das Fahrrad auf dem topfeben verlaufenden Main-Fernradweg wie von selbst. Schon bald ist nach Unterquerung einer Autobahnbrücke (A45) Kleinostheim erreicht, wo ein mächtiges Wasserkraftwerk seit 1971 Öko-Strom produziert. Aus einer Fallhöhe von 6,8 Metern treiben da die Wassermassen des Mains zwei Turbinen an, die mit rund 52 Millionen Kilowattstunden so viel Strom erzeugen,

Die Kilianusbrücke verbindet das hessische und das bayerische Mainufer.

dass damit fast 16.000 Haushalte versorgt werden können. Kurze Zeit später unterqueren wir eine zweite Autobahnbrücke, auf der unentwegt Autos auf der A3 der Stadt Würzburg entgegendonnern. Einen Kilometer weiter rattern schwere Güterzüge auf einer Gitterbrücke über unseren Köpfen hinweg dem anderen Mainufer entgegen. Bis 1864 verkehrte an dieser Stelle noch eine Fähre. Doch die Straßen- und Eisenbahnbrücken (nach Darmstadt) machten den Fährbetrieb unrentabel. Der letzte Fährmann Anton Bauer versah rund um die Uhr seinen Dienst, denn die Arbeiter aus den nahen Fabriken arbeiteten auch im Schichtbetrieb. Wer ans Ufer kam, rüttelte an dem quer über den Main gespannten Führungsseil der Fähre und rief, sollte der Fährmann am anderen Ufer sein: „Fährer houl!" Wir aber bleiben am bayerischen Mainufer. Fünf Kilometer hinter der Eisenbahnbrücke führt der Radweg an seiner schmalsten Stelle zwischen einer Felswand und dem Main vorbei. Danach öffnet sich das Ufer: Wir sind in Aschaffenburg angekommen.

Von der Uferwiese aus haben wir rückwärts blickend einen guten Blick auf das sogenannte Pompejanum, das oberhalb des besagten Hochufers liegt. Das architektonische Kleinod wurde Mitte des 19.

Jahrhunderts von König Ludwig I. erbaut, indes nicht als königliches Lustschloss. Vielmehr sollte es seiner Zeit den deutschen Kunstliebhabern als Anschauungsobjekt dienen, um die antike Kultur kennenzulernen. Auf dem angrenzenden Weinberg baut die Stadt einen Riesling an, dessen Trauben gekeltert zu besonderen Anlässen und Empfängen der Stadt als „Pompejaner" ausgeschenkt wird. Oberhalb des Mainufers thront mit Schloss Johannisburg das Wahrzeichen der Stadt.

Schloss Johannisburg
Schlossplatz 4, 63739 Aschaffenburg
06021 / 386570, www.museen-aschaffenburg.de

Wer sich Zeit nehmen möchte, kann die unterfränkische Metropole freilich auf eigene Faust erkunden. Wer bereits nach den zurückliegenden 19 Kilometern schwere Beine hat, kann vom Hauptbahnhof aus direkt mit dem Zug nach Frankfurt zurückfahren. Wer

König Ludwig I. erbaute Mitte des 19. Jahrhunderts das Pompejanum in Aschaffenburg.

Oberhalb des Mainufers thront das Schloss Johannisburg in Aschaffenburg.

mit dem Auto nach Seligenstadt angereist ist, kann mit Umstieg in Babenhausen ebenfalls mit dem Zug zurück zum Ausgangspunkt der Tour fahren. Doch ganz ehrlich: Nach einer lediglich 19 Kilometer langen Tour können Radfahrer – wieder zu Hause angekommen – doch keine wahren Heldengeschichten erzählen. Wir aber wollen wahre Helden sein und nehmen die Rückfahrt deshalb im Fahrradsattel in Angriff.

Am Mainufer geht es auf derselben Strecke fünf Kilometer retour bis zur besagten Eisenbahnbrücke in Mainaschaff. Ein Radweg entlang der Gleise führt auf der Gitterkonstruktion über den Main. Am anderen Mainufer angekommen, führt die als Limesradweg ausgeschilderte Piste zurück nach Seligenstadt. Wie herrlich, mit seinen Tour-Partnern auf gut ausgebauten Radwegen entlang des Mains zu plaudern, ohne dass nur irgendein Auto den Ausflug stört! Gewiss, zwischenzeitlich ist der Abschnitt entlang einer versiegelten Mülldeponie nicht ganz so prickelnd. Doch das Deponiegelände markiert eine bemerkenswerte Epoche in den 1980er Jahren. Es hätte nämlich noch viel schlimmer kommen können: Erfolgreich kämpften die Bürger von Mainhausen seinerzeit gegen den Ausbau der Deponie zu einer

Giftmülldeponie. Statt des von aufgebrachten Bürgern befürchteten „unbewohnbaren Drecklochs und Giftküche des Rhein-Main-Gebietes" befindet sich auf diesem 20 Hektar großen Areal heute ein Naturschutzgebiet mit schützenswerten Tieren und Pflanzen.

Vor Mainflingen müssen wir uns nun eine letzte, aber wesentliche Frage stellen: Wie will man den Abschluss der Tour krönen? Bei einem herrlich frischen Radler in einem Restaurant, bei Kaffee und Kuchen auf dem Platz nahe der Einhard-Basilika in Seligenstadt oder hier am südlichen Ortsrand von Mainflingen? Mein Tipp für den Abschluss der Radtour: Bei heißem Sommerwetter lohnt sich ein Zwischenstopp in dem unweit des Radweges gelegenen, mit Quell- und Grundwasser gespeisten Badesee. Ein Sprung in das erfrischende Nass ist doch der beste Tour-Abschluss. Die schöne Seenlandschaft entstand nach Stilllegung der Bong'schen Kiesgruben. Heute ist sie ein bei Ausflüglern beliebtes Naturschutzgebiet. Wohl dem, der Badesachen eingepackt hat.

Am Ende der Tour gibt's eine Stärkung in Seligenstadt.

24 **DAMPFLOKS, FOSSILIEN UND JUGENDSTIL**

Von Darmstadt zur Grube Messel und zurück

Messel

Grube Messel

L3094

loss

ldhaus

B26

0   2 km

© OpenStreetMap-Mitwirkende

Dampfloks, Fossilien und Jugendstil
Schwierigkeitsgrad: mittelschwer
Länge: 30 km Rundkurs
Anfahrt ÖPNV: S3 bis Darmstadt-Arheilgen
Anfahrt Auto: Auf der A5 bis Weiterstadt, auf der B42 Richtung Darmstadt. Zuvor auf der B3 nach Darmstadt-Arheilgen.

Radfahren in der Stadt? Für viele Darmstädter ist das eine Herzenssache. Das perfekt ausgeschilderte Radwegenetz der Wissenschaftsstadt bietet eine echte Alternative zum Autofahren.

Wir möchten es niemandem zumuten, sich vom Darmstädter Hauptbahnhof neben Straßenbahnen und entlang mehrspuriger Innenstadtstraßen den Weg hinauf zu den Schönheiten des Jugendstils auf die Mathildenhöhe zu bahnen. Zum Glück gibt es andere (Rad-)Wege dorthin. Unsere Tour führt jedoch zuerst in die Epoche der Dampfeisenbahn und Millionen Jahre zurück in die Erdgeschichte. Das Gesamtkunstwerk Mathildenhöhe mit Hochzeitsturm, Ausstellungsgebäude, Museum Künstlerkolonie, Künstlerhäusern und Platanenhain bildet dann den Abschluss der Tour.

Völlig unspektakulär beginnt die Radtour in Darmstadt-Arheilgen. Wir queren die Gleise auf der modernen Fußgänger- und Radwegbrücke und folgen dann der Weiterstädter Straße gen Osten. Die Radwege-Ausschilderung Richtung Dieburg und Kranichstein beginnt leider erst kurz vor der Ortsmitte von Arheilgen. Auch wenn die Straße mehrfach den Namen wechselt, fahren wir stets der Nase nach immer geradeaus. Aus der Weiterstädter Straße wird später die Messeler Straße. Als Jägertorstraße führt sie zum Bahnhof Kranichstein.

Wer in die gute alte Zeit der Dampfeisenbahn eintauchen möchte, sollte noch vor dem Bahnübergang nach links in die Steinstraße abbiegen. Im 1970 stillgelegten Bahnbetriebswerk haben Eisenbahn-Enthusiasten der Epoche der Dampfeisenbahn ein Denkmal gesetzt. Aus dem ersten Eisenbahnmuseum Deutschlands ist die

Harte körperliche Werkstattarbeit im Eisenbahnmuseum Kranichstein.

„Bahnwelt Kranichstein" entstanden – weit mehr als ein Museum. Heute wird auf dem Gelände des einstigen Ausbesserungswerkes wieder gehämmert und geschmiedet. Der Stahlbolzen glüht auf dem Amboss. Mit enormer Wucht lässt ein Vereinsmitglied einen mächtigen Hammer auf ein Werkstück niederschnellen. Die hier beheimateten Dampflokomotiven werden kontinuierlich gewartet. „Als einzige Werkstatt in Deutschland können wir Dampfkessel nieten. Ebenso sind bei uns wie früher Radsatzdrehbänke im Einsatz, mit denen wir die Räder der Loks abmontieren und wieder anschrauben können", sagt Daniel Wengert, eines der 50 aktiven Vereinsmitglieder. Hier wird Dampfeisenbahn gelebt und geschuftet. Die Vereinsmitglieder sind nach der Arbeit von Kohle, Ruß, Öl und Schweiß gezeichnet. Die Besucher können ihnen über die Schulter schauen und so an Eisenbahngeschichte teilhaben. Mittelpunkt der Bahnwelt ist die voll betriebsfähige Drehscheibe, mit der die eigenen Lokomotiven rangiert werden. Über dieses Denkmal der Industriegeschichte werden auch traditionsreiche Elektro-Lokomotiven rangiert. Die grüne E-Lok der Baureihe 41er wurde nach langer Re-

Alte und junge Eisenbahn-Enthusiasten halten die Ära der Dampflokomotiven lebendig.

staurierung mit Unterstützung der DB Regio Hessen als BR 141 228-7 vom TüV sogar für den Einsatz auf Schienen zugelassen.

Bahnwelt Darmstadt-Kranichstein
Steinstraße 7, 64291 Darmstadt
06151 / 377600, info@bahnwelt.de
www.bahnwelt.de

Irgendwann jedoch müssen wir Abschied nehmen und zum Bahnübergang zurückkehren. Gleich hinter den Gleisen biegen wir links ab und folgen der Radwege-Ausschilderung Richtung Messel. Rund 1,5 Kilometer geht es dabei parallel zu den Schienen der Eisenbahnlinie Darmstadt – Aschaffenburg. Dann tauchen wir hinein in den prächtigen Laubwald. Hier verläuft unser Weg für kurze Zeit auf dem Hessischen Fernradweg R8, dem wir weiter Richtung Messel folgen. Nach einer Brücke über die Bahngleise passieren wir einen frisch aufgeforsteten Laubwald, bevor sich nach 600 Metern der Radweg gabelt. Statt nach links dem R8 weiter

Richtung Dianaburg zu folgen, fahren wir auf dem mit der Nummer 16 ausgezeichneten Radweg geradeaus weiter. Doch Achtung: Die Ausschilderung auf den kommenden 1,5 Kilometern ist gewöhnungsbedürftig und gleicht manchmal einem Suchspiel. Wer aber mitten im Laubwald ein paar Minuten der Ungewissheit ertragen kann, ohne nervös

Gut ausgeschildert, findet sich der Weg.

zu werden, der wird auf dem folgenden Abschnitt mit wunderbarer Natur- und Waldlandschaft belohnt. Statt weiterer Radwege-Ausschilderung orientiert sich der Radler besser an der Wanderwegemarkierung „gelbes V im Kreis" oder am ausgeschilderten Flurnamen „Arheilger Viehtrift".

Das Jagdschloss Kranichstein wurde für Landgraf Georg I. von Hessen-Darmstadt errichtet.

„Über die Viehtrift haben die Arheilger Bauern früher ihr Vieh in den Wald und auf die Waldweiden getrieben", berichtet Matthias Kalinka vom Forstamt Darmstadt. „Der Radweg durchquert das Naturschutzgebiet Silzwiesen, wo das Vieh weiden durfte." Und tatsächlich: Der Stadtwald wird hier auffallend häufig von Lichtungen und Feuchtwiesen durchzogen, die allesamt durch den kleinen Bach namens Silz miteinander verbunden sind. „Der Kranichsteiner Wald wurde einst von Landgraf Ludwig VIII. völlig heruntergewirtschaftet. Der gesamte Forst wurde für die von ihm veranstalteten Hetz- und Parforcejagden modelliert, zu denen er auf sein Jagdschloss einlud", erzählt der Mann von Hessen Forst. „Die Wildschutz-Gatter, die auf dem Waldweg nach Messel passiert werden müssen, sind letzte Zeugnisse aus dieser Zeit."

Dort, wo der Radweg 16 aus dem Wald auf die Landstraße zwischen Messel und Darmstadt stößt, biegen wir für 100 Meter nach links auf die Landstraße, queren die Silz und biegen umgehend hinter den Silzwiesen wieder nach rechts in den Wald. Nach einem erneuten Wildgatter geht es im Wald dann stetig aber mit geringer Steigung Richtung Messel bergan. Am Ende der schnurgeraden Schneise stoßen wir auf eine Landstraße, biegen nach rechts und folgen der Radwege-Ausschilderung über den nahen Bahnübergang am Bahnhof Messel zur nahgelegenen Grube Messel.

Das Areal des ehemaligen Ölschiefer-Tageabbaus wurde wegen der unglaublichen Qualität der dortigen Fossilienfunde zu Deutschlands erstem Unesco-Weltnaturerbe geadelt. Bis zu 50.000 Besucher sind jedes Jahr von der spektakulären Präsentation der Erdgeschichte in einem 360-Grad-Kino begeistert. Die Simulation eines rotierenden Bohrkerns führt die Besucher zuerst in Ölschieferschichten in 81 Meter Tiefe und in die Sedimentschichten des ehemaligen Vulkansees in 165 Meter Tiefe. Unweigerlich empfindet man die Temperatur in dem kreisrunden Filmvorführraum als warm und stickig. Geräusche simulieren die Existenz der Tierwelt vor Millionen von Jahren. In 165 Metern Tiefe werden die Bilder von trübem Wasser und Seesedimenten durch das Gluckern von Wasser untermalt. „Vor 47 Millionen Jahren existierte hier ein rund 300 Meter tiefer

Die Darstellung der Urpferdchen im Besucherzentrum der Grube Messel.

Maarsee, der von dicht wucherndem tropischem Urwald umgeben war", sagt die Geschäftsführerin der Gesellschaft Welterbe Grube Messel, Marie-Luise Frey. „Vor 15 Jahren gab eine geophysikalische Bohrung bis auf 433 Meter Tiefe Aufschlüsse über die Entstehungsgeschichte der Fossilienfundstätte nach einem Vulkanausbruch." Unter der Oberfläche des Unesco-Weltnaturerbes schlummern bis heute, eingeschlossen im Ölschiefer, versteinerte Zeitzeugen aus einer ganz anderen Welt. An keinem anderen Ort der Erde wurden so viele Fossilien in dieser Menge und Vielfalt gefunden.

Wie ein Fingerzeig ragt die neue Aussichtsplattform der Grube Messel in Richtung Ausgrabungsstätte.

In sechs Themen-Räumen widmet sich die Ausstellung in überraschender Form den zentralen Fragen der Geologie, der Erdgeschichte, der Archäologie, der Tierwelt, des Vulkanismus und der Klimaentwicklung. Da muss sich der Besucher nicht wundern, wenn unentwegt digital erzeugte Urpferdchen, Schlangen und affenartige Wesen über die Wände, die als Regenwald gestaltet sind, huschen. An anderer Stelle sind die faszinierenden Reste dieser Urtiere ausgestellt.

Wer sich während der Radtour keine Zeit für das Besucherzentrum nehmen möchte, dem sei die frei zugängliche Besucherplattform wärmstens empfohlen. Unverstellt fällt der Blick hinab auf die 60 Meter tiefe Grube, die vor fast 50 Jahren eigentlich als Mülldeponie verfüllt werden sollte. Umweltaktivisten haben dies verhindert.

Grube Messel
Roßdörfer Straße 108, 64409 Messel
06159 / 717590, service@welterbe-grube-messel.de
www.grube-messel.de

Nach dem Ausflug in die Urzeit geht es zurück zur Landstraße. An der nahen Kreuzung biegen wir auf die L3094 rechts ab Richtung Darmstadt und queren auf separatem Radweg entlang der Landstraße ein letztes Mal die Silzwiesen. Nach wenigen Minuten erreichen wir die Prinz-von-Hessen-Grube. Auf Höhe der Bushaltestelle zweigt der Richtung Darmstadt und Reichelsheim ausgeschilderte Radweg in den Wald ab. Dort, im sechs Hektar großen Waldweiher, tummeln sich heute vor allem Nacktbadende und andere Naturfreunde. Kaum zu glauben, dass hier vor 100 Jahren noch Braunkohle gefördert wurde. So idyllisch der Badesee auch gelegen sein mag: Förster Matthias Kalinka rät von einem Bad ab. „Die Grube ist bis zu 15 Meter tief. Durch schwankende Temperaturen und unterschiedliche Strömungsverhältnisse gibt es hier leider immer wieder tödliche Badeunfälle", warnt er. Für eine letzte Rast vor der Rückkehr in die Jugendstil-Stadt Darmstadt empfiehlt er vielmehr den Besuch des fünf Kilometer entfernt gelegenen Steinbrücker Teichs am Oberwaldhaus.

Statt auf direktem Wege (3,4 km) entlang der Landstraße, rollen

Der Darmstädter Stadtwald ist ein Paradies für Radfahrer. Foto: Matthias Kalinka

wir mit Lust und Laune noch einmal durch den herrlichen Darmstädter Stadtwald. In weitem Rechtsbogen folgen wir dabei der Ausschilderung Richtung Darmstadt. Hier, im Nordosten Darmstadts ragen die letzten hügeligen Ausläufer des Odenwaldes wie Zungen in die Stadt hinein, bevor an der westlichen Stadtgrenze die Rheinebene beginnt. Die minimalen Steigungen des Radweges entstehen immer dort, wo sich Wald- und Wiesentäler zu den Bachläufen neigen. Der hiesige Forst im nördlichen Odenwald-Vorland nimmt 43 Prozent der städtischen Forstfläche ein. Von den 122 Quadratkilometern der Darmstädter Gemarkung ist ein Sechstel bewaldet. „Vor allem der hohe Eichenbestand im hiesigen Stadtwald ist in Hessen einmalig. Zusammen mit den Buchen, Ahorn und Linden ist das ein sehr abwechslungsreicher Laubwald", sagt Matthias Kalinka. Es soll vorkommen, dass man vor lauter Bäumen manchmal die Wegweiser übersieht.

Unterwegs kreuzt der Hessische Radfernweg R8. Es lohnt sich, an dieser Kreuzung dem Tipp des Försters zu folgen und dem einen Kilometer langen Abstecher nach rechts zum Oberwaldhaus zu folgen. Das dortige Freizeitgelände am Steinbrücker Teich bietet mit Minigolfanlage, einem großen Abenteuer-Spielplatz, Ponyreiten, Bootsverleih und Grillwiese sowie dem bewirtschafteten Oberwald-

Familien schätzen das Oberwaldhaus mit Bootsverleih, Minigolfanlage, Abenteuerspielplatz und Restaurant.

haus viele Möglichkeiten der Erholung für Jung und Alt.

Café Restaurant Oberwaldhaus
Dieburger Straße 257, 64287 Darmstadt
06151 / 712266,
restaurant-oberwaldhaus
@t-online.de
www.restaurant-
oberwaldhaus.com

Vor lauter Kurzweil und Zerstreuung sollten wir aber nicht vergessen, uns auf dem R8 auf die letzten drei Kilometer bis nach Darmstadt auf den Weg zu machen. Vor der Stadtgrenze lassen wir endlich den Wald hinter uns und fahren auf gut ausgebauten Feldwegen über das Darmstädter Oberfeld, den fruchtbaren Ländereien der ehemaligen Staatsdomäne Hofgut Oberfeld. „Auf 155 Hektar produzieren wir bei uns hochwertige, gesunde Lebensmittel nach den Richtlinien des Demeter-Verbandes", sagt dazu Thomas Göbel vom Hofgut. „Seit vergangenem Jahr weiden unsere Kühe auf dem Oberfeld, deren Bio-Milch im Hofladen am Milchautomaten selbst gezapft werden kann."

Doch statt des Hofladens im Hofgut in der nahen Erbacher Straße lockt uns vielmehr der Glanz der Jugendstil-Epoche auf die ausgeschilderte Mathildenhöhe. Von 1899 bis zum Beginn des Ersten Weltkrieges wirkten in Darmstadt namhafte Künstler – unter ihnen Joseph Maria Olbrich und Peter Behrens. Durch ihr Schaffen setzten sie wesentliche Impulse zur Entwicklung der Moderne. In vier Ausstellungen in den Jahren 1901, 1904, 1908 und 1914 zeigten die Künstler ihre Vorstellungen vom modernen Leben. „Die Künstler strebten eine ganzheitliche ästhetische Durchdringung des Alltags im Sinne von eigenen Weltentwürfen an", sagt der Direktor der

Hochzeitsturm, Ausstellungsgebäude und Russische Kapelle als Ensemble auf der Mathildenhöhe.

Mathildenhöhe, Philipp Gutbrod. Das Museum Künstlerkolonie in dem vom Architekten Joseph Maria Olbrich entworfenen Ateliergebäude gibt Einblicke in die „Weltentwürfe" der Jugendstil-Epoche.

Mathildenhöhe Darmstadt
Olbrichweg 15, 64287 Darmstadt
06151 /132778, mathildenhoehe@darmstadt.de
www.mathildenhoehe.eu

Doch wir müssen zurück in die Gegenwart. Dort angekommen, erfahren wir auf dem parallel zum Spessartring und Rhönring verlaufenden Fahrradweg, wie viel wichtiger als hehre Weltentwürfe für uns ein gut ausgeschildertes Fahrradwege-Netz ist. Ab der Mathildenhöhe folgen wir der Ausschilderung Richtung Bürgerpark Nord oder Darmstadt-Arheilgen. Auf Höhe des Hauptportals des Pharma-Konzerns Merck stoßen wir auf die Frankfurter Straße und strampeln parallel zu den Straßenbahnschienen zurück in den Ortskern von Arheilgen und über die Weiterstädter Straße wieder zum S-Bahn-Halt.

Oppenheim

B9

Rhein

*Flugplatz
Oppenheim*

Parabolspiegel

Stromtalwiesen

*Naturschutzgebiet
Knoblochsaue*

Rhein

Aussichtspunkt
Altrhein

Altrhein

Rhein

25 MÜCKEN, MOOR UND MOTORBOOTE
Das Naturschutzgebiet Kühkopf und der Altrhein

L3096

B44

B26

Bensheimer Hof

Riedstadt

Erfelden

Altrheinbrücke

Goddelau

Naturschutzgebiet
Kühkopf-
Knoblochsaue

Altrhein

Stockstadt
am Rhein

S Z

B44

© OpenStreetMap/Mitwirkende

0   2
                                    km

Mücken, Moor und Motorboote
Schwierigkeitsgrad: relativ leicht
Länge: 30 km Rundkurs
Anfahrt ÖPNV: Stockstadt
Anfahrt Auto: Auf der A5 bis zum Darmstädter Kreuz. Von dort auf der A672 in Richtung Darmstadt. Zuvor auf die B26 nach Griesheim und weiter über die B44 nach Stockstadt. Oder über die A67 bis Büttelborn und von dort über die B44 nach Stockstadt.

Ja, es gibt Mücken im Naturschutzgebiet Kühkopf/Knoblochsaue. Alles andere wäre gelogen. In manchen Jahren sogar ziemlich viele. Angesichts der großen Feuchtgebiete im Altrheinbogen rund um Stockstadt ist das auch nicht weiter verwunderlich. Doch wer sich davon abschrecken lässt, ist selbst schuld.

Wahrscheinlich ist es wie beim Schwedenurlaub: Entweder das Risiko eingehen, gestochen zu werden – dafür aber eine grandiose Natur genießen – oder sich vom Horrorszenario Mückenplage abschrecken lassen und daheim bleiben. Unerschrockenen Radfahrern eröffnet Hessens größtes Naturschutzgebiet das Erlebnis von 2.400 Hektar überfluteten Auenwiesen und archetypischen Urwäldern.

Nicht ganz, aber doch über weite Strecken verläuft die 30 Kilometer lange Tour autofrei. Wer sich mehr Zeit nehmen möchte, kann den Ausflug freilich noch beliebig ausdehnen: Alleine der Kühkopf wird von rund 50 Kilometern Rad- und Wanderwegen durchzogen. Auf der Knoblochsaue kommen nochmals 20 Kilometer dazu. Kleinere Stippvisiten zum Rhein oder Altrhein, die wir unterwegs empfehlen, machen den Radausflug zudem mal länger oder auch kürzer, je nach Lust und Laune.

Der Tour-Auftakt ist auf dem Bahnhofsvorplatz von Stockstadt, wo die Rheinstraße Richtung Ortsmitte abzweigt. Hier ist der Kühkopf bereits ausgeschildert. Die am Ende kreuzende Hauptstraße (in Stockstadt heißt diese Oberstraße) überqueren wir in kurzem

Der Kühkopf ist eine vom Oberrhein und einem seiner Altarme gebildete Insel im Hessischen Ried.

Rechts-Links-Schwenk. Nach den letzten Häusern stoßen wir auf den Hessischen Radfernweg R6, dessen Ausschilderung wir auf den nächsten 17 Kilometern getrost vertrauen können. Über eine Bogenbrücke quert der R6 den Altrheinbogen, der den Kühkopf wie ein schützender Arm umschließt.

Gleich hinter der Brücke zweigt der Weg zum Umweltbildungszentrum „Schatzinsel-Kühkopf" nach links ab. Unser Tipp: Ein Besuch des alten Hofguts Guntershausen ist am Ende der Tour besonders reizvoll. Nicht nur, weil wir uns an Wochenenden dort mit leckerem selbstgemachten Kuchen und Kaffeespezialitäten belohnen können. Nach den eigenen Eindrücken während der Tour erklärt und vertieft die Ausstellung im dortigen Umweltbildungszentrum vieles, was unterwegs entdeckt wurde. „Mit dem Natura 2000-Gebiet Kühkopf-Knoblochsaue trägt Hessen Verantwortung für das größte zusammenhängende, naturnahe Auenschutzgebiet am Rhein. Es ist eines von nur drei vergleichbaren Gebieten in Europa", sagt Ralph Baumgärtel, der Leiter der vom Regierungspräsidium Darmstadt getragenen Einrichtung.

Die Schwedensäule erinnert an den Rheinübergang des Schwedenkönigs Gustav Adolf mit seinen Truppen im Dreißigjährigen Krieg.

Wir freuen uns erst einmal aufs Radfahren und treten kräftig in die Pedale. Der betonierte Weg Richtung Erfelden/Rheinfähre Kornsand führt entlang einer Apfelbaum-Allee, an der viele alte Apfelsorten auf Infotafeln erklärt werden. Alleine die klangvollen Namen lassen bereits das Wasser im Mund zusammenlaufen: Ananasrenette, Goldener Berlepsch oder Hochzeitsapfel versprechen viel mehr Genuss als die geklonten und uniformierten Apfelsorten aus Übersee, die die Auslagen im Supermarkt dominieren. Etwas verschämt denke ich an die am Morgen als Proviant geschnippelten Äpfel.

Die Apfel-Allee zweigt auf freier Strecke vom R6 nach links auf einen fünf Kilometer langen Stichweg ab. Dieser Radweg quert den kompletten Kühkopf und eröffnet den typischen Charakter des Naturschutzgebietes. Am Ende des Weges stößt man an der Rheinfähre Kühkopf-Guntersblum auf den Rhein und kann den vorbeiziehenden Kähnen und sogar manchem Fluss-Kreuzfahrtschiff nachschauen. Die von einem Förder- und Freundeskreis betriebene Fähre über den Rhein verkehrt jedoch nur ein paar Mal im Jahr an ausgewählten Aktionstagen hinüber nach Guntersblum. Nähere Informationen unter *www.kuehkopf-faehre.de*.

Der R6 hingegen führt an besagter Kreuzung weiter geradeaus über schilfbestandene Wiesen und durch urbelassene Wäldchen, in denen einst umgestürzte Bäume längst mit Moos überwuchert sind. Schon zweieinhalb Kilometer nach der ersten Altrheinbogen-Brücke folgt die zweite Querung des Altrheins hinüber nach Erfelden. Dem R6 folgen wir weiterhin zur Fähre Kornsand. Auf einem Deich radelnd passieren wir die Motorboote und kleinen Yachten, die linker Hand am Hafen des Jachtclubs festgemacht sind. Auch nach dem Ortsausgang bleiben wir auf dem Deich. Rechter Hand verläuft die Landstraße. Dort, wo diese nach rechts im rechten Winkel Richtung Leeheim abzweigt, fahren wir auf dem R6 weiter geradeaus in die Knoblochsaue. Über fruchtbares Ackerland geht es weiter, ein Stück des Weges ungemütlich über Kopfsteinpflaster.

An einer Vogelbeobachtungsstelle tauchen wir hinein in den Wald. Dort folgen wir dem Hauptweg. Unscheinbar, nur mit einem kleinen Schildchen markiert, zweigt nach links ein Pfad zur Schwe-

Der Rhein im Sommer: Ein Fluss-Kreuzfahrtschiff passiert eine Sandbank mit Badenden.

densäule ab: kein Muss, aber ein bemerkenswerter geschichtlicher Abstecher in die Zeit des Dreißigjährigen Krieges. „Im Sommer 1631 überquerte der schwedische König Gustav Adolf mit seinen Truppen an dieser Stelle den Rhein, um die in Oppenheim verschanzten Spanier anzugreifen und letztendlich zu besiegen", ist auf der Infotafel zu lesen. Angeblich wurden für die Überfahrt Scheunentore der örtlichen Bauern auf Booten befestigt. Damit sollen mehrere Tausend Mann, Pferde und Waffen über den damals 300 Meter breiten Strom befördert worden sein.

200 Meter zurück zum R6, schwenken wir natürlich wieder in die alte Fahrtrichtung nach links ein. Nach 600 Metern im Wald knickt der Fernradweg im rechten Winkel nach rechts ab. Wer möchte, kann von dieser Wegegabelung nochmals 600 Meter weiter zu einem weiteren Aussichtspunkt am Uferstreifen des Altrheins fahren. Der R6 aber führt unentwegt weiter durch den Wald. Wie durch einen Blättertunnel gleiten wir dahin und können unseren Gedanken nachhängen. Manchmal tut es einfach gut, nicht abgelenkt zu werden. Aus der Gedankenwelt tauchen wir aber spätestens dann

wieder auf, wenn der Radweg den Wald verlässt. Über Auenfelder und vorbei am Plattenhof geht es schnurgerade nordwärts, bis auf freiem Feld an einer weiteren Infotafel ein Abzweig nach links Richtung Rhein ausgeschildert ist.

Statt dem R6 weiter Richtung Fähre zu folgen, nehmen wir uns nun Zeit für den rund einen Kilometer langen Abstecher nach links, der „Radroute Ried" sowie dem Wanderweg-Wegweiser „gelbe 2 in gelbem Kreis" folgend. Schließlich wollen wir heute doch endlich auch einmal richtige Rheinschiffe sehen. Noch einmal rechts und einmal links – und dann stehen wir am europäischen Strom, dem Vater Rhein, und staunen über den regen Schiffsverkehr. Zurück am R6 angekommen, fahren wir weiter Richtung Norden zur Fähre Kornsand.

Aus der Senke der Knoblochsaue wird der Radweg auf einen Hochwasserschutz-Deich geleitet, wo der Blick auf offenes Feld fällt: die Stromtalwiesen zwischen Leeheim und Erfelden. „Stromtalwiesen sind besondere Auenwiesen. Sie haben sich hier in den Niederungen des Rheins unter dem Einfluss einer mäßigen landwirtschaftlichen Nutzung entwickeln können", erklärt Matthias Harnisch, der die Stromtalwiesen seitens der Kommune betreut. Die weiten Flächen sind durch extreme Schwankungen im Wasserhaushalt gekennzeichnet. Je nach Wetterlage können Überschwemmung und Austrocknung schnell abwechseln. Besonders im Mai und im August sind die Stromtalwiesen von einem vielfarbigen Blütenmeer überzogen. „Sie gehören in Mitteleuropa zu den artenreichsten, aber auch am stärksten gefährdeten Lebensräumen", erläutert Harnisch. Zahlreiche der hier vorkommenden Pflanzen- und Tierarten sind vom Aussterben bedroht. Um den Artenreichtum zu erhalten, wird samenhaltiges Mahdgut von den alten Stromtalwiesen in umliegenden Naturschutzgebieten auf die dortigen Wiesenflächen übertragen. „Wir konnten so in den vergangenen Jahren 60 Hektar dieser seltenen Wiesen neu anlegen. Zudem konnten wir mehr als 130 Pflanzenarten wieder ansiedeln, von denen 35 Arten auf der Roten Liste stehen", sagt der Experte, bevor wir uns verabschieden.

Auf der Deichkrone führt uns der Radweg geradewegs zur Messstelle der Bundesnetzagentur. Parabolspiegel-Antennen von bis zu

Parabolspiegel-Antennen von bis zu zwölf Metern Durchmesser der Bundesnetzagentur.

zwölf Metern Durchmesser sind auf Satelliten im Weltraum gerich-
tet. Diese Antennen bilden das Herz der Einrichtung, mit der das
Frequenzspektrum der Weltraumfunkdienste überwacht wird. „Die
Anzahl der Satelliten im Orbit wächst und folglich wächst auch der
Bedarf an Satellitenfunkfrequenzen", erläutert Klaus Mecher von
der zuständigen Bundesnetzagentur für Elektrizität, Gas, Telekom-
munikation, Post und Eisenbahnen mit Sitz in Mainz. Die Planung
der Frequenznutzungen gewinnt deshalb mehr und mehr an Bedeutung. Die Gefahr von Funkstörungen wird größer. Die Möglichkeit,
mit technischen Mitteln Störungsquellen schnell zu finden, sei aus
wirtschaftlichen Gründen sowohl für Betreiber als auch für Nutzer
äußerst wichtig.

Bevor wir uns zu sehr in technischen Details verlieren, fahren wir
lieber weiter. Auf Höhe der Erdfunkstelle verlassen wir schließlich den
R6 und biegen vom Damm nach rechts auf den Feldweg Richtung
Leeheim ab. Durch die fruchtbaren Felder des Rieds erreichen wir
nach zweieinhalb Kilometern den Ortsrand von Leeheim. Kurz nachdem die großen Scheunen des „Beregnungs- und Bodenverbandes

Vom Kühkopf gelangt man über eine Rad- und Fußgängerbrücke nach Erfelden.

Leeheim" (links) passiert sind, fahren wir auf der Schuster- wörther Straße immer gerade- aus durchs Wohngebiet, bis wir auf die Erfelder Straße sto- ßen. Rechts ab folgen wir der Landstraße auf dem außer- halb des Ortes beginnenden Radweg nach Erfelden. Auf halber Strecke ist der Benshei- mer Hof nicht zu übersehen. Die Geschichte dieses impo- santen Gutsofes ist mehr als 1.200 Jahre alt. Sie begann als Schenkung der „Villa Buosi- nesheim" an das Kloster Lorsch im Jahr 782. Weitere Schenkungen kamen hinzu, bis allerdings nach etwa 400

Im Bensheimer Hof zwischen Leeheim und Erfelden wird Saatgut produziert.

Auf einer Brücke fährt man von Stockstadt nach Guntershausen auf dem Kühkopf.

Jahren das Kloster Lorsch an Bedeutung verlor und den Hof an das neu entstandene Kloster Eberbach übergab. Noch heute wird der Hof mit der Produktion von Getreide-Saatgut bewirtschaftet. Aus früheren Tagen stammen die Schienen auf dem Hofgelände, die zu einem flexiblen Feldbahnsystem gehörten. Dieses Transportsystem war für die Bewirtschaftung der nassen Felder günstig.

Weiter entlang des (Rad-)Weges stoßen wir bald wieder auf den R6, auf dem wir nun – in entgegengesetzter Richtung wie bei der Hinfahrt – wieder nach Erfelden fahren. Nach 2,5 Kilometern erhabener Fahrt auf der Deichkrone erreichen wir wieder die Altrhein-Brücke in Erfelden. Wer einen anderen Weg zurück nach Stockstadt einschlagen möchte, nutzt den Radweg parallel zum Altrhein und erreicht nach dreieinhalb Kilometern den gut ausgeschilderten Bahnhof. Uns aber ruft der eingangs versprochene leckere Kuchen im Hofgut Guntershausen.

In der Dauerausstellung des Umweltbildungszentrums können sich die Besucher nach Belieben über das Naturschutzgebiet Kühkopf informieren. Da die tatsächlich in Myriaden-Schwärmen

Hessen Forst unterhält das Umweltbildungszentrum „Schatzinsel Kühkopf".

auftretenden Schnaken ein so unerfreuliches Thema sind, konzentrieren wir uns auf das grandiose Froschkonzert. Das größte Naturschutzgebiet Hessens bietet wegen des schwankenden Wasserstandes acht Amphibienarten ideale Lebensbedingungen. Das Quaken von Erdkröte, Grünfrosch und Moorfrosch ist nicht zu überhören. Wer sich vom Klang des akustischen Spektakels einen Eindruck verschaffen will, kann dies wunderbar auf YouTube machen.

Hofgut Guntershausen
Außerhalb 27, 64589 Stockstadt am Rhein
06158 / 828739, mail@hofgut-guntershausen.de
www.hofgut-guntershausen.de

Umweltbildungszentrum „Schatzinsel Kühopf"
Außerhalb 27, 64589 Stockstadt am Rhein
06158 / 8286759, ralph.baumgaertel@forst.hessen.de
www.hessen-forst.de

Gernsheim

Groß-Rohrheim

Biblis

Bürstadt

26 FACHWERK, WEIN UND BIOTOPE
Die Bergstraße zwischen Bickenbach und Heppenheim

0

5
km

Fachwerk, Wein und Biotope
Schwierigkeitsgrad: leicht, eine kleine Steigung zu Beginn
Länge: 30 km
Anfahrt ÖPNV: Bahnhof Bickenbach
Anfahrt Auto: Auf der A5 bis Abfahrt Seeheim-Jugendheim. Dort sofort auf die L3303 nach Bickenbach.

Mandelblüte, Spargel- und Erdbeerfelder, Weinlese, Winzerfeste, Burgen und andere geschichtlichen Zeugnisse – das erwartet uns auf dieser Tour entlang der Bergstraße zwischen Bickenbach, Zwingenberg, Bensheim, Lorsch und Heppenheim. Wer sich 16 zusätzliche Kilometer zutraut, kann den Bergstraßen-Radweg bereits in der Darmstädter Innenstadt beginnen.

Am Bahnhof Bickenbach laden wir das Fahrrad aus dem Regionalexpress und folgen der Rad-Beschilderung nach Alsbach. Dabei

Am Fuße des Melibokus wird bis zum Johannistag am 24. Juni der Bergsträßer Spargel gestochen.

Drachenflieger starten auf dem Melibokus bei Zwingenberg.
Foto: www.flugschule-openair.de

radeln wir zuerst entlang der parallel zur Bahnlinie Richtung Süden verlaufenden Straße. Nach weitem Linksbogen stoßen wir an den Ortsrand von Bickenbach. Durch ein Wohngebiet (Hügelstraße) gelangen wir über offenes Feld auf dem Beuneweg zum Ortseingang von Alsbach. Dort kreuzen wir die Schienen der Straßenbahn und kurze Zeit später auch die Alte Bergstrasse (L3100). Dahinter beginnt der einzige nennenswerte Anstieg der heutigen Tour. Nach 500 Metern stoßen wir auf den Fernradweg R8 und folgen nach einem Rechtsschwenk dem Bergstraßen-Logo nach Zwingenberg.

Wohin der Blick auch reicht: Überall erstrecken sich Spargel- und Erdbeerfelder in der Ebene. Auf den ins Tal auslaufenden Flanken der letzten Odenwaldrücken jedoch stehen die Reben des kleinsten deutschen Weinbaugebietes in Reih und Glied.

Ein lautes Flattern in der Luft reißt uns aus den Gedanken und wir wenden unseren Blick zum Himmel Richtung Melibokus. Noch vor dem Ortseingang von Zwingenberg schwebt ein Drachenflieger über unsere Köpfe hinweg, dessen Pilot auf einer nahen Wiese zur Landung ansetzt. Schon vor einer ganzen Weile ist Patrick Jung auf der Startrampe des Melibokus' gestartet. Mit seinen 517 Metern ist er der höchste Berg der südhessischen Bergstraße. „Fliegen ist in un-

In den Gässchen von Zwingenberg kann man es sich gutgehen lassen.

serer hektischen Zeit ein Naturerlebnis, bei dem ich wunderbar entspannen kann. Hier finde ich innere Ruhe. Ich bin keinesfalls ein Adrenalinjunkie", sagt der Inhaber der Flugschule „OpenAir" in Zwingenberg. „Der Flug entlang der Bergstraße, auf der Trennlinie zwischen den bewaldeten Hügeln des Odenwaldes und der dicht besiedelten wie auch wirtschaftlich intensiv genutzten Rheinebene ist für mich ein ganz besonderes Erlebnis."

Zusammen mit Ulrike Kimmig hat Patrick Jung seine Leidenschaft zum Beruf gemacht und die Flugschule „OpenAir" in Zwingenberg gegründet. An mehreren Startpunkten entlang der Bergstraße finden Drachenflieger und Gleitschirmflieger optimale Flugbedingungen. „Bei Westwind wird die Luft an der Bergstraße vertikal nach oben gelenkt. Dabei entstehen ideale thermische Bedingungen." Bei unserem Abschied empfiehlt der 50-Jährige einen Besuch im historischen Ortskern Zwingenbergs. Der kurze Stopp lohnt wegen der schmucken Fachwerkhäuser und der Bergkirche, die auf einer Felsnase über dem Marktplatz thront. Zudem laden Restaurants und Eisdielen in Unter- und Obergasse zu einer Pause ein.

Von Bensheim-Auerbach ist es in den Staatspark Fürstenlager nicht weit.

Nach der wohlverdienten Stärkung lotst uns die Radwege-Beschilderung hinaus ins Ried: Im Zickzack erreichen wir hinter der Bahnlinie einen nach Süden führenden Feldweg. Entlang eines kleinen Bachlaufes radeln wir durch die lieblichen Auenwiesen mit dem schrecklichen Gewann-Namen Galgenlache. Eigentlich lässt der Bergstraßen-Radweg den Bensheimer Stadtteil Auerbach links liegen. Liebhabern von gepflegten Parkanlagen aber sei ein Abstecher zum Staatspark Fürstenlager ans Herz gelegt. Statt dem Radweg parallel zur Bahnlinie Richtung Bensheim zu folgen, bahnen wir uns den Weg in die Ortsmitte von Auerbach. Der Weg zum Fürstenlager ist von dort aus gut ausgeschildert. Mit der Entdeckung eines Mineralbrunnens zu Beginn des 18. Jahrhunderts setzte ein reger Kurbetrieb ein, der auch das Interesse der Landgrafen und Großherzöge von Hessen-Darmstadt erweckte. Landgraf Ludwig X. erbaute das Fürstenlager als seinen Sommersitz. Die schlichte, dorfartige Anlage liegt in einem idyllischen Seitental der Odenwald-Ausläufer. Fremden- und Kavaliersbau, Prinzen- und Damenbau, Wachen und Remisen sind fast unverändert erhalten geblieben. Besonders reizvoll ist der Staatspark wegen der 46 Hektar großen Parkanlage, in der neben exotischen Pflanzen auch einer der ältesten Mammutbäume Deutschlands wächst.

Staatspark Fürstenlager
64625 Bensheim-Auerbach
06251/93460, www.schloesser-hessen.de

Soweit die kleine Exkursion in frühere Zeiten von Glanz und Gloria. Zurück auf dem Bergstraßen-Radweg sind wir schon bald in Bensheim angekommen. Die malerische Innenstadt mit historischen Adelshöfen und dem ältesten Fachwerkhaus in Südhessen lädt mit zahlreichen Restaurants in der Fußgängerzone zum Verweilen, vielleicht auch zum Mittagessen, ein. Zwischen Bensheim und Heppenheim verlässt der ausgeschilderte Radweg lediglich ein einziges Mal den angestammten Verlauf der Bergstraße. Und das aus gutem Grund: Vor den Toren Bensheims liegt – mitten im hessischen Ried – die um 800 erbaute Königshalle des ehemaligen Klosters Lorsch. Nach sieben gut ausgeschilderten Radwege-Kilometern erreichen wir entspannt die Klosteranlage, die 1991 als Stätte des Unesco-Weltkulturerbes geadelt wurde. „Im Laufe der Jahre haben Politiker und auch die Bürger ein Gespür dafür entwickelt, dass ein Welterbe nicht alleine eine Plakette oder ein Zertifikat ist, sondern einen viel größeren Auftrag besitzt", meint Hermann Schefers, Leiter der Klosteranlage. „Ein Weltkulturerbe darf nicht zur bloßen Kulisse verkommen. Welterbestätten brauchen keine Wertschöpfung über Eventveranstaltungen wie Opernaufführungen in Klostermauern – sie stellen einen Wert an sich dar." Auch wenn außer der weithin bekannten Königshalle und den letzten Fragmenten der einstigen Klosterkirche wenig Bausubstanz zu sehen ist, hatte das Kloster Lorsch einst eine viel höhere kulturgeschichtliche Bedeutung. „Klöster bilden das kollektive Gedächtnis einer Gesellschaft. Dort wurden Erfahrungen und Ereignisse niedergeschrieben, die heute als unsere Geschichte nachzulesen sind", sagt der Mitarbeiter der Verwaltung der staatlichen Gärten und Schlösser in Hessen.

Straßenmusiker in der Innenstadt von Bensheim.

Das Unesco-Weltkulturerbe Kloster Lorsch liegt direkt am Bergstraßen-Radweg.

Kloster Lorsch
Nibelungenstraße 32, 64653 Lorsch
06251 / 51446, info@kloster-lorsch.de
www.kloster-lorsch.de

Nach derart kultureller und geistiger Kost haben wir Hunger bekommen. In der benachbarten Fußgängerzone lässt sich in einem der ältesten Gasthäuser in Deutschland, dem „Wirtshaus zum Weißen Kreuz", vortrefflich speisen. Auf der Außenterrasse des Gasthauses auf dem Marktplatz lassen wir es uns gutgehen und genießen noch ein Weilchen die wärmenden Sonnenstrahlen.

Wirtshaus zum Weißen Kreuz
Marktplatz 2, 64653 Lorsch
06251 / 5502624, info@wirtshaus-weisseskreuz.de
www.wirtshaus-weisseskreuz.de

Auweia! Fast hätten wir vergessen, dass wir noch nicht am Ziel der heutigen Radtour angekommen sind. Wir müssen uns einen Ruck

Gut frequentierte Restaurants und Cafés unweit des Klosters Lorsch.

geben und machen uns schließlich auf den Weg zur Schlussetappe nach Heppenheim. Der Bergstraßen-Radweg dorthin ist direkt ab der Klosteranlage ausgeschildert.

Auf dem Weg in die Kreisstadt des Landkreises Bergstraße durchqueren wir schon bald das Naturschutzgebiet „Weschnitzinsel". Eingefasst von der in zwei Kanälen verlaufenden Weschnitz, ist der gesamte Bereich Teil eines Hochwasserpolders, der bei Hochwassersituationen geflutet werden kann. „Früher führten die Menschen der Region in Zeiten der Schnee-

Das Ende der Tour: die Heppenheimer Altstadt.

Die Starkenburg oberhalb Heppenheims, inmitten der Weinberge der Berg-straßen-Winzer.

schmelze einen regelrechten Kampf gegen die Hochwasser", erklärt uns ein ortskundiger Wanderer. „Vor 50 Jahren wurden die Probleme durch Begradigungen, Flussbettvertiefungen, Entwässerungen und Dämme weitgehend gelöst. Doch durch die erheblichen Eingriffe in das Ökosystem wurden auch viele Vogelarten vertrieben." 1979 als Naturschutzgebiet ausgewiesen, ist die Weschnitzinsel heute ein wichtiges Trittsteinbiotop für rastende Zugvögel und ein Lebensraum seltener Wiesenbrüter. Mit einer Fläche von 225 Hektar ist es das größte zusammenhängende Grünland zwischen Frankfurt und Heidelberg.

Doch bis an den Neckar müssen wir heute zum Glück nicht mehr fahren. Bis zum Ziel unserer Tour am Bahnhof Heppenheim sind es nur noch wenige Kilometer. Vom Stadtrand aus führt unser ausgeschilderter Radweg leider durch ein wenig reizvolles Industrie- und Gewerbegebiet. Eine größere Anziehungskraft entfaltet hingegen die historische Altstadt mit ihren mittelalterlichen Fachwerkhäusern. Einer der schönsten Marktplätze Deutschlands lädt mit urigen Gasthäusern vor unserer Heimfahrt ein letztes Mal zum Verweilen ein.

Hobbywinzer Stefan Hörner und Annika Büchler von der Winzergenossen-schaft Bergstraße.

Da uns der Zug nach Hause bringen wird, genehmigen wir uns zum Abschied noch ein Gläschen Bergsträßer Wein. Rund 400 Winzerfamilien bewirtschaften entlang der Hessischen und Badischen Bergstraße in 17 Einzellagen etwa 263 Hektar Rebfläche. „Bei uns Bergsträßer Winzern gilt das Motto ‚Klasse statt Masse'", sagt Hobbywinzer Stefan Hörner, der in seinem Weinberg vor allem Ruhländer und Riesling anbaut. Auf den Bergsträßer Spitzenlagen Heppenheimer Steinkopf, Heppenheimer Stemmler und Auerbacher Höllberg wird die „weltgrößte" Fläche des Ur-Rieslings, des Roten Rieslings angebaut.

So schwer es fällt: Es wird Zeit, sich von der Bergstraße zu verabschieden. Vom Bahnhof Heppenheim sind wir mit Regionalbahnen und dem Regionalexpress schnell zurück in Bickenbach und Frankfurt.

27 IM SÜDZIPFEL DES NATURPARKS TAUNUS

Unterwegs zwischen Idstein und Hofheim

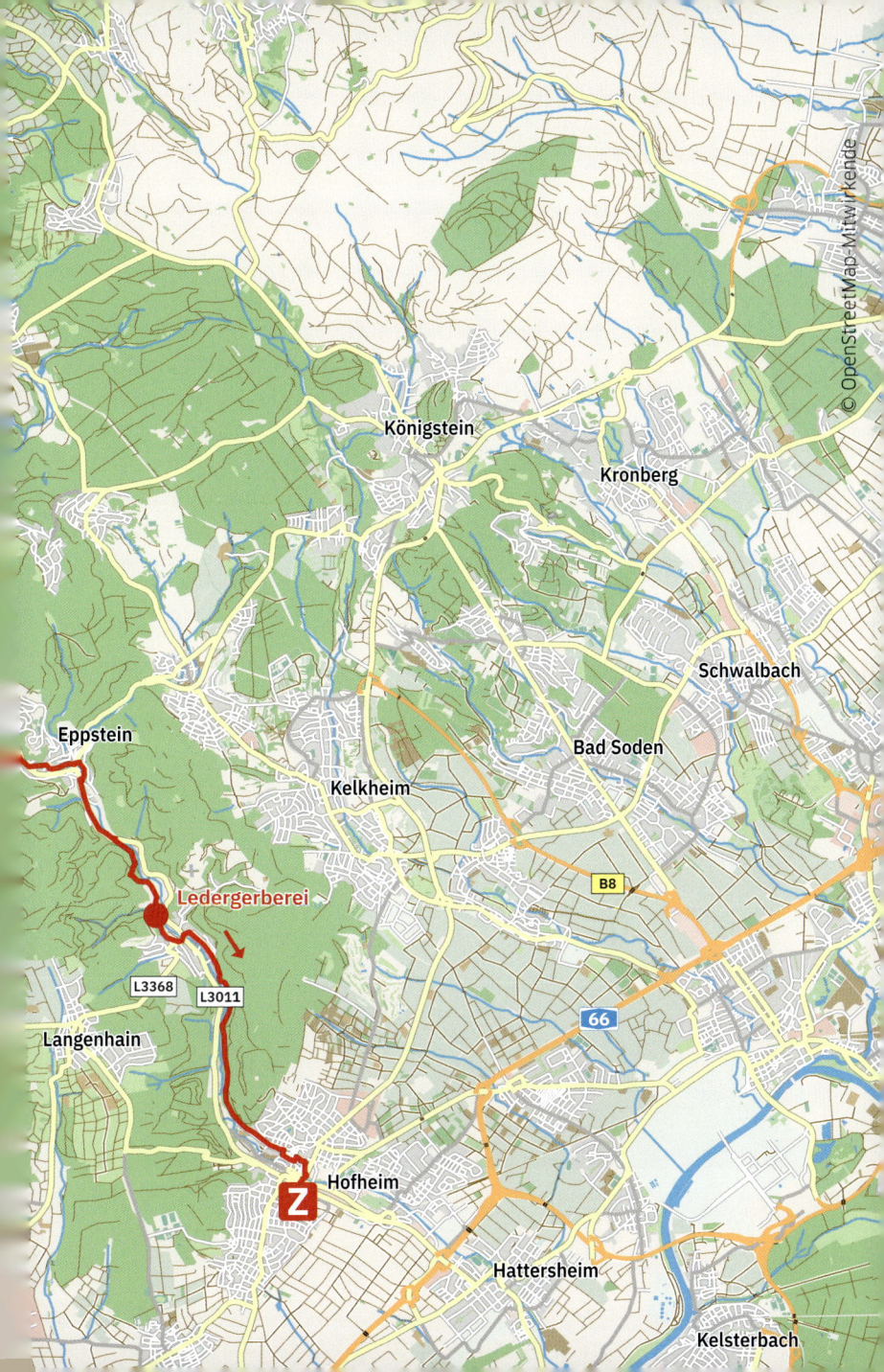

Königstein

Kronberg

Schwalbach

Eppstein

Bad Soden

Kelkheim

Ledergerberei

B8

L3368

L3011

66

Langenhain

Hofheim

Z

Hattersheim

Kelsterbach

Im Südzipfel des Naturpark Taunus
Schwierigkeitsgrad: leicht, mit fordernden Passagen
Länge: 29 km
Anfahrt ÖPNV: Bahnhof Idstein
Anfahrt Auto: Über die A3 Ausfahrt Idstein, oder über B8 sowie B275.

Idstein, ein schmuckes Fachwerkstädtchen am östlichsten Zipfel des Rheingau-Taunus-Kreises, ist Ausgangspunkt der Etappe. Die Kleinstadt entpuppt sich als große Überraschung. Das Mittelzentrum liegt eigentlich so nah meiner Heimat im Hochtaunuskreis. Doch in meinem regionalen Bewusstsein ist Idstein irgendwo, weit weg in einem toten Winkel des Rhein-Main-Gebietes. Egal, wo ich auch hinfahre: Idstein liegt nie auf dem Weg.

Vor dem Bahnhof halten wir uns links und fahren zum nahen Kreisel. Gleich nach dem Kreisverkehr geht als zweite Straße „In der

Das reich verzierte Killingerhaus wurde 1615 erbaut und beherbergt heute ein Museum.

Direkt am Torbogengebäude der nassauischen Burg steht das Rathaus von Idstein. Foto: Stadt Idstein

Ritzbach" ab. Wir lassen das Rad locker und leicht talwärts Richtung Innenstadt rollen und stoßen nach 600 Metern auf die quer verlaufende Grunerstraße/Veitenmühlweg. Wir biegen links ab und alsbald taucht schon der nächste Kreisel auf. Rechts ab geht es im Zickzack mitten hinein in die Altstadt. Hier reiht sich ein Fachwerk-Schmuckkästchen an das nächste. Der Fotoapparat wird nach dem ersten Bild erst gar nicht wieder in der Radtasche verstaut, so üppig sind die Fotomotive.

Herzstück der historischen Altstadt ist der König-Adolf-Platz. Wir stellen die Räder vor dem wohl schönsten Haus am Platz ab. Im „Killingerhaus" sind Tourismus-Büro und Stadtmuseum untergebracht. Am gegenüberliegenden, orangerot verputzten Rathaus steigen wir die Treppe hinauf. Von hier aus hat man den schönsten Blick auf den zentralen Platz. Ein paar Schritte geht es auf Kopfsteinpflaster durch das Torbogengebäude hindurch in den Renaissance-Garten des Grafen Johannes. Vor der Weiterfahrt nehmen wir uns noch einen Moment Zeit und gehen vom Killingerhaus durch die Obergasse hinüber in die sehenswerte Unionskirche und zum Höerhof mit seiner reich verzierten Straßenfassade.

Idstein ist reich an historischen Fachwerkhäusern.

Vom Wahrzeichen der Stadt, dem Hexenturm, gelangen wir automatisch am nordöstlichen Rand der Altstadt in die „Weiherwiese". Auf dieser Straße sind die weißgrünen Schildchen des Hessischen Fernradwegs R8 markiert, denen wir von nun an bis Eppstein folgen werden. Über einen weiteren Kreisel lotst uns der R8 in die Schützenhausstraße, der wir nun entlang dem dahingurgelnden Wolfsbach immer weiter stadtauswärts durch einen Wiesengrund folgen. Am Waldrand passieren wir ein paar kleine Weiher. Mal

Das idyllisch gelegene Dasbach liegt zwischen Idstein und Niedernhausen.

Nahe Dasbach steht die Rekonstruktion eines Limes-Wachturmes.

rechts und mal links gewunden, führt der Hessische Fernradweg durchs Land, bis er bald etwas kräftiger bergan über offenes Feld hinauf zu einer Landstraße führt. Dort fahren wir nach links in den einen Kilometer entfernt gelegenen Ort Dasbach. Irgendwo dazwischen kreuzen wir den Limes. Der rechter Hand auf der Dasbacher Höhe stehende, rekonstruierte Wachturm markiert den alten Grenzverlauf des Römischen Reiches, der im zweiten und dritten Jahrhundert n. Chr. die römischen Provinzen Obergermanien und Rätien vom germanischen Barbaricum trennte.

Oberseelbach heißt das nächste Dorf, das wir über den R8 ansteuern. Auch in Zeiten von Facebook und WhatsApp verlassen sich die 400 Einwohner ganz offensichtlich auf alte und bewährte Informations- und Kommunikationsformen: Am schwarzen Brett in der Ortsmitte lädt der Vereinsring zu der „Aktion saubere Flur" ebenso ein wie zu einem Spiele-Nachmittag im Gemeindehaus. Auch der mobile Landmetzger hat sein Kommen angesagt. Die 17-jährige Tabea bietet hingegen den Eltern ihres Heimatdorfes ihr Engagement als Babysitterin an. Irgendwie hat das Charme und wirkt angenehm persönlich.

Am Ortsrand stoßen wir auf eine Landstraße. Der parallel verlaufende Radweg führt uns sicher Richtung Niedernhausen. Noch vor

Oberjosbach liegt am Ostrand des Naturparks Rhein-Taunus.

dem Ortseingang weist uns ein etwas verdrecktes Schild des R8 schräglinks den Weg hinauf in den Wald. Der Forstweg steigt nun auf rund zwei Kilometern rund 50 Höhenmeter bergan. Nach einer Weile kommen wir aus dem Wald heraus und der R8 durchquert auf dem Kiefernweg und Finkenweg ein Wohngebiet am Rande von Oberjosbach.

Im Finkenweg schauen uns plötzlich süße Teddybären aus einem Fenster an und machen uns neugierig auf die Teddy-Werkstatt von Margot Schneegans. Sie fertigt seit fast 30 Jahren Teddys und repariert auch alte, vom Knuddeln zerschlissene Bären. „Ich war damals schwanger und habe für meinen Sohn einen ersten Bären genäht. Heute hat mein Enkel diesen Bären geerbt", sagt Mar-

Im Finkenweg findet man die Teddy-Werkstatt von Margot Schneegans.

Der Aussichtsturm neben dem Fernmeldeturm auf dem Atzelberg wurde durch Brandstiftung zerstört.

got Schneeweis. „Vielen Freunden und Bekannten hat der Bär so gut gefallen, dass ich später immer weitere Bären selber genäht habe. Das ganz Charakteristische ist jeweils das Gesicht." Heute ist sie mit ihren Bären auf Ausstellungen in ganz Deutschland unterwegs, bietet Workshops und Kurse an. Viele alte Teddybären finden auch den Weg in die „Praxis der Teddy-Doktorin", die sie nach einer Kurbehandlung wieder heil und gesund ihren Besitzern zurückgeben kann.

Nach dieser schönen Begegnung am Wegesrand leitet uns der R8 weiter durchs Wohngebiet, bis wir am Ortsrand auf die Landstraße nach Königstein stoßen. Links ab geht es einen kleinen Anstieg hinauf Richtung Ehlhalten. Doch alles halb so wild. Auf der nahen Anhöhe öffnet sich der Blick auf den Atzelberg (506 m) mit Aussichts- und Fernmeldeturm. Einen Moment genießen wir bei herrlicher Aussicht das Gefühl des „über den Dingen-Stehens", bevor wir auf dem Höhenrücken weiter auf dem R8 nach rechts Richtung Frankfurt-Höchst fahren. Über Feld-, Wald- und Wiesenwegen queren wir nach zweieinhalb Kilometern die Koppeln eines Pferdegestüts, auf dem zahlreiche Pferde weiden. Hinter dem Hof wird der Radweg schmaler, doch auch als Waldweg ist er weiterhin gut befahr-

Die imposanten Befestigungsanlagen der Burg Eppstein dienten als Bollwerk und Verteidigungssystem.

bar. Auf den nächsten zweieinhalb Kilometern werden die Bremsen getestet: Es geht bergab bis ins über 100 Höhenmeter tiefer gelegene Eppstein. Im neu sanierten Stadtbahnhof, einem Jugendstilbau im Landhausstil aus dem Jahre 1903, lockt das Ausflugslokal „Wunderbar Weite Welt" mit Außenterrasse. Der R8 aber führt unterhalb des Bahnhofs an einer Ampel über die B455 mitten hinein nach Eppstein.

Wunderbar Weite Welt
Am Stadtbahnhof 1, 65817 Eppstein/Ts.
06198 / 585506, mail@wunderbar-weitewelt.de
www.wunderbar-weitewelt.de

Weil gerade Wochenmarkt ist, legen wir im Ort am Fuße der Burg eine Rast ein. An anderen Tagen gibt es hier im Feinkostgeschäft von Jutta und Erhard Jauß auch für den kleinen Hunger stets einen feinen Leckerbissen. Für gar nicht so viel Geld. Lohnt unbedingt.

Feinkost & Partyservice Jauß
Burgstraße 57, 65817 Eppstein/Ts.
06198 / 9122, info@partyservice-jauss.de
www.partyservice-jauss.de

Mit ihren imposanten Befestigungsanlagen zeugt die Burg von ihrer Vergangenheit als Bollwerk und Verteidigungssystem. Wer mag, kann sich im Burg-Museum, das in einem mittelalterlichen Wohnbau untergebracht ist, in die 1.000-jährige Burggeschichte entführen lassen. Das Gemäuer lädt aber keineswegs nur zu Besichtigungen ein. Jedes Jahr im Sommer finden hier Burgfestspiele statt. Darüber hinaus laden ein Folk-Festival, Kindertheater und Kabarett-Aufführungen in den Sommermonaten zu einem längeren, abendlichen Besuch der Burg ein.

Auf dem R8 werden wir aus dem Städtchen hinaus Richtung Hofheim gelotst. Unterhalb des Kaisertempels geht es nach rechts in die Wohnstraße „In der Müllerwies". Der klassizistische Tempel thront hoch droben auf einem Felsvorsprung am Westhang des

Eingebettet inmitten des Taunuswaldes: die Höhenburg auf einem Felssporn über Eppstein.

Staufens über dem Ort. 1894 vom Verschönerungsverein Eppstein erbaut, soll er als patriotisches Erinnerungsmal an den Deutsch-Französischen Krieg 1870/71 und die Gründung des Deutschen Reiches 1871 erinnern.

Unter der Bahnbrücke hindurch radeln wir auf breitem Fußweg direkt neben der B455 (Lorsbacher Straße) aus Eppstein hinaus. Nach rund einem Kilometer steigt der Radweg schließlich geradeaus bergan, während die Bundesstraße nach links wegknickt. Oberhalb des Schwarzbachs fahren wir durch den prächtigen Laubwald Lorsbach entgegen.

Noch vor dem Ortseingang fällt der Blick linker Hand auf einen langgestreckten Backsteinbau, die Trutzmühle. „In dem Gebäude der einstigen Mühle nahm 1881 die erste Lederfabrik im Ort ihren Betrieb auf", sagt Manfred Ott, der selbst in den 1950er Jahren in der Lederindustrie gelernt hatte. „Von der zweiten Hälfte des 19. Jahrhunderts bis zum ausgehenden 20. Jahrhundert war Lorsbach ein kleines aber feines Zentrum der Lederindustrie. In deren Blütezeit fanden rund 300 Menschen in den Leder-Fabriken unseres Ortes ihre Arbeit." In den folgenden Jahren wurden weitere Lederfabriken in den anderen ehemaligen Mühlen entlang des Schwarzbachs eingerichtet. Ausschlaggebend für den Standort war der Schwarzbach. „Dessen Wasserkraft wurde zum Antrieb von Maschinen mittels Mühlrädern und später Turbinen genutzt. Zudem war das Wasser von seiner Beschaffenheit für Gerbereizwecke gut geeignet. Die seit dem Jahr 1877 durch Lorsbach führende Eisenbahnlinie beflügelte durch die Transportmöglichkeiten die Lederindustrie", erklärt Manfred Ott.

Im Ortskern von Lorsbach angekommen, werden Radfahrer dann über einen Bahnübergang geleitet. Hinter den Bahngleisen verlassen wir den R8, der weiter auf der Münsterer Straße nach Kelkheim und zum Waldgasthof Gundelhard geführt wird. Nach der Querung der B455 am Bahnübergang biegen wir innerorts in die Brückenstraße nach rechts und gleich wieder rechts in die Talstraße. Überraschenderweise wurde der nun folgende, dreieinhalb Kilometer lange Abschnitt des Waldweges nach Hofheim nicht mehr als Radweg ausgeschildert. Doch wer immer seiner Nase nach geradeaus weiterfährt, gelangt ohne Probleme in die Kreisstadt des Main-Taunus-Kreises. In der Fußgängerzone von Hofheim laden zahlreiche Restaurants, Cafés und Eisdielen als krönender Abschluss der Tour zur belohnenden Stärkung ein.

In der Fußgängerzone von Hofheim lässt es sich im Sommer gut aushalten.

28 WASSER, WALD UND WEINBERGE
Durch den Rheingau und entlang des Rheins

Kiedrich

L3035

B42

Kloster Eberbach

Eltville am Rhein

Hallgarten

L3320

Hattenheim

Winkel

B42

60

Heldesheim
am Rhein

ei-Weinheim

Ingelheim am Rhein

au-Algesheim

© OpenStreetMap-Mitwirkende

0   2
                    km

Wasser, Wald und Weinberge
Schwierigkeitsgrad: anspruchsvoll
Länge: 41 km Rundkurs, 24 km, wenn die Rückfahrt ab Rüdesheim mit dem Zug angetreten wird.
Anfahrt ÖPNV: Rheingau-Linie bis Eltville
Anfahrt Auto: A66 nach Wiesbaden, weiter auf der B42 nach Eltville. Start auch in Ortschaften unterwegs möglich.

Vom Kloster Eberbach durch malerische Rheingau-Städtchen zum Touristenmagnet Rüdesheim. Dort gibt es die Chance auf eine Gondelfahrt zum Niederwald-Denkmal.

Sean Connery war dort, Dieter Bohlen auch. Der schottische Schauspieler wandelte als Franziskanermönch William von Baskerville bei der Roman-Verfilmung von „Der Name der Rose" zwischen den Mauern des Klosters Eberbach. Auch die umstrittene Produktion von Dieter Bohlens „Deutschland sucht den Superstar" in der ehemaligen Zisterzienser-Abtei ist bestens in Erinnerung. Zum Glück aber ist die Basilika des 1136 vom heiligen Bernhard von Clairvaux (Burgund) gegründeten Klosters für Musikliebhaber untrennbar mit Konzerterlebnissen im Rahmen des Rheingau-Musik-Festivals verbunden.

Sollte tatsächlich irgendjemand die am besten erhaltene historische Klosteranlage Europas noch nicht besichtigt haben, der kann das auf dieser Tour nachholen. Nach dem langen Anstieg vom Ausgangspunkt unseres Ausflugs in Eltville hinauf zum Kloster – auf sechs Kilometern müssen immerhin 130 Höhenmeter bezwungen werden – ist der kulturhistorische Lohn ganz gewiss.

Wir starten am Bahnhof Eltville und rollen parallel zu den Schienen auf der Wilhelmstraße Richtung Westen hinab zur Kreuzung mit der Schwalbacher Straße. Leider gibt es keinen durchgehenden Radweg abseits der Straßen von Eltville hinauf zum Kloster Eberbach. Vor dem Bahnhofsgebäude weist keinerlei Radweg-Schild den Weg hinauf. Der Radfahrer fühlt sich ziemlich alleine gelassen – oder er besinnt sich auf Pfadfinder-Qualitäten.

Die kurfürstliche Burg als Wahrzeichen von Eltville ist von überall her zu sehen.

Rechts ab geht es unter der Bahnlinie hindurch und nach der Unterführung sofort wieder nach links. Am Ende der Wörthstraße stoßen wir auf die Kiedricher Straße, der wir nach rechts stadtauswärts folgen. 300 Meter weiter am Ortsausgang beginnt linker Hand der Ausfallstraße noch vor der Brücke über die B42 ein Radweg, den wir über die Fußgängerampel erreichen. Ab hier macht das Radeln endlich wieder richtig Spaß – wenngleich bis Kiedrich kontinuierlich Höhenmeter bewältigt werden müssen. Doch endlich können wir uns bis zum Kloster Eberbach auf die Ausschilderung des Radfernweges R3a verlassen.

Wir durchqueren Kiedrich und meistern den knackigen Stich am Ortsausgang. Hier passieren wir die kleine Kapelle am Klosterweg, durchqueren erstmals Weinberge und erblicken Weinreben soweit das Auge reicht. Aus 200 Höhenmetern belohnt der Blick über die endlosen Anbauflächen des Rieslings hinweg bis zum Rhein für den schweißtreibenden Anstieg. Linker Hand weckt der stattliche Wacholder-Hof unsere Aufmerksamkeit, rechts erstreckt sich die große Psychiatrische Klinik am Eichberg (Vitos) den Hang hinauf. Jetzt gilt es, auf ebener Strecke nur noch ein paar Hundert Meter zu strampeln und dann ist das erste Etappenziel erreicht. Noch eine

Kloster Eberbach gilt als die am besten erhaltene historische Klosteranlage Europas.

Biegung und dann kommt auch schon eines der großartigsten Denkmäler der Klosterbaukunst des europäischen Mittelalters in den Blick: Kloster Eberbach.

„Die stilbildende Formensprache der Romanik, Früh-, Hoch- und Spätgotik, der Renaissance und des Barock bewirkt, dass Eberbach im Laufe der Jahrhunderte zu einem so besonderen Architekturkunstwerk mit herausragender geschichtlicher Aussagekraft werden konnte", erklärt ein Kenner des Klosters. Weit über Deutschland hinaus hat sich auch das Weingut des Klosters einen Namen gemacht. „Bereits vor vielen Jahrhunderten war es das größte deutsche Weingut", sagt Winzermeister Stefan Seyffardt. „Seit 1806 führt Kloster Eberbach eigene Versteigerungen durch und hat vor 100 Jahren als führendes deutsches Weingut den Verband Deutscher Prädikats- und Qualitätsweingüter mitbegründet."

Stiftung Kloster Eberbach
Kloster Eberbach, 65346 Eltville i. Rheingau
06723 / 9178100, stiftung@kloster-eberbach.de
www.kloster-eberbach.de

Die tiefen Keller des Klosters Eberbach lagern so manche Schätze.

Weiter geht es auf dem Hessischen Fernradweg R3a von nun an stets Richtung Rüdesheim. Leicht talwärts liegt nach wenigen Hundert Metern rechter Hand die imposante Staatsdomäne Steinberg. Der mit einem Architekturpreis ausgezeichnete Steinbergkeller gilt als Europas modernster Weinkeller und wird ebenso als „Kathedrale für den Riesling" gefeiert. Trauben und Saft werden nach dem Keltern über drei Etagen schonend, nur mit natürlicher Schwerkraft, in den 14 Meter tiefen Keller befördert.

Nach 500 Metern dann bereits das nächste Hofgut, hinter dessen Mauern der R3a rechts nach Rüdesheim abzweigt. Zwischen zwei mächtigen Bruchsteinmauern sausen wir talwärts, bevor wir in einer Senke nach links und einen Kilometer weiter an der Kreuzung mit der K634 nach rechts geleitet werden. Auf dem parallel zur Allee verlaufenden Radweg steuern wir Hallgarten entgegen. Die Weinbaugemeinde liegt inmitten der Rheingauer Weinberge, die uns nun bis Rüdesheim begleiten werden. Noch vor der Ortseinfahrt zweigt die Route links ab. Voll Lust auf einen edlen Tropfen am Ende der Tour lassen wir diese einzigartige Kulturlandschaft auf den nächsten vier Kilometern auf uns wirken. Irgendwann werden wir des in einiger Entfernung rechter Hand gelegenen mächtigen Anwesens ge-

Radtour durch die Riesling-Anbaugebiete im Rheingau.

wahr. Schloss Vollrads ist noch so eine baugeschichtliche, feste Größe, von der man im Zusammenhang mit dem Rheingau-Musik-Festival gewiss schon gehört hat. Das barocke Anwesen gilt als vielleicht schönste Schlossanlage des Rheingaus. Kern der Anlage ist ein von einem Teich umgebener Wohnturm. Der idyllische Weiher bildet die prädestinierte Bühne für sommerliche Konzerte unter freiem Himmel. Ältester und prominentester Teil der Anlage ist der wuchtige Turm, der nur über eine Brücke zu erreichen ist. Das Herrenhaus wurde 1907 modernisiert und beheimatet heute ein Restaurant. Ritter Volradus von Winkel, Erbauer und Namensgeber des Schlosses bittet zwar nicht mehr zur Tafel, aber wer weiß …

Schloss Vollrads
Vollradser Allee, 65375 Oestrich-Winkel
06723 / 660, info@schlossvollrads.com
www.schlossvollrads.com

Die Außenbereiche von Oestrich-Winkel werden auf der Greiffenclaustraße durchquert, bevor der Radweg wieder als Landpartie durch endlose Weinberge führt. Über allen thront hier Schloss Jo-

Bestlage: Schloss Johannisberg.

hannisberg. Das um 1100 gegründete Benediktiner-Kloster und 1715 erbaute Schloss gilt als eines der ältesten Riesling-Weingüter der Welt. Seit dem Jahre 817 wird auf dem Johannisberg Wein angebaut. Der weltbekannte Riesling betörte auch viele deutsche Geistesgrößen. „Mon Dieu, wenn ich doch so viel Glauben in mir hätte, dass ich Berge versetzen könnte, der Johannisberg wäre just derjenige Berg, den ich mir überall nachkommen ließe", schwärmte Heinrich Heine von dem edlen Tropfen. Bei einem Gläschen aus der Schlossschänke und beim Blick von der Schlossterrasse über Weinberge und den Rhein lässt sich manch deutscher Dichter vielleicht besser verstehen.

Schlossschänke auf dem Johannisberg
Schloss Johannisberg, 65366 Geisenheim
06722 / 96090, restaurant@schloss-johannisberg.de
www.schloss-johannisberg.de

Der R3a führt uns eineinhalb Kilometer weiter nach Geisenheim, dem geistigen Zentrum der Weinbau-Wissenschaften. Entlang des Radwegs kommen wir an der 1872 als Königliche Lehranstalt für

Obst- und Weinbau gegründeten Hochschule Geisenheim vorbei. Sie verdankt ihren guten Ruf den Studiengängen Weinbau und Oenologie. Was aber bitte lehrt die Oenologie? Der Studiengang befasst sich mit der Kunst des Kelterns und dem Ausbau, dem Reifen des Weins – kurz gesagt: mit dem gesamten Umfang der Weinherstellung.

Doch erneut muss der Wein warten, denn zunächst müssen knapp drei Kilometer zurückgelegt werden. Wir kommen über die Hugo-Asbach-Straße – ja, der Asbach, nach dem der gleichnamige Uralt benannt ist – mitten in die Altstadt von Rüdesheim. Müssen wir uns nun tatsächlich unter Zigtausende Touristen mischen und uns durch die Drosselgasse zwängen? Ja, die Weinstadt ist ein Muss, mit allem Drum und Dran. Schließlich gilt Rüdesheim als hessisches Tor zum Unesco-Welterbe „Oberes Mittelrheintal". Die Gondelfahrt hinauf zum Niederwald-Denkmal gehört untrennbar dazu. Ob zur heutigen Radtour oder ein andermal, ist jedem selbst überlassen. Doch Schnuppern lohnt sich.

Der Radler kann hier nun entscheiden, ob und wie lange er in Rüdesheim bleibt und vielleicht noch ein wenig dem Wein zuspricht. Andererseits: Wer nach den abgeradelten 24 Kilometern noch frisch in den Beinen ist, hat vielleicht noch Puste und Lust aufs Weiterfahren. Dann kann er wohlgemut die verbleibenden 17 Kilometer entlang des Rheins stromaufwärts und topfeben auf dem Fernradweg R3 zurück nach Eltville radeln. Wer es komfortabler haben möchte, versucht einen Platz für sich und sein Fahrrad in den gerade an den Wochenenden proppevollen Zügen Richtung Frankfurt zu finden. In einer Viertelstunde ist der Radler wieder am Ausgangspunkt in Eltville.

Direkt hinter den Wirtshäusern von Rüdesheim
erstrecken sich die Riesling-Weinberge.

Mainz

Eisenbahnbrücke

Bahnhof
Ginsheim-
Gustavsburg

S Z

Bischofsheim

Ginsheim-Gustavsburg

Weisenau

L431

60

Fähre Ginsheim-
Gustavsburg

60

L34

Laubenheim

L3040

Wassergewinnung

Astheim

Tr

B9

Bodenheim

Siel
Pumpwerk

Nackenheim

Roter Hang

Nierstein

Fähre Kornsand

B420

Oppenheim

B9

Quelle: OpenStreetmap.org-Mitwirkende

0   5
|————————————————| km

Raunheim

67

Rüsselsheim

Mörfelden-Waldorf

67

Groß-Gerau

Büttelborn

© OpenStreetMap-Mitwirkende

29 RHEINAUF UND RHEINAB

Von Ginsheim-Gustavsburg bis zur Fähre
Kornsand und zurück

Griesheim

Riedstadt

Rheinauf und rheinab

Schwierigkeitsgrad: mittelschwer, weil lang
Länge: 38 km Rundtour
Anfahrt ÖPNV: S-Bahnhof Ginsheim-Gustavsburg
Anfahrt Auto: über A60 oder A671 zum Mainspitz-Dreieck. Von der Abfahrt Ginsheim–Gustavsburg in einen der beiden Stadtteile. In Gustavsburg am Bahnhof starten, in Ginsheim am Rheinufer.

Entspannt geht es am Rheinufer entlang, mit einem Abstecher auf die Rheininsel Nonnenau oder auch nicht. Mit der Fähre Kornsand auf die andere Rheinseite, an einem berühmten Weinberg vorbei zurück nach Mainz.

Am S-Bahnhof von Ginsheim-Gustavsburg nehmen wir unsere Tour auf. Auf dem Bahnhofsvorplatz führt der Hessische Radfernweg R6 (zugleich Rhein-Radweg/Velo-Route Rhein 15) vorbei. Der Ausschilderung Richtung „Rheinfähre Kornsand/Oppenheim" folgend,

Der Verein Historische Rheinschiffsmühle Ginsheim hat diese wieder aufgebaut.

werden wir zuerst zu dem unweit des Bahnhofs gelegenen Bahnübergang geführt. Nachdem die Gleise überquert sind, geht es auf dem Radstreifen 400 Meter parallel zur Ginsheimer Straße bis zur nächsten großen Kreuzung. Die Ausschilderung führt uns dort rechts ab ins „Weiherfeld". Am Ende der mit großen Industriehallen gesäumten Straße folgen wir der Ausschilderung nach links. Von hier geht es sage und schreibe 16 Kilometer weit komplett autofrei südwärts, immer geradeaus der Fähre Kornsand entgegen. Auf dem neu ausgebauten Radweg erreichen wir nach eineinhalb Kilometern die Autobahn, die vis-à-vis auf einer Brücke den Rhein quert. Wir unterqueren die A60 und erreichen nur 700 Meter später den Abzweig nach rechts zur Ginsheimer Rheinschiffsmühle.

Wer mag, kann über einen kleinen Abstecher dieses direkt am Rhein gelegene Industriedenkmal ansteuern. „Über mehrere Jahrhunderte hinweg arbeiteten rund 20 Schiffsmühlen im Rheinstrom vor Ginsheim. Das waren schwimmende Kleinbetriebe zur Getreideverarbeitung", erklärt der Vorsitzende des Vereins Historische Rheinschiffsmühle Ginsheim, Herbert Jack. Die aufkommende In-

Idyllisch inmitten der Auenlandschaft liegt das Hofgut Langenau auf der Rhein-Insel Nonnenau.

dustrialisierung und der zunehmende Schiffsverkehr auf dem Rhein machten dem wirtschaftlichen Betrieb den Garaus. Heute bietet die authentische Rekonstruktion der letzten produktiven Rheinschiffs-mühle aufschlussreiche Einblicke in die Technik und die Arbeitsbe-dingungen längst vergangener Zeiten.

Statt die 300 Meter zurück zum R6 zu fahren, geht es auch direkt am Rheinufer weiter stromaufwärts nach Ginsheim. An der dortigen Uferpromenade stoßen wir wieder auf den R6. Hier, unweit des markanten, vor 15 Jahren restaurierten alten Rheinkrans, stehen wir vor der nächsten wichtigen Entscheidung des Tages: Entweder set-zen wir mit der Altrheinfähre „Johanna" auf die Rheininsel Nonne-nau über. Diese langgestreckte Insel zwischen heutigem Rhein-Schifffahrtsweg und Altrhein queren wir auf der kompletten Länge von sechs Kilometern auf Radwegen. Die fruchtbaren Böden der Nonnenau werden heute vom „Hofgut Langenau", das inmitten der Insel liegt, intensiv bewirtschaftet. An sonnigen Sommertagen strö-men Hunderte, wenn nicht Tausende Ausflügler in den schönen Biergarten im Innenhof des Hofguts.

Hofgut Langenau
65468 Trebur
06144 / 2285, info@hofgut-langenau.de
www.hofgut-langenau.de

Oder aber wir folgen dem Rheinradweg R6 weiter auf dem parallel verlaufenden Hochwasserdamm. Radfahrer teilen sich das Asphalt-band mit Inline-Skatern, Spaziergängern und anderen Ausflüglern. Der Aussicht wegen fahren wir auf den beiden gut zu befahrenden Fahrspuren auf dem Deichkamm südwärts. Rechter Hand liegen Feuchtgebiete und Grünland. Hinter Pappeln und Erlenbestand lie-gen dann versteckt der Altrhein und die Insel Nonnenau. Linker Hand bewirtschaften Landwirte auf gigantischen Traktoren das fruchtbare Ackerland zwischen Bauschheim, Astheim und Trebur.

Auf Höhe von Astheim passieren wir das für über drei Millionen Euro errichtete Pumpwerk Rabenspitze. Für Landratten kaum zu

Flott rollen die Räder durch Nierstein.

glauben: Ja, hier am Rhein wird auch intensiver Hochwasserschutz betrieben. Nicht nur an der Nordsee. Der markante Winterdeich, auf dem wir ins Land rollen, wurde nicht aus Spaß gebaut. Besonders auffällig ist ein neues Pumpwerk mit vollautomatischer Rechenanlage am Hauptkanal. Hier werden Äste, Stämme und angespültes Schnittgut aus dem Hauptkanal gefischt. „Ein Sensor misst durchgehend die Wasserhöhe des Hauptkanals am Pumpwerk", erklärt Hans Heinrich Hannemann, Vorsitzender des Astheim-Erfelder-Entwässerungsverbandes. Erreicht der Pegel eine bestimmte Höhe, springt das Pumpwerk automatisch an. Von den Hochleistungsgeräten im Innern ist draußen nichts zu sehen. Sie sind im Bedarfsfall mit einer Leistung von jeweils 2.500 Liter pro Sekunde im Einsatz. Insgesamt drei Pumpwerke entlang des Hochwasserdeichs schützen aber nicht nur das angrenzende Ried vor Hochwasser. Auch die Keller der Häuser, die in früheren Überschwemmungsgebieten liegen, sollen nicht mehr volllaufen, betont Hannemann. „Ohne die Pumpwerke gäbe es in vielen Baugebieten Probleme. Sie liegen dort, wo vor 50 Jahren Frösche gefangen wurden."

Völlig entspannt rollen wir über sechs Kilometer weiter am Fuße oder auf dem Winterdeich, vorbei an der Hessenaue bis zur Fähre

Der Rote Hang ist ein Weinanbaugebiet zwischen Nierstein und Nackenheim.

Kornsand – Nierstein. Neben der Rheinfähre in Gernsheim haben
Autofahrer hier die einzige Möglichkeit, den Rhein zwischen Mainz
und Worms zu queren. Maximal 21 Autos und noch mehr Fahrräder
kann die auf den Namen „Landskrone" getaufte Fähre vom hessischen zum rheinland-pfälzischen Rheinufer schippern. „Vier 100
PS-starke Motoren treiben vier Schottel-Ruderpropeller an, die der
Fähre ihre Wendigkeit verleihen. Diese sind um 360 Grad drehbar
und sorgen dafür, dass wir zentimetergenau manövrieren können",
erklärt der Fährschiffer.

Drüben am anderen Ufer legt die „Landskrone" direkt zwischen
den beiden Weinorten Oppenheim und Nierstein an. „Nierstein hat
seine Stadtrechte erst im Juni 2014 erhalten. Urkundlich erwähnt
wurde es aber erstmals bereits im Jahre 742. In der Zwischenzeit ist
vieles geschehen. Nierstein hat sich zum Mittelzentrum am Rhein
zwischen Mainz und Worms entwickelt", sagt Bürgermeister Thomas Günther stolz.

Zahlreiche Weinbaubetriebe, Straußwirtschaften und Restaurants
laden auf der Hälfte der heutigen Rundfahrt zum Verweilen ein. Bevor wir nach einer Stärkung wieder in die Pedale treten, erkunden

wir den malerischen Stadtkern auf einem kleinen Rundgang. Herzstück und gesellschaftliches Zentrum ist der liebevoll gestaltete Marktplatz. Von nun an können wir der Ausschilderung des Radnetzes Deutschland blind vertrauen. Bis kurz vor die Tore von Mainz fahren wir auf einem Teilstück der D-Route 8, die dem deutschen Rhein auf dem Weg von Basel zur niederländischen Grenze bei Emmerich folgt. Der D8 führt uns direkt am Fuß des berühmten „Roten Hangs" vorbei, der als eine der bekanntesten Weinlagen in Rheinhessen, ja in ganz Deutschland gilt. Hier baut auch Winzer Harald Schmitt seinen Riesling an. „An dieser Stelle treten rote Ton- und Sandsteine aus der Zeit des Rotliegenden an die Oberfläche, die sich vor 280 Millionen Jahren herausgebildet haben", erklärt der Winzer vom Friedrichshof. „Die rote Farbe ist auf Eisenverbindungen zurückzuführen, die sich unter subtropischen Klimaverhältnissen gebildet haben."

Mitten durch die Weinberge erreicht der Radweg den mit 98 Metern höchsten Punkt dieser Tour. Auf dieser Anhöhe bitte unbedingt einen kleinen Zwischenstopp einlegen: Der Blick von der Kilianskirche mitten in den Weinbergen über die Ausläufer von Nierstein und hinab auf den stolzen Rhein ist ein Foto wert. Auch Nackenheim, der nächste Weinbauort, den wir ansteuern, blickt auf eine 1.200-jährige Weinbaugeschichte zurück. Berühmtester Sohn des Ortes ist der 1896 hier geborene Carl Zuckmayer. Mit seinem 1925 in Berlin uraufgeführten Lust-

Die katholische Kilianskirche bestimmt die Silhouette Niersteins.

spiel „Der fröhliche Weinberg" hat der Schriftsteller seiner Heimat ein bleibendes Denkmal gesetzt. Das darin geschilderte Milieu von Winzern, Weinhändlern, Schiffern und Kleinbürgern war ihm freilich von Kindesbeinen an bestens vertraut. Durch den überraschenden Erfolg des derb-realistischen Volksstücks war Zuckmayer so etwas wie ein touristischer Botschafter seiner rheinhessischen Heimat in der Hauptstadt Berlin.

Wir lassen den Weinort aber auf unserer Tour links liegen und fahren auf dem D8 weiter Mainz entgegen. Bevor wir direkt am Ufer des Rheins entlangradeln, wird der mächtige Strom vorerst noch von den beiden als Naturschutzgebiet ausgewiesenen Rheininseln Kisselwörth und Sändchen verdeckt. Nachdem sich schließlich der Blick auf den europäischen Schifffahrtsweg öffnet, beobachten wir vom Ufer-Radweg aus die vorüberziehenden Kähne auf ihrem Weg nach Rotterdam oder Basel.

Unterwegs passieren wir auf dem alten Leinweg das eingezäunte Einzugsgebiet des Uferfiltratwerks Bodenheim. Seit 1996 leistet die Wassergewinnungsanlage einen wesentlichen Beitrag zur Sicherung der Trinkwasserversorgung in Rheinhessen. „Die Förderung von Uferfiltrat ist eine wirtschaftliche und zugleich ökologisch sinnvolle Methode der Wassergewinnung", teilt die Wasserversorgung Rheinhessen-Pfalz GmbH mit. Die Brunnengalerie in Bodenheim liegt eingezäunt hinter dem alten Leinpfad, auf dem wir dahinfahren. Das uferfiltrierte Grundwasser wird aus zehn Brunnen, einer sogenannten Brunnengalerie, in rund 210 Metern Entfernung zur Rheinmitte gewonnen. Von dort führt eine Rohwasserleitung in das zwei Kilometer entfernte Wasserwerk. Jährlich werden hier 1,3 Millionen Kubikmeter uferfiltriertes Wasser gewonnen.

Auf den folgenden acht Kilometern begleiten wir bis auf eine Ausnahme – auf Höhe der Rheinbrücke der A60, wo die Autobahn und ein Industriegebiet umfahren werden muss – den Rhein.

Wir fahren auf dem Ufer-Radweg bis zur immer näher kommenden Eisenbahnbrücke stets am Rhein entlang und unterqueren die Stahlgitter-Konstruktion der Mainzer Südbrücke. Direkt hinter der Eisenbahnbrücke führt der Radweg im Linksbogen auf die Brücke hinauf. Auf dem dortigen schmalen Rad- und Fußgängerweg queren wir den Rhein sicher getrennt von den Gleisen und erreichen unser Ziel, den Bahnhof Ginsheim-Gustavsburg.

Bildnachweis

Alle Bilder Matthias Pieren, mit Ausnahme der Abbildungen, bei denen die Fotografen bzw. die Institutionen namentlich genannt sind. Wir haben uns bemüht, die Inhaber der Urheber- und Nutzungsrechte für die Abbildungen zu ermitteln und deren Veröffentlichungsgenehmigung einzuholen. Falls dies in einzelnen Fällen nicht gelungen sein sollte, bitten wir die Inhaber der Rechte, sich an den Verlag zu wenden. Berechtigte Ansprüche werden selbstverständlich abgegolten.

Manchmal ist es gerade recht, wenn der Radweg nicht befestigt ist.

Der Autor

Matthias Pieren ist gelernter Verlagskaufmann und war zuletzt als Ausbilder bei einem Zeitungsverlag im Rhein-Main-Gebiet tätig. Seit 15 Jahren arbeitet er als freier Journalist und Fotograf für die Frankfurter Neue Presse und andere deutsche Tageszeitungen sowie für Redaktionen von Fach- und Publikumsmagazinen. Neben der redaktionellen Arbeit im Taunus und Rhein-Main-Gebiet sind die Themen Glaube, Welt & Kirche, Mobilität, Verkehr & ÖPNV sowie Natur, Umwelt & Landwirtschaft seine journalistischen Schwerpunkte.

Der Weg ist das Ziel

Jährlich werden in unserem Land Radwege hergerichtet oder neu ausgebaut. Radler mit Hörproblemen können heute dank neuer Hörhilfen wieder sicher am Straßenverkehr teilnehmen.

Willkommen zu Beratung und Gratis-Hörtest.

WIR HELFEN HÖREN

HÖRSYSTEME

stoffers

Am Bahnhof 5, 65812 **Bad Soden** ✆ 06196 2 83 64
Hauptstraße 17, 61462 **Königstein** ✆ 06174 2 52 82
Langgasse 3, 65719 **Hofheim** ✆ 06192 8 07 79 00

www.hoerakustik-stoffers.de • info@hoerakustik-stoffers.de

 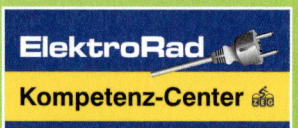